竹内洋

日本のメリトクラシー

構造と心性

【増補版】

TAKEUCHI Yo

Japan's Meritocracy: Structure and Mentality

東京大学出版会

Japan's Meritocracy
Structure and Mentality
[Revised Edition]

Yoh TAKEUCHI

University of Tokyo Press, 2016
ISBN978-4-13-051141-4

目次

日本のメリトクラシー——構造と心性

「おい、ヘンリイ、いったい何がサミイを走らせるんだい？」

「アル、なんの話です？」

「サミイ・グリックの話をしているんだよ、サミイ・グリックの話を。何がサミイを走らせるのか？」

「酔ってますね、アル。ろれつがまわらなくなっていますよ」

「おい、話をはぐらかすな！　これは重大な問題なんだぞ。さあ、ヘンリイ、一対一の対決だ。何がサミイを走らせるんだ？」


バッド・シュルバーグ（小泉喜美子訳）『何がサミイを走らせるのか？』

はじめに

科挙のようにすでに六世紀に官吏を試験で登用しはじめた事例もあるが、先進国において官吏や専門職が試験や教育資格によって採用され昇進するようになるのは一八世紀から(1)である。人員配置基準のこのような変化は家柄や門地などの性能に重点をおく属性主義（何であるかによる選抜）から教育資格や能力つまり営為に重点をおく業績主義（何ができるかによる選抜）への変化である。

英国の国内官吏が試験で採用されるようになったのは、一八七〇年、グラッドストン内閣のときのことである。それまでは官吏は人的絆や情実で採用されていた。官吏任用法の改革は、トレヴェリアン・ノースコート報告書（Trevelyan-Northcote report）にもとづくものだった。報告書はこれまでの恩恵の配分人事がいかに諸悪の元兇かを説く。官吏の世界は向上心のない怠け者の天国になっている。情実人事によって無能な者が管理職の地位についてしまい、競争心は芽生えるべくもない。この国のもっとも有能で向上心のある若者を官吏にひきつけることがなによりも必要である。こうして能力主義による任用と昇進が勧告された(2)。かくて官吏任用のための競争試験が制度化され、初等教育法が成立し義務教育がはじまった一八七〇年代を英国の社会学者マイクル・ヤングはメリトクラシーの開幕としている(3)。メリトクラシー（meritocracy）とは、貴族による支配（aristocracy）や富豪による支配（plutocracy）になぞらえてメリトつまり能力ある人々による統治と支配が確立する社会のことをいう。

翻って日本のメリトクラシーの開幕は、文官試験試補及見習規則（勅令第三七号）が公布された一八八七（明治二〇）年である。この規則によって、奏任官は高等試験を経た者あるいは帝国大学の法科大学、文科大学卒業生から、判任官は普通試験を経た者あるいは官公立中学校卒業生から任用することが原則とされた(4)。その二年後（一八八九年）には『試験及第法』というハウツー本がでている。当時のベストセラーのひとつだが、この本は冒頭でいう。わが国はこれまで門閥登用であった。学問も才能もなく人的絆で高位高官になった。しかし文官試験試補及見習規則によって、初めて試験によって才能ある人が登用される「公平不偏の択人法」の時代になった。「斯くの如く賀すべき喜ぶべき時勢となりたれば今より仕官の志願者は各自の智嚢を絞つて試験に及第するの方法を案出すべし試験に合格せるときは如何なる高位美官と雖ども各自の才能によつて容易に登用せらるゝなり」（傍点引用者）(5)、と。この本は日本人も競争試験による官吏任用によってメリトクラシーの到来をリアルに感じたことを語っている。

しかし欧米では過熱化した学歴獲得レースがみられないように、メリトクラシーのエートスを内面化しての大衆的競争状況はみあたらない(6)。表1はイギリス南西部エイボン州北部の総合制中等学校八校が義務教育最終学年生徒の進路を一九九二年に共同調査（"Where at 16?"）したものの一部である。大学進学の条件になる第六学年級に進学しない生徒の理由は、男子では「第六学年級以外の学校に自分にあった科目があるから」と「お金を稼ぎたいから」が上位で、女子は「第六学年級以外の学校に自分にあった科目があるから」と「違う学校にいきたいから」が上位である。かなりの者が就職を選ぶか、就職に直結した職業訓練コースを選び、第六学年級に進学しなくなる。さらに労働者階級の子弟が義務教育後に進学しても、さきの調査の「第六学年級以外の学校に自分にあった科目があるから」や「違う学校にいきたいから」のように、アカデミックなAレベル試験コースではなく、実業教育協会資格（Business and Technician Education Council）などの職業コースを選択しがちである。表2をみよう。こ

表1　第六学年級に進まない理由（%）

	男	女
学校が嫌いだから	14	11
興味のある科目がないから	15	15
第六学年級以外の学校に自分にあった科目があるから	23	29
違う学校にいきたいから	15	23
お金を稼ぎたいから	23	14
資格を必要としないから	1	0
親が進学する必要はないというから	3	3
進学しないほうがいいといわれたから	3	3
職がみつかったから	5	4

表2　階級別学外試験取得状況（%）

	男子			女子		
	A レベルのみ		BTEC のみ／BTEC と A レベル	A レベルのみ		BTEC のみ／BTEC と A レベル
I	15	>	7	13	>	8
II	46	>	36	47	>	45
IIINM	15	<	17	15	>	13
IIIM	14	<	24	15	<	20
IV・V	10	<	16	9	<	14
計	100		100	100		100

出所：Redpath, B. & Harvey, B., *Young People's Intentions to Higher Education*, HMSO, 1989, p. 13.

こでは階級を大きく次の五つにカテゴリー化している。I専門職、II中間階級、III熟練職業、IV半熟練職業、V非熟練職業である。そしてIIIの熟練職業をノンマニュアル（IIIN M）とマニュアル（IIIM）に区別している。男子は階級IIINM（ノン・マニュアル熟練職）から女子は階級IIIM（マニュアル熟練職）から下るにつれてAレベルよりも職業資格である実業教育協会資格の取得が多くなる。大学進学を希望する者がかなり間引きされてしまう。

こういう社会的状況を背景にして第一章でみることになる葛藤理論や社会的再生産理論のような議論がでてくる。メリトクラシー・ゲームは一見公正なルールから成り立っているようにみえる。しかしそれは公開された明示的ルールだけのことである。能力競争の勝敗を決める隠されたルールは、プレイヤーの社会的位置（所属階層）によって有利と不利が事前決定されている。労働者階級の子弟はメリトクラシー競技における壁の花になってしまうのだ、と。しかし同時に、労働者階級の教育機会の不平等を文化的剝奪や構造的排除として暴く社会学者の議論は、階級やエスニシティによる嗜好や文化の「差異」（difference）を「閉鎖」（closure）に誤訳する知識人の偏見である(7)という批判もでてくることになる。教育的アスピレーションの階級的差異が、機会の不平等（unequal chance）に起因するのか嗜好の差異（different choice）によるのかは立論の前提におかれるべきではなく、証明が必要な問題である、というわけである。あるいはまた、ポール・ウィリスのいうようなパラドクシカルな知見もあらわれる。労働者階級の子供はメリトクラティックな価値つまり業績による社会的地位の獲得をなんら内面化してはいない。学校や教師に反抗し、下級ホワイトカラー職などの非筋肉労働職への上昇移動など考えもしない。むしろ逞しさ信仰によってこうした精神労働を「女々しい」ものとみなし、みずから積極的に苛酷な肉体労働を引き受けていく。こうして反抗文化が「底辺」労働を引き受け、却って社会体制の存続と維持に寄与してしまうという知見(8)だ。

再び、目を日本社会に転じてみよう。一九九三年の通（学習）塾調査（文部省）によれば、小学校六年生で四一・七％にも達している。中学一年生では五二・五％、中学三年生では六七・一％である。同じ文部省による一九七六年調査ではそれぞれが二六・六％（小学校六年生）、三七・九％（中学一年生）、三七・四％（中学三年生）であるからこの一七年ほどの間に通塾率が急増していることがわかる。このような学校外学習の異常発酵の背後にはいうまでもなく、激しい大衆的受験競争がある。ホワイトカラーについても「ふつう」のための「猛烈」(9)といわれ、激しい競争はノン・エリート・サラリーマンにまで及んでいる。

こうしたマス競争状況は欧米を合わせ鏡にすればやはり特異である。こういうマス競争への焚きつけがどのようにして発生し存続しているのか？　またそのコインの裏側であるアスピレーションの鎮静と冷却はどのようなものなのか？　これを日本の選抜システムの構造のなかに探索すること。さらにこのような日本型メリトクラシーはどのような人間類型を産出しているのか？　その行方は？　これを探ることが本書の目的である。

本書の構成は次のようなものである。第一部では本論文の分析視角が展開され、第二部ではここでえられた分析視角から日本のメリトクラシーについての経験的分析がなされる。しかし、プロクルステスの寝床のように分析枠組によって経験的現象を一方的に裁断しないために第一部で得られた分析視角を経験的分析のなかで相対化し修正し深化させ理論と現実の往復運動を試みている。第三部では第一部と第二部における理論的分析と経験的分析を踏まえて受験競争からホワイトカラーの昇進競争までを貫通する日本型メリトクラシーの特徴とその行方について論じている。

まず第一部第一章は、メリトクラシーについての伝統的アプローチをその理論の登場の社会的背景を考慮しながら機能理論、葛藤理論、解釈理論について検討し、これらの伝統理論がなにを明らかにし、なにを明らかにしなかったかを論じる。第二章は伝統理論において死角になるメリトクラシーの分析視角としてジェームズ・ローゼンバウムのトーナメント移動論や増幅効果論、アーヴィング・ゴフマンの冷却理論をとりあげる。前者においてはメリトクラティックな選抜が継続して展開されることによる増幅効果や能力の社会的構成というトリックを、後者からはメリトクラシーの加熱と冷却の構造的ディレンマをとりあげ、この両者について選抜システムの在り方から探索していくという本書の分析視角である選抜システム刻印論が提起される。

第二部は選抜システム刻印論を分析枠組にした日本のメリトクラシーの経験的分析である。まず第三章では、日本の受験競争を選抜システムという視点から考察し、細かな学校の序列にみられるようなノン・エリートにも選抜のまなざしをそそぐ傾斜的選抜システムの実態を明らかにする。そしてこうした傾斜的選抜システムこそが自己準拠化した受験社会を立ち挙げ、そのことに受験過熱メカニズムがあることを指摘する。第四章は、受験レースのあとの選抜フェイズである新規大卒労働市場を対象にする。学校歴による大企業就職率格差とはどのようなものであり、それがどのように生じているのかを能力の選抜システム構成論の視点から解明している。第五章は入社後の大卒ホワイトカラーの選抜システムを解明する。ここでは、内部労働市場における選抜の仕組みが小刻みな選抜という点で受験競争と相同構造であること、したがって競争への焚きつけのメカニズムが極めて酷似していることを指摘している。同時に学歴と昇進の関係、また高学歴ノン・エリート・ホワイトカラーの冷却のメカニズムについても考察している。第六章は、大衆的競争社会といわれながらも加熱の罠にはまらない学歴ノン・エリートも存在するので、大学進学をほとんどしない職業高校を事例にして、かれらがどのようにして冷却されるのかを学校内過程の角度から考察する。

第三部第七章は本書の結論として日本型メリトクラシーの特徴を全体的に描く。日本型メリトクラシーの「疑惑」は葛藤理論や社会的再生産理論から死角になる増幅効果への疑惑であり、こうした疑惑崩しの戦略によって大衆的競争が焚きつけられていることを解明する。つぎにこうした大衆的競争は一見アスピレーションの加熱だが、実は目的と欲望をむしろ解体すること、しかしそうした目的と欲望の解体こそが職場モデル社会が要請する適応人間類型（サラリーマン型人間像）とマッチングし、そのことによって受験／選抜社会が造形する人間像が再生産されていること、日本のメリトクラシーは単に競争激化をもたらしているのではなく、主体を空虚化した人間のマス生産体制であることを指摘し、最後にメリト・イデオロギーの近年の揺らぎと狼狽について論じている。

（1）天野郁夫『教育と選抜』第一法規、一九八二年、四五―四八頁。Eckstein, M. & Noah, H., *Secondary School Examinations: International Perspectives on Policies and Practice*, Yale University Press, 1993, pp. 2-10.

（2）Mueller, H.-B., *Bureaucracy, Education and Monopoly: Civil Service Reforms in Prussia and England*, University of California Press, 1984, pp. 168-169.

（3）Young, M., 1958, 伊藤慎一訳『メリトクラシーの法則――二〇三三年の遺稿』至誠堂新書、一九六五年。

メリトクラシーの王国論はプラトンの黄金人の神話に遡るほど古い。それは次のようなものである。神は人間をつくるときに黄金を混ぜたもの、銀を混ぜたもの、鉄や銅を混ぜたものをつくった。それゆえに知徳のもっともすぐれた「黄金人」こそが支配者として統治するにふさわしい。しかし黄金の親から銀の子供、銀の親から黄金の子がうまれる可能性もある。だからもっとも重要なことは、子供たちの魂の中にこれらの金属のどれが混ぜ与えられているかを知ることである。鉄や銅の人間が一国の指導者になれば、その国は滅びる。うまれつきの素質が職人であったり、金儲けである人が、「思い上がったすえ」戦士の階層に入っていこうとしたりすれば、あるいはまた、戦士に属する者が「その素質もないのに」政務の地位になると「国を滅ぼす」ものである（プラトン、藤沢令夫訳『国家（上）』岩波文庫、一九七九年、三〇一頁）、という。

（4）和田善一「文官詮衡制度の変遷（II）」『試験研究』一二号（一九五五年）。

（5）黒田広哉『試験及第法』大阪鳳文社、一八八九年、一―二頁。

（6）竹内　洋『パブリック・スクール――英国式受験とエリート』講談社現代新書、一九九三年、一六二―一六七頁。韓国や中国などアジア諸国においては日本に劣らない入学試験競争がおこなわれている（馬越徹編『現代アジアの教育――その伝統と革新』東信堂、一九八九年）。今後はこれらの諸国との比較研究が重要であろう。

（7）Murphy, J., "Class Inequality in Education: Two Justifications, One Evaluation But No Hard Evidence," *British Journal of Sociology*, 32 (1981).

（8）Willis, P., 1977, 熊沢誠・山田潤訳『ハマータウンの野郎ども――学校への反抗、労働への順応』筑摩書房、一九八八五年。

（9）熊沢　誠『日本の労働者像』ちくま学芸文庫、一九九三年。

第一部　分析視角

第一章　伝統的アプローチ——機能理論・葛藤理論・解釈理論

近代社会はなぜメリトクラシー社会になったのだろうか。あるいはそもそもメリトクラシーはイデオロギーにすぎないのではないのか。このような問いや疑惑に対して社会学は機能理論や葛藤理論、解釈理論などの視点から説明と解答を用意してきた。本章はこうしたメリトクラシーの伝統的アプローチについてみていくことにする。

一　機能理論的説明

メリトクラシーについての機能理論はランダール・コリンズの命名になる技術機能理論（techno-functionalism）(1)に代表される。それは次のようなものだ。近代社会になると大きな技術変化がおこり、職業上の必要技能条件が上昇する。したがって世襲や情実による人員配置は複雑な職務と不適合になる。社会的地位の高い職務は高度の技能と才能をもった人材を要求する。このような職業上の技術や技能あるいは一般的能力は学校で教えられる。したがって教育資格がもっともすぐれた技能・能力指標になる。その結果、近代社会においては学校教育によって技能を取得した者が上昇移動する。

ピーター・ブラウとオーティス・ダンカンの「地位達成モデル」はこのような趨勢を数量的に証明する試みだった。かれらは社会移動についての計量的研究にもとづいて産業社会においては、人々を結びつける「個別主義」(particularism) が衰退し、「効率と業績」という「普遍主義」(universalism) への趨勢がみられる(2)、と結論した。人的資本論は地位達成理論の経済学バージョンである。完全競争市場の労働市場において企業が利潤極大化の行動をとれば、個人の賃金は限界生産力に一致する。そして教育訓練は個人の限界生産力を促進する。教育水準が向上すれば、国民生産を増大させることになる。同時に高技能者の供給が多くなり、かれらの稼得所得が減少するから、稼得所得の平準化も期待される(3)。こうして、教育への投資と教育拡大→メリトクラシー化→社会的不平等の軽減という楽観的図式が擁護された。「地位達成」(status attainment) や「人的資本」(human capital) という用語は個人の努力と能力による成功という背後イデオロギーを露呈している。つまり技術機能理論や人的資本論は完全市場 (open-market) を前提に社会移動や報酬は個人が社会の需要をみたすときにそれに応じて得られるという個人属性帰属説明モデルである。

しかしメリトクラシー化を想定した機能理論には、最初からトリックが含まれていた。そのトリックは、タルコット・パーソンズの論文「社会体系としての学級」(4)にみることができる。パーソンズはボストンのハイスクールの男子生徒の調査から大学進学が親の社会階級に代表される「属性的要因」とＩＱ (知能指数) によって測定される「能力的要因」の両方の影響によることを認める。すなわち上級ホワイトカラーの子弟の八〇%、中級ホワイトカラーの子弟の五二%、下級ホワイトカラーの子弟の二六%、熟練労働者の子弟の一九%が進学するときに、非熟練・半熟練労働者の子弟の進学率は一二%である。能力要因でみると、ＩＱ上位五分の一の生徒の進学率が五二%、上位五分の二の生徒が三〇%、五分の三の生徒が二四%、五分の四の生徒が一七%であるときに、ＩＱ下位五分の一の生徒の進学率は一一％でしかない。つぎにＩＱを統制して社会階級別進学率をみる。ＩＱ上位五分の一の生徒だけの進学率を社会階級別にみると、上級ホワイトカラーの子弟の八九％が進学するときに同じＩＱにもかかわらず労働者の子弟の進学率は二九％である。パーソンズはこうした事実からつぎのような結論を下す。学校は「ほとんど大部分の生徒にとっては」(for a very important part of the cohort)、「業績を単一の主軸」(on a single main axis of achievement) とするから、「ただ単にすでに定まっている属性的地位を確認するだけのものではない」(not simply a way of affirming a previously determined ascriptive status)。このような部分否定文（"not simply" assertion) をつかいながらパーソンズは教育的達成におけるメリトクラシーを過大評価する。

つまり機能理論にとっては教育的達成と属性的地位との完全な対応からの「逸脱」がメリトクラティックな選抜の証明となった。しかし、パーソンズの挙げた同じ事例から階級と教育的達成のズレではなく重複に着目し、パーソンズとはまったく逆に、学校は「ただ単に業績主義を確認するだけのものではない」と、学校の属性主義を結論づけることも可能である(5)。まさしく「パーソンズは、つねに、幾分水のはいったコップをみて、半分空だとはいわずに、半分入っているといっているのである」(6)。ところが、このような部分否定のトリックは属性主義ではなく業績主義の証明に利用された。それにはいくつかの理由があった。

ひとつは、業績主義が記述命題というより趨勢命題であったことである。パーソンズは前近代社会は個別主義や属性主義の支配する社会であり、近代社会は普遍主義と業績主義の支配する社会としながらも、こうした指摘は歴史的現実にそのまま当てはまるわけではなく、「混合的」なあるいは「移行的」な分析が必要であると注意を促してはいる(7)。しかし近代社会とくに産業社会は職務の高度化、官僚制の進行とともに専門能力が要求されるから、属性主義的選抜は逆機能となるとし、業績主義への選抜の趨勢を考えた。

そして一九五〇年代―六〇年代の社会的文脈は機能理論家の趨勢命題の妥当性をすくなくともみかけ上保証した。つまりこの時代は発達する科学技術社会のなかでホワイトカラー層や専門技術職が不足し上昇移動が活発化したからである。だからこの時期は人的資源や人材の浪費などの問題が教育社会学者の主なテーマとなった。バートン・クラークが『専門家をつくる教育』(*Educating the Expert Society*)を書いたのは、一九六二年のことだった。しかし社会移動は産業構造や職業構造などの変化による「強制移動」と競争による地位の交替の「純粋移動」とに分解できる。業績主義の進展を証明するのは、事実としてのつまり全体としての社会移動の大きさではなく、「純粋移動」の大きさである。したがって「『交替移動』(純粋移動――引用者)の大きさを測定する方法が確立されるまでは、現代社会の特性とされる『業績主義』への趨勢が明らかにされたということはできない」(8)。しかし親より高学歴を獲得し、ホワイトカラーや専門技術職などへの事実としての上昇移動が生じれば、それが「強制移動」であっても、人々はメリトクラティックな選抜を「実感」することになる。戦後復興と成長の一九五〇年代から六〇年代の前半はそういう社会的文脈であった。

すなわち、学校が技術や技能を教え、メリトクラティックな選抜がおこなわれるという「技術―能力主義的見解」(techno-meritocratic view)は経済好況、技術革新のなかで専門的技術的職業がふえるという社会的文脈で繁盛したのである。したがって、「もし戦後期の経済景気が完全雇用、生活水準の実質的上昇、福祉国家の拡大をひきつづき保証していたならば、構造=機能理論はいまなお支配的パラダイムであったろう」(9)といわれる。しかも機能理論は、単に社会学者の学問界にとどまらず西欧のリベラルなインテリたちのパラダイムであった。メリトクラティックな社会は合理性や効率性だけでなく、機会の平等を促進するという意味で道徳的にも望ましいものとされたからである。その意味で機能理論はリベラル・パラダイムであり、メリトクラシーは規範命題でもあった(10)。パーソンズにみられるような部分否定のトリックがなんら怪しまれなかったのはこういう社会的文脈にあったからだといえることになる。

二　機能理論の修復と綻び

一九六〇年代前半までは成長と希望の時代だったが、一九六〇年代後半からしだいに階級やエスニシティー、そして国家の対立が激化する。変化と動乱の時代になり、為政者の善意を懐疑する時代になった。ヘッドスタート（教育条件が劣った者になされる補償教育）など教育によって社会的平等を増大しようとする教育改革も意図された結果をもたらさなくなり、高等教育卒業者の雇用市場も逼迫してきた。過剰教育と低位代替雇用（従来高卒の者がおこなっていた職務を大卒者がおこなうようになるなどの雇用の変化）の時代になった。いまや機能理論のメリトクラティックなモデルをささえた社会的文脈は大きく変化した。一九六〇年代後半から機能理論では説明できない変則例があらわれはじめた。一九七〇年代はじめにハルゼーによって「二〇世紀の教育史の基本的事実は平等化政策が失敗したということである」(11)と宣言されるにいたる。こうした変則例に対しての機能理論パラダイム内部からの再構築の動きもでてきた。

人的資本論はすでに述べたように機能理論の経済学版である。教育資格を技能の習得つまり実力とみる。ところが一九七〇年代になると高学歴者の過剰による教育資格インフレがおこってきた。さきほど述べたように、従来中卒がおこなっていた職種に高卒が採用され、高卒がおこなっていた職種には大卒が採用されるという代替雇用が生じた。高学歴を獲得してもいいかえれば人的資本投資をおこなっても引き合わない状況が生じてきた。技術機能理論や人的資本論の批判は次のようにしてなされた。ひとつは、職務に要求される知識や技能のほとんどは学校ではなく、現場訓練によって習得される(12)ということからの批判である。もうひとつは賃金格差にかかわる学歴効果のかなりは、学校の影響を受ける以前の能力差によるものだ(13)という批判である。こうして卒業証書は技能の証拠ではなく潜在能力の指標にしかすぎないという見解が台頭する。

シグナル理論(14)やフィルター理論(15)、訓練費用理論(16)などのスクリーニング理論は、学校教育による知識や技能と実際の職務とは無関係であり、技能は現場訓練などによって習得されるとする。したがって、雇い主は人々を選別するときに潜在能力や訓練可能性を測定すればよいことになる。しかしそうした測定は不可能である。かりに可能だとしても膨大な費用がかかる。そこで学歴などをふるいの手段として使用するというものだ。したがってスクリーニング理論や訓練費用理論における学校効果は技術機能理論や人的資本論のような社会化モデルではなく、配分モデルである。社会化モデルは専門知識や技能、一般的知識や技能などの習得という学校教育の加工処理効果を前提にするのに対して配分モデルは学校でなにが学ばれるかには関係なくつまり社会化効果とは関係なく学校は学歴資格を産出することで教育システムの外部に存在する地位システムに人々を配分する効果を前提にする。社会化モデルにおいては、学校は加工工場である。個人という素材は手を加えられ、付加価値をもった製品に加工される。それに対して、配分モデルにおいては、学校は缶詰工場である。缶詰工場は、製品を加工処理しているわけではない。できあがった製品をパックし、レッテルをはっているだけである。したがって高学歴者の成功は、社会化モデルにおいては、技能や価値の社会化効果で説明されるが、配分モデルでは、高学歴という資格そのものの作用によって説明される。

ここでスクリーニング理論と人的資本論との違いを際立たせれば次のようになる。人的資本論はどんな土地

（人）でも耕作をし、灌漑設備（教育訓練投資）をすれば、収穫がふえる（生産性と賃金の増大）という前提にたつ。それに対してスクリーニング理論は、肥沃な土地が投資を呼ぶのであって、土地の耕作によって収穫がふえるのではないとする。そこでスクリーニング理論は説明をつぎのように逆立ちさせる。土地が耕作された（学歴の取得）かどうかは土地（潜在能力）が肥沃かどうかの指標である、と。

このような機能理論の再構築化の動きと並んで葛藤理論も浮上してくる。技術機能理論パラダイムに対する反証研究がそのきっかけとなった。アイバー・バーグは高校卒でない者と高校卒以上のような者には学歴と生産性の間に関係が認められても、高校卒と大学卒、大学院卒などの間には生産性との関係がみられない、つまり学歴はある閾値をすぎれば生産性を増加させるという証拠はみられない(17)、という技術機能理論的説明への反証を試みている。またランダール・コリンズは、どのような組織体が雇用にさいして学歴資格を重視するかの調査をおこなった。たしかに技術機能理論が予想するように技術変動の大きい組織が学歴資格を要求しているようにみえた。しかし組織規模や知名度を統制すると、組織の技術変動の大きさと雇用における学歴重視の関係は消滅した。学歴資格の重視は組織類型との関係がもっとも大きかった。組織類型は製造業や卸売業などの生産や販売と利潤追求に関係する「市場組織」(market organizations) と公益事業や行政機関、医療など奉仕理念や対外的信用などの社会的イメージが重要な「公的信用組織」(public trust organizations) に分けられている。学歴資格を強く要求することと関連が大きいのは「公的信用組織」である。「公的信用組織」では服務規律を遵守し、忠実な雇用者を必要としているからだ(18)。警察にお世話になった人や転職者を嫌がる組織こそが学歴資格を重視する組織である。これがコリンズの解釈である。学歴重視の技術機能理論的説明が否定される。

三　葛藤理論的説明

こうしてマックス・ウェーバーの学歴主義についての説明もその葛藤理論的側面に焦点があてられていく。学歴主義が近代社会における官僚制化と深く結びついていることを指摘したのは、ウェーバーだった。ウェーバーによれば、官僚の職務執行は、一般的な規則にしたがっておこなわれる。これらの規則の知識は、法学、行政学、経営学などの技術学からえられるが、これらの学問は大学などで教えられる。こうして近代社会における組織の官僚制化は職務就任資格として学歴資格や専門試験を要求するようになる。このとき学歴主義は機能理論的に説明されている。かくてウェーバーは、近代社会において専門教育や専門試験というかたちで競争的試験が普及した事情について次のように述べる。「近代的な完全官僚制化が初めて、合理的・専門的な試験制度の不断の発展をもたらしたのである。専門訓練と専門試験とは、文官制度の改革 civil service reform によって次第にアメリカに導入され、また、その（ヨーロッパにおける）主要な発祥地たるドイツからして、その他のあらゆる諸国にも進出してゆきつつある。行政の官僚制化の進展はイギリスにおいてもそれらの意義を高めているし、半家産制的な旧来の官僚主義を近代的官僚主義に置き換えようとする試みは、（全く異質的な従来の試験制度に代えて）専門試験を中国に導入したし、資本主義の官僚制化と専門的訓練を経た技術者と事務員に対する資本主義的需要は、それを全世界に広めている」(19)。

しかし他方ではウェーバーは次のようにもいう。いまやあらゆる分野で教育資格や試験が採用されているがそれは、突然生じた「知識欲」からではない。「教育免状の所持者のために地位の供給を制限し、これらの地位を彼らだけで独占しようとする努力が、その原因をなしているのである。ところでこの独占のための普遍的な手段は、今日では『試験』であり、それ故にこそ、試験が制しがたく進出を続けているのである」(20)。しかも教育免状を獲得するには、多額の費用と無収入の期間が必要だから、財産が才能を押し退けてしまうのだ、と。このときウェーバーは学歴主義を葛藤理論的に論じている。いまやコリンズのように、しだいにウェーバーの葛藤理論的側面への着目が台頭してくる。

この間のメリトクラシーをめぐる教育社会学におけるパラダイム・シフトをなによりも象徴しているのは、一九六一年に刊行された教育社会学の代表的なリーディングスであるハルゼーとフラウド、アンダーソン編集の本が『教育・経済・社会』(*Education, Economy, and Society*) であり、教育による機会の平等の進展や経済成長が焦点となっていたのに対し、一九七七年に編集されたカラベルとハルゼー編集の教育社会学の代表的リーディングスは『教育における権力とイデオロギー』(*Power and Ideology in Education*) に大きく変化していることだ。教育における不平等のメカニズムの把握が焦点になっていることが題名に象徴されている。

葛藤理論は社会はさまざまな集団（階級や身分集団）の利害闘争から構成されているとみる。したがって、メリトクラシーの誕生を機能理論のように社会の効率で説明するのは表層的な見方とされる。公式理論（効率の尊重）や道徳的言説（機会の平等）の背後には集団の利害が作動している。メリトクラシーは人々を納得させるための表の論理である。裏からみれば既存の支配集団が自分たちに有利に能力の定義をし、仲間で地位を独占（再生産）するための口実（正当化）であり社会統制装置である。したがって個人の選抜や移動は選抜基準をめぐる諸集団間の葛藤というお釈迦さまの手のなかの孫悟空の動きにすぎない。こうして葛藤理論は制度的利点や不利益への着目を促す。機能理論は個人属性帰属説明モデルであるが、葛藤理論は構造的説明モデルである。

それ故、葛藤理論は、近代社会における試験と教育資格の時代の誕生を支配階級の排除戦略と非支配階級の奪取戦略の対立妥協の結果とみる。つまり台頭する中間層は支配的階層の特権を自らも得たいとおもう。そこで組織や行政の効率化を錦の御旗にしながらメリトクラティックな選抜を唱え、支配層の独占を壊そうとする。それに対し伝統的な支配層はそれまでもっていた特権を維持しようとする。支配層はメリトクラティックな選抜を承認しながらも、今度はメリト（能力）の定義や選抜装置そのものをかれらに有利に構成しようとする。「教育のような業績指標を導入したからといって家柄や社会的地位にもとづく選抜をなくすことにはならない。新しいみかけ上、業績志向的な選抜方法が先祖を調べる方法となり、近代的な方法による伝統的な地位特権の維持になるという場合もある」(21)ということだ。だから試験や学歴による選抜を機能理論家のように、ただちに万人に開かれたメリトクラティック（能力主義的）な選抜とみるのはおめでたい考えということになる。試験という手段でも家柄や身分などのような属性主義的な選抜はできるのだから。試験科目がギリシャ語やラテン語などの古典人文学中心におこなわれれば、これらの教育をうけた旧来の特権階層が有利になり、試験という名にもかかわらず実は家柄や社会的地位にもとづく選抜（属性主義）が作動していることになる。したがって、「個人の経歴は、文化集団が自分たちの基準を賦課することによって地位を統制しようとする闘争がおこなわれているまさにその内部で生じる」(22)。メリトクラシーの背後にある選抜基準をめぐる支配集団の戦略にこそ焦点が合わされるべきだ。これがメリトクラシーをめぐる葛藤理論の分析ポイントである。

葛藤理論からみれば、これまでの理論つまり人的資本論や技術機能理論あるいはスクリーニング理論は事態を隠蔽する正統化イデオロギーである。「テクノクラシーの神話」(23)や「専門技術主義・能力主義の神話」(24)である。身分集団は教育をめぐって組織化されており、学歴は特定の身分集団が成員外の者を排除するための閉鎖戦略とされるからだ。コリンズの言をひけばつぎのようになる。「教育は特定集団への帰属（おそらくそれが決定的な特徴となることが多かろう）を証明するしるしみたいなもので、技術的技能とか業績を示すものではない。ある職業にどれだけの学歴水準を要求するかは、それを設定できるだけの権力をもった集団の利害関係が反映している」（傍点引用者）(25)。「教育は身分集団が支配や経済的利害、威信をめぐって闘争するその一部分である」(26)。さらにコリンズは次のようにもいう。学校教育が家庭背景と独立に社会移動をもたらすかどうかに関心を奪われすぎて、学歴のある階級がエスニシティ集団の化身であることが盲点になってしまっている。「かれらが自分たちに有利になるように職業要件を設定し、かれらの語彙を使用しないもの、かれらと同じ教養がない者、専門技術者の理念を口にしない者を排除していることへの着目を忘れてしまっている」(27)。こうみてくると、葛藤理論は配分モデルと結びつきやすいことがわかる。しかし、葛藤理論はスクリーニング理論のように学校＝缶詰工場説ではない。サミュエル・ボールズとハーバート・ギンティスの対応理論（correspondence theory）やコリンズの身分文化としての教育論は社会化モデルだからだ。

「対応理論」は、生産のヒエラルキーと分割支配に対応した社会化が学校組織でなされているという理論である。教師は最初の上司であり、成績や点数は労働者の賃金とおなじく外生的報酬である。学校で個人化された競争を煽られ分断化もなされている。さらに学校組織はこうした職場規律の社会化にとどまらず、第一次労働市場と第二次労働市場に対応した職場適性の社会化もなしている。第一次労働市場とは、高賃金、良い労働条件、雇用の安定性、明確で公平な就業規則、仕事の保障、昇進の機会などによって特徴づけられる。これに対して第二次労働市場は、低賃金、劣悪な労働条件、雇用の不安定性、恣意的な就業規則、昇進機会の不足などによって特徴づけられる(28)。中間階級や上流階級の生徒たちの学校は、自由度がたかく、自発的な勉学を期待されるが、これは上級ホワイトカラーが資本家の目的や価値を内面化して自発的に行動する労働特性と対応している。下層階級の学校は、自由度が低く指示されたことをやり、学校の規則に応じることが要求されるが、これは労働者に要求される資質と対応している。対応理論を学校効果でみれば、従属・分断理論という社会化理論である。したがって、地位達成を社会化モデルと配分モデルに区別したアラン・カーコフ（Kerckhoff, A.）も、その論文の注のなかで周到にもつぎのように述べている。「ボールズとギンティスの研究は、通常は配分論とみられるが、実はかれらは、教育と階層の関係の解釈では社会化論と配分論の両方を使っている。ボールズとギンティスはつぎのように論じているからだ。資本主義社会は上流階級に生まれた者が成人後も高い社会的地位を獲得する傾向をうむように組織化されているが、この傾向は家族や学校内部の社会化メカニズムをつうじておこっている。つまり出身階級にそって個人の資質が差異的に促進形成される。雇い主は人々を職業的地位に配分する際に、そういう差異的資質を選別の基準としてつかう。このように論じているからだ」（傍点引用者）(29)。

コリンズの身分文化としての教育論も対応理論＝従属・分断理論がそうであるように社会化論である。コリンズはいう。学校のカリキュラムや授業内容が職業教育であるか一般教育であるかはそれほど重要ではない。大事なことは、上級学校は語彙や会話の素材、服装、スタイル、立居振舞いなどでエリート文化の社会化をすることだ。下級学校はそうしたエリート文化を尊敬するような社会化をなす。組織エリートは、未来の組織のエリートをかれらと同じ身分集団から補充しようとし、あるいは、かれらの文化的卓越性を尊敬するように社会化された者を中・下級職員に補充するために学歴を使用する。このようにコリンズはいう。葛藤理論家であるコリンズもまた学校の社会化効果を明言しているようにみえる。

しかし、葛藤理論のいう社会化効果は技術機能理論や人的資本論における社会化論とは異なって従順さや自発性、エリート身分文化、エリート身分文化への尊敬心など隠れたカリキュラムによる作用項目である。したがって葛藤理論は、知識や技術の習得という社会化効果については重点を置かない。そのかぎり配分モデルになる。しかし従属・分断理論や身分文化としての社会化などの学校の隠れた社会化効果に着目すれば、社会化モデルとなる。学校の隠れたカリキュラムによる差異的な個人資質や文化が選別に使用されるといっているからである。しかしいそいでいっておかねばならないが、技術機能理論や人的資本論においては学校の社会化効果が強く前提されているのに対し、葛藤理論における学校の社会化効果は帰属的地位文化の強化や補強[30](ボールズとギンティス)、あるいはその効果が(支配集団によって)横領される[31](コリンズ)にすぎない。葛藤理論における社会化効果は、技術機能理論や人的資本論のように学校の独自の効果(↓メリトクラシー)を前提としているわけではない。したがって、葛藤理論の社会化モデルはあくまで従であって、配分モデルが主である。そこでこれまでのメリトクラシーの説明理論は選抜モデルと学校効果モデルとによって図1・1のように整理することができる。

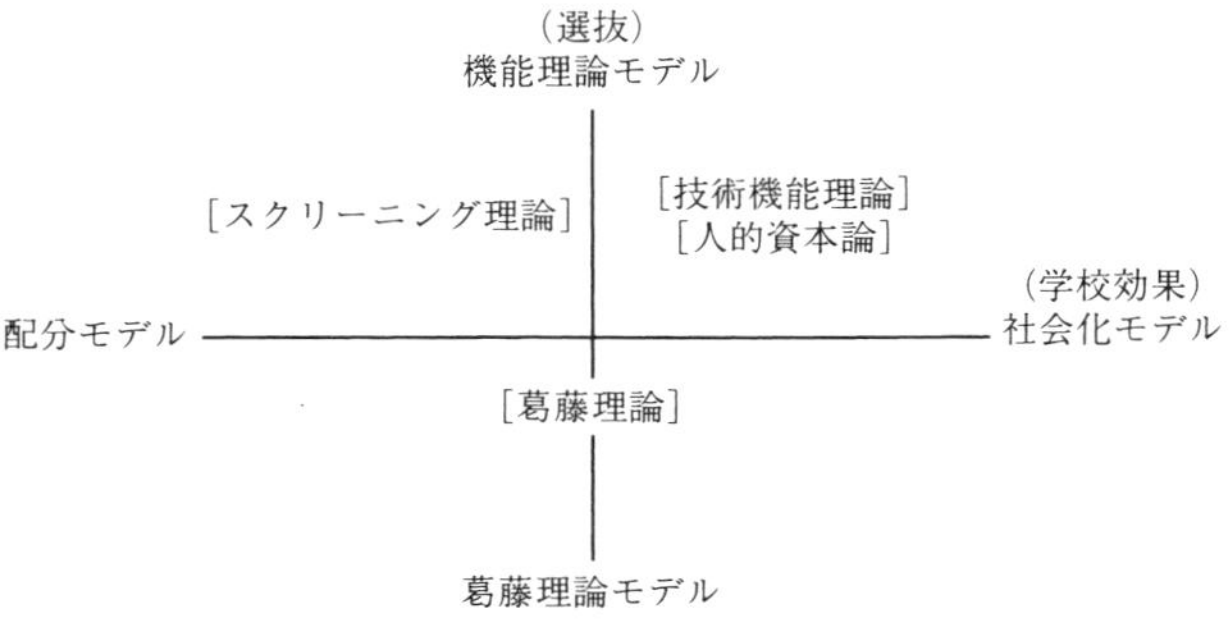

図1・1　メリトクラシーの説明理論

ただし葛藤理論に括られるボールズとギンティス理論(ネオ・マルクス主義)とコリンズ理論(ネオ・ウェーバー理論)にはつぎのような差異がある。ボールズとギンティス理論は教育システムは支配階級の利害に従属しているとするのに対し、コリンズは教育システム従属論をとらない。雇い主は教育システムにおいて（自律的に）生産された教育資格を再利用し横領するとみる。もうひとつの違いは、ボールズとギンティスの理論は、従属・分断理論にみられるように従属層の服従と資本家の利益の内面化だけに焦点をあわせており、支配層もまた内集団化しなければならないという視点はない。コリンズの理論は、支配集団や専門職集団が共有文化によって連帯し他者を排除する面を強調する。さらに財産のない中間上層階級も独占／排除のために学歴資格を使用するという点も強調される。コリンズにしたがえば、下層階級は資本主義的生産様式のなかでの排除だけではなく、中間上層階級を主な構成員とする専門職集団からも学歴をつうじて排除されていることになる(32)。

四　社会的再生産理論

葛藤理論はメリトクラティックな選抜過程が実は階級文化を密輸してしまうことを暴く議論であるが、ピエール・ブルデューの文化資本をつうじての社会的再生産理論はこうした階級文化密輸論のもっとも洗練された理論である。それはつぎのようなものだ。

ブルデューの理論を理解するためにまず、「資本」の概念から入ろう。ブルデューは経済学理論を批判する。経済学理論は交換を商業交換にだけ限定することによって、さまざまな交換の形態をみえなくしてしまった。経済学理論によって資本はもっぱら経済資本に還元されてしまった。資本とは蓄積可能性と他の資本への変換可能性によって利益を生む元手である。貨幣や財産に代表される経済資本は資本のひとつの形態にすぎない(33)。「学歴」はいうまでもなく、知識、教養、嗜好などの「文化」、コネやつてなどの「人脈」（社会関係）も自己拡大しながら経済的利益をうんでいく。文化が資本であることを理解するためには次のようなことを想起すればよい。劇場やコンサートの入場料自体はほとんどの人々がアクセスできる範囲にある。にもかかわらず現実にこれらを享受するのは特定の人々に限られている。クラシック音楽や古典劇を理解可能にするコードがなければ楽しくもないし、意味不明である。したがって文化財を理解可能にするコード所有者には富めるものがますます富むという文化資本の拡大が生じる。資本の拡大は貨幣や財産に限らない。しかもこのような文化資本は教育達成（学力、学歴）に有利なコードとなる。上層階級の家庭には「正統」文化が蓄積されているからである。正統文化とは高級で価値が高いとみなされる文化である。クラシック音楽や古典文学は正統文化であり、演歌や大衆小説は正統文化から距離がある。学校で教育されるのは文化一般ではなくこうした正統文化である。上層階級の子弟は家庭で（正統的）文化能力の相続がおこなわれる。こうして文化資本は、学歴資本に変換される。さらに、学歴資本は社会的地位に変換されることによって経済的利益を生みだす（図1・2）。

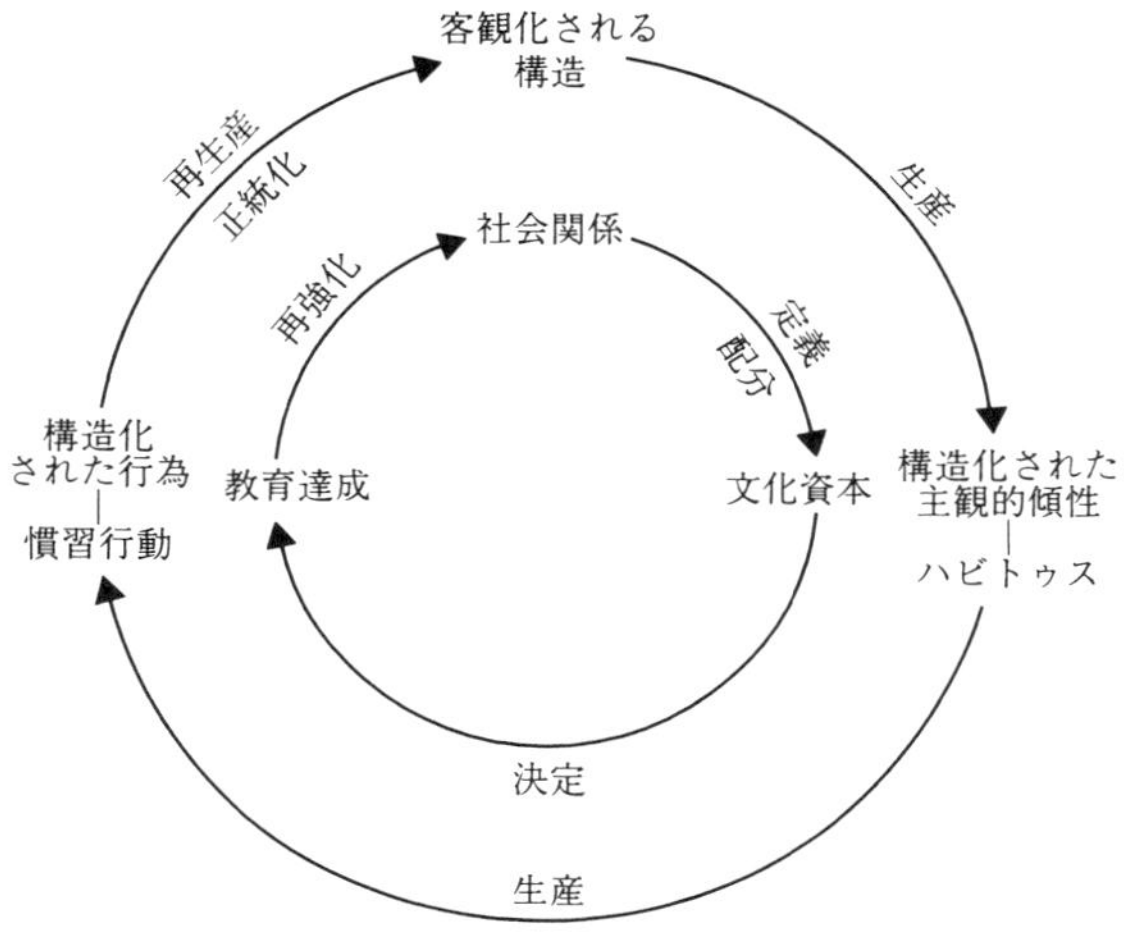

図1・2　ブルデューの再生産理論

出所：Foster, L. A., *Australian Education: A Sociological Perspective*, Prentice-Hall of Australia, 1981, p. 321.

経済制度が経済資本をもっている人に有利に構造化されているように、選抜制度も文化資本（「正統」文化）の保有者に有利に構造化されている。支配階級の文化やハビトゥスを所有しないものは、学校での成功（学力や学歴）や職業的成功にハンディを背おわされていることになる。図1・3がそのメカニズムをあらわしている。ハビトゥスとは、階級やフラクション（階級のなかの下位階級）あるいは家族や教育など過去の経験によって形成された心的傾向のシステムであり、知覚や思考、実践のシェーマとなるものである。ブルデューはハビトゥスについてつぎのように定義している。「生存のための諸条件のうちで或る特殊な集合《クラス》に結びついた様々な条件づけがハビトゥスを生産する。ハビトゥスとは、持続性をもち移調が可能な心的諸傾向のシステムであり、構造化する構造（structures structurantes）として、つまり実践と表象の産出・組織の原理として機能する素性をもった構造化された構造（structures structurées）である」(34)。

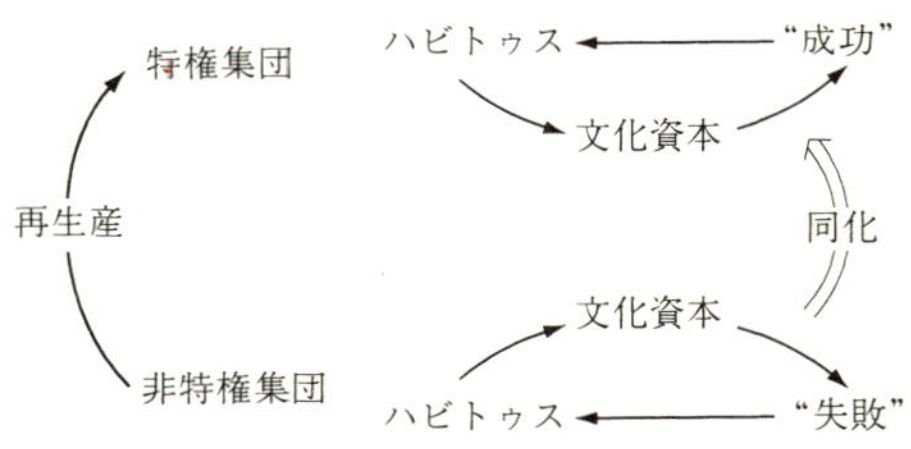

図1・3　再生産のメカニズム

出所：Harker, R., “On Reproduction, Habitus and Education,” *British Journal of Sociology of Education*, 5 (1984), p. 118.

非特権層がかれらのハビトゥスの枠のなかにいるかぎり上昇移動しにくいのである。したがって非特権層が成功しようとおもえば、図1・3にみられるように支配階級のハビトゥスや文化への同化（ブルジョア化）が必要である。あるいは、そのような文化への敬意や尊敬心をもたなければならない。中堅の従業員の選抜にも学歴や成績が使われるが、それは組織支配者層の「正統な」文化への敬意や尊敬心をもっていることの証だからだ。こうして社会的選抜をつうじて文化の威信が再生産される。文化の威信が再生産されることによって階級関係の再生産がおこなわれる。これが迂回的再生産である。このような迂回つまり文化や教養による支配構造の循環が事態を巧妙に隠蔽する。文化やハビトゥスの相続は財産や貨幣、貴族の称号のように即座に相続されない。長い時間が必要である。それゆえ上流階級の文化的能力は相続というよりも獲得されたもの、あるいは能力や才能として誤認され認承される。「やっぱり毛並みのイイ人は頭がイイ」と。無償の文化や教養こそが選抜や支配の切り札である。

さらに非特権階級の子弟は試験や選抜で排除される以前に、自発的退却や自発的追放をなす。非特権層の子弟は高等教育の入学者選抜以前に大学進学を考えられないものとし、応募以前に自ら「退却」（自己排除）してしまう。あるいは高等教育に進学してもしばしば、自らの階級文化と親和性のある専攻＝威信や将来の報酬の低い領域（実学）に自らを「追放」してしまう(35)。運命（客観的位置）は選択を媒介にして自由決定論のなかに隠蔽される。つまりだれにでも公平な能力主義による選別というたてまえの影に上流階級文化を所有しているかどうかが問われ、支配＝上流階級文化から距離のある者は能力や資質に欠けていることになってしまう。ブルデューが強調してやまないのは、たてまえとしてのメリトクラティック（能力主義的）な選抜が覆い隠すこうした事実である。

エミール・デュルケームは文化の社会統合機能に着目したのに対し、ブルデューは文化の支配と服従機能に着目しているわけである。ブルデューはいう。「伝統理論は教育システムをデュルケームのいうように『過去から相続される文化の保持』つまり世代から世代にかけての蓄積された情報の伝達と定義することによって、教育システムにみられる文化的再生産と社会的再生産のふたつの機能を分離してしまう」(36)、と。

しかし、ブルデューの理論は迂回戦略にとどまることなく、文化的再生産と社会的再生産あるいは教育システムと経済システムのズレをも組み込んだトリッキーなものでもある。迂回戦略は階級による資本の総量の大小にかかわっているが、これから述べるもうひとつの視点は経済資本と文化資本の相対的比重つまり資本の構造にかかわる。非熟練労働者と比べれば経営者も大学教師も資本総量は大きいという点で同じ側に属する。しかし、経営者と大学教師を比べれば前者は経済資本の比重が、後者は文化資本の比重が大きい。つまり資本構造が異なっている。

資本構造からみれば、教育システムは知識人や教師、芸術家など知識と能力しかない者たち（文化資本＋、経済資本－）の恨みの晴らし場所である。知識人や教師などの教育システムの勝利者（知識と能力しかない者）は領域A（教育システムの近接領域）においてもっとも利点を与えられる。しかし領域B（ブルジョアジーの世界）への接近は、経済資本と社会関係資本による参入の壁がはりめぐらされている。

ブルデューはいう。「学歴＝資格と地位との関係のコード化が厳密であればあるほど、労働市場が売り手に与える価値は教育資本に左右されるようになる。逆に学歴＝資格の定義と地位のそれとが、……あいまいであればそれだけ、虚勢を張る戦略が通じる余地が大きくなる。教育資本に対してこの場合にはたとえば（コネや「流儀」や生まれなどの）社会資本が高い収益率をあげうるのである」(37)。領域Aは学歴と地位との関係のコード化が厳密である労働市場であり、領域Bは両者の関係が曖昧になる労働市場である。領域Aでは教育資本が、領域Bでは社会関係資本が高い収益率をあげる。文化資本の保持者はブルジョアジーよりもしばしば貧しい教師などの階級フラクションであるが、この文化資本≠経済資本の点にメリトクラシーの幻想と教育システムの相対的自律性を正当化するもうひとつのカラクリがある。そして、知識と能力しかない者に捨て扶持（領域A）をあたえる教育システムの認可権力の自律性（実は従属性）に支配の再生産の秘密がある。かくてブルデューはいう。「自由専門職は高学歴を前提とするという事実によってつぎの事実が隠蔽されてはならない。専門職の高い相続率によってしめされるように、これらの専門職のもっとも高い地位へのアクセスはうたがいもなく、産業や商業のセクターにまさるともおとらないかたちで、経済資本と社会関係資本に依存している。病院長という王朝がみられるような医療専門職のエリートにおいてはとくにそうである」(38)、と。ブルデュー理論の含みは、学歴の資本としての有効性と限界を指し示す(39)ことでもある。

表1・1はアメリカの巨大企業トップ・マネジメントを学歴と出身階級によって分析したデータである。いま述べたブルデュー説の検証の手掛りになる。上級管理職の属性は学歴に関して「低学歴」＝非大卒＋非エリート大卒と「高学歴」＝経営学名門大学院卒に二分類している。階級についても「非上流階級」と「上流階級」に二分類している。そこで学歴分類と階級分類をクロスして計四類型が得られる。表の数値は低学歴・非上流階級の上級管理職(senior managers)がその地位につく確率を一としたときのその他の学歴・階級カテゴリーの確率である。したがってこの数値が高ければ高いほど確率が大きくなる。トップ・マネジメント(Chief Executive Officer)から他企業重役兼務さらに経営者団体役員になればなるほど、経営エリートの頂点に近づく。他企業重役兼務の欄をみると非上流階級であっても高学歴の者は低学歴＋非上流階級にくらべて確率は一・九〇倍になる。低学歴＋上流階級は二・六三倍、高学歴＋上流階級は三・〇一倍に跳上がることがわかる。経営エリートの頂点にいけばいくほど、学歴の関与は高まるが、それ以上に出身階級要因が関与していく。つまり学歴資本以外に社会関係資本の関与が大きくなることが推測される。

表1・1　経営エリートの輩出相対比

	CEO＊	他企業の重役兼務	経営者団体役員
低学歴・非上流階級	1.00(34.0)	1.00(15.0)	1.00(11.3)
高学歴・非上流階級	1.37(47.6)	1.90(28.5)	1.69(19.1)
低学歴・上流階級	1.45(50.4)	2.63(39.5)	1.86(21.0)
高学歴・上流階級	1.40(48.7)	3.01(45.2)	2.98(33.7)

＊　CEO (Chief Executive Officer).
カッコ内は輩出百分比.
出所：Useem, M. & Karabel, J., "Pathways to Top Corporate Management," *American Sociological Review*, 51 (1986), p. 194.

学歴と社会的不平等(社会移動)に関するこれまでのモデル(機能理論と葛藤理論)は図1・4のように出身階級(S_1)、到達階級(S_2)、学歴(E)相互の規定力の差異によって示される。機能理論は出身階級が学歴を規定することは認めながらも学歴こそが到達階級にもっとも大きな影響をあたえるとみる(モデルB)。それに対して葛藤理論は出身階級こそが到達階級を規定しているのであって、学歴が到達階級に影響

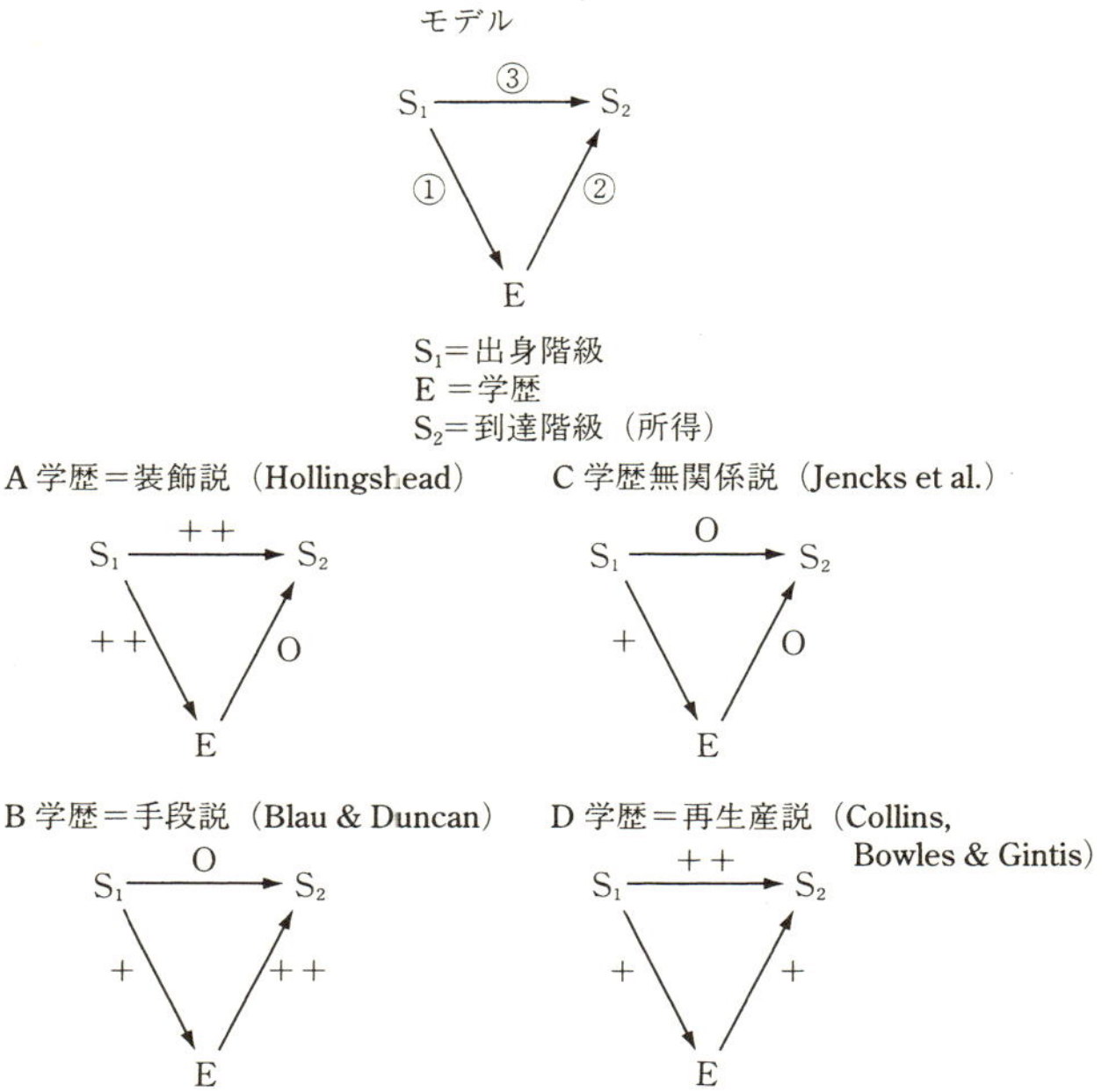

図1･4　学歴と社会的不平等のモデル

出所：Persell, C., *Education and Inequality : A Theoretical and Empirical Synthesis*, Free Press, 1977, p. 154.

をあたえるのはみかけ（正統化）にすぎないとする。社会経済的背景の高い者は知能（IQ）と無関係に高等教育資格の獲得に有利である。ところが、社会経済的背景の高い者の多くは高等教育資格を得る。その結果、経済的成功はあたかも能力によるものであるかのように正統化されてしまうというわけである（モデルD）。

しかし階級の完全な交替がないように、階級の完全な再生産もありえない。出身階級と到達階級にはなにほどかのズレがある。階級の再生産とズレは程度上の問題である。たとえば、ボールズとギンティスは、社会経済的背景の高い者はIQと無関係に高等教育資格の獲得に有利であり、そのことによって、経済的成功のチャンスが増大するといい、IQが高い者が成功するというメリトクラシーは偽装でありイデオロギーだとする。しかし、階級の再生産がリジッドにおこなわれているわけではないことは、かれらのデータにさえはっきりとみることができる。知能を統制すると、上位一〇分の一の社会経済的階級出身者が上位五分の一に到達する確率は下位一〇分の一の者にくらべて八倍以上である。にも

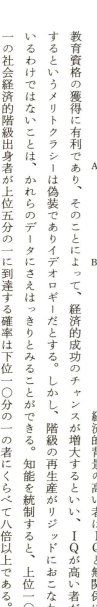

かかわらず、上位一〇分の一の者が上位五分の一に留まる割合は二人に一人でしかないことも明らかにされている(40)。リジッドな再生産からはるかに遠いことになる。

では、機能理論と葛藤理論の闘いは社会移動の計量的解析によって決着がつくのだろうか。答えは否である。機能理論は非熟練工から熟練工のような距離の短い移動も社会移動に計上するからズレはおおきくなる。また趨勢を重要視する。葛藤理論はブルーカラーの子供が大会社の社長になるというような距離の大きな移動でなければ社会移動とは認定しないから階級の再生産は大きくなる。また部分的な社会移動はかえって支配と被支配の構造の安定を強化する(41)と説明される。経験データによって理論闘争に決着がつくわけではない。理論によって経験データの意味が構成される。事実（経験データ）は理論に対してあらかじめ武装解除されてしまっているからだ。

五　解釈理論的説明

一九七〇年代は、機能理論とも葛藤理論とも異なった現象学や象徴的相互作用論などの解釈理論にもとづく選抜研究も進展した。

解釈理論の特徴は、機能理論や葛藤理論の客観主義的な社会観ではなく主観主義的な社会観をとることにある。客観主義は社会秩序の物（事実性）としての性格に着眼し、社会秩序によって人間がつくられていく面を強調するが、主観主義は社会秩序が人々の意味によって構成される面を強調する。客観主義においては人々の社会における「位置」（地位・役割）が、主観主義においては人々の「意味」付与が鍵概念になる。解釈理論は人間の自律性や自由意志を強調する主意主義の立場をとり、社会生活の過程の複雑さと襞を個性記述的に説明しようとする。したがって解釈理論は機能理論や葛藤理論の客観主義パラダイムを、せりふやとがきがこと細かにかかれた台本どおりに役柄を演ずるだけの過剰に社会化された行為者が想定されている、と批判の対象にした。

解釈理論からみれば、機能理論や葛藤理論はつぎのような点で問題を孕んでいる。パーソンズは学校の選抜機能つまり結果を指摘する。しかしこのことは、何故学校が選抜機能をはたすかを説明しているわけではない。学校が選抜を通じて産業社会の必要に役立つという結果が学校が選抜機能をはたす原因ではないからである。「あることが何にたいして有用であるかを明らかにすることと、それがいかにして生じ、いかにして現にそのように存在しているかを説明することとは、別のことがらである」(42)。葛藤理論については、全体社会の支配集団が学校をはじめとする選抜装置を当然に支配するというのであれば、「ハイパー」機能理論であり、陰謀の過剰決定論である。

学校が選抜機能（機能理論）や不平等の正統化機能（葛藤理論）をはたすとしても、なぜ教師は「社会の必要」（機能理論）や「支配的集団の利害」（葛藤理論）にやすやすとしたがうのだろうか。あるいは教師はどのようにして選抜をおこなっているのだろうか。たしかに全体社会や支配集団は下位システムに拘束を課す。しかしこういう拘束を機械的自動的過程とするならば、超決定主義であり、超規範的パラダイムである。拘束性とは、単位の選択可能性の制限である。しかし、拘束をうけた単位はそれでもなお代替物のなかからの「選択可能性」がある。また拘束にたいする「独自の対応」(its own peculiar response to the constraints) が可能である(43)。機能主義も葛藤理論もこういう学校や教師の「選択可能性」と「独自の対応」をブラック・ボックスにしていることは否めない。

機能理論や葛藤理論は、こういう問われるべき人間（教師）の活動を環境や状況という磁場におかれた鉄粉のようにみてしまっている、というのが解釈理論の問題の立てかただった。したがって、解釈理論の選抜研究は、機能理論や葛藤理論がブラック・ボックスにした学校や教室という内部過程と内部作用因の研究にすすむことになった。

こうして、解釈理論はこれまでブラック・ボックスだった学校や教室での教師—生徒の交渉過程や教師の使用するカテゴリー、（隠れた）カリキュラムなどを研究対象にし、新鮮な視点を提供し、「新しい教育社会学」（New Sociology of Education）と呼ばれた。解釈理論にもとづく教育研究は、一九七一年に出版されたヤング編集の『知識と統制』（*Knowledge and Control*）が代表的著作である。このときから、英国ではハルゼーとフラウド、アンダーソンの編になる『教育・経済・社会』は教育社会学の「旧約聖書」になり、『知識と統制』こそが「新約聖書」になった(44)。機能理論に戦後の福祉国家論的リベラリズムを、葛藤理論にニューレフト運動の背後感情を読むならば解釈理論に対抗文化運動の背後感情を読む(45)ことができる。解釈理論派は日常生活の自明視をさけたが、葛藤理論派のように社会構造に目をむけるのではなく、微視的な相互過程そのものに目をむけた。政治的ラジカリズムではなく文化的ラジカリズムこそかれらの立場だったからである。

解釈理論の立場からのメリトクラシー研究には、まずレイ・リストの研究が挙げられる。リストは幼稚園と小学校の教室における教師の行動を長期にわたって観察（微視エスノグラフィ）した。教師は教室で生徒を三つの集団にわけていた。「もっともできるグループ」は教室の前列に、「もっともできないグループ」が教室の一番後ろの座席に配置された。ところが教師が生徒をこの三つのグループに配分するときに、実際には普遍主義的能力主義的評価をしていたのではなく、生徒の服装や皮膚の色、公的扶助を受けているかどうか、親が失業中であるか、言葉遣いなどによってグループ分けしていることが発見された。こういう生徒の特徴は生徒の社会経済的地位と関連するものである。しかも、教室の前列にいる生徒には多くの教育がなされ、褒め言葉も多かった。それに対し教室の後ろにいる生徒に対しては、態度について叱りつけることが多く、教授時間も少なかった。こうした教師の差異的処遇や期待によって一年間たつと生徒の成績にかなり差がでてくる。逸脱の原因そのものではなく、誰がどのようにして逸脱のレッテルを貼るかが逸脱の展開にとって極めて重要としたラベリング論とおなじように、生徒個人の能力そのものではなく、能力の評価や判定の仕方のほうに着目したわけである。こうしてリストは、生徒の帰属的地位に基づく教師のラベリング→差異的期待・処遇→帰属的地位に基づく生徒の学業成績の不平等という悪循環過程を明らかにした(46)。

リストは教師のラベリングとその結果について注目しているが、何故教師はこのようなラベルを生徒に貼って評価してしまうのかについては、教師は自分と同じように白人中間階級の価値や態度をもつ生徒が学習にむいていると評価してしまうからだ、という指摘にとどまっている。その点で一九六〇年代前半の成果だがアアロン・シコレルとジョン・キツセの研究がすぐれている。かれらは高校の教師やカウンセラーによる生徒のトラックへの配分過程を研究した。中流以上の家庭の生徒の場合、テストの成績が悪くてもアンダー・アチーバーと類型化され、もっと可能性があると判定される。ところが、低収入家庭の生徒の場合はそのような配慮はされない。成績がよければオーバー・アチーバーとされやすい。シコレルとキツセの研究がリストなどの教室におけるラベリング研究を超えているのは、配分過程における属性要因の密輸を発見しただけではなく、官僚制の自由裁量権や専門職主義に密輸の背後要因をみたことにある。かれらは次のように述べている。「精神医学・心理学・社会科学の概念と方法を取り入れた学校体系の合理化は、生徒の能力や成績についての『客観的』測度を解釈するのに、個人的・社会的要因が関連性をもつ、という見方を正統化した。そのような要因は、はっきりと教育的に関連性を有するものと認められ、組織の方策と手続きの複合体系の中に、取り込まれる。かくして、テストという手続きが広範に採用され、科目の成績は日常的に点検されるけれども、それが提供する情報は、ある場合には組織による決定の唯一の基礎となるが、他の場合にはその意味は個人的・社会的要因を考慮することによって手加減されるのである。そのような体系においては、生徒の移動は、どうしても組織担当者の庇護性に依存することになるのである。生徒はかれらによって、『まじめな、品のよい、リーダーシップをとりうる円満な生徒』として保証されることになる」(47)。

学校の選抜や配分過程における属性要因の密輸の発見だけでは、解釈理論は葛藤理論をミクロの状況で補強したにすぎなくなる。密輸の背後要因（官僚制の自由裁量権や専門職主義）に到達したシコレルとキツセの研究は新しいアプローチによって新しい知見をもたらした研究成果といえる。

この点をより徹底したのは、ケネス・ライターの研究である。ライターは何故選抜が生じるかについてのもうひとつの説明を可能にした。学校や学級に能力別グループが編成されるのは、葛藤理論にしたがえば、従属と分断を意図する資本家階級の学校操作という命令権力によって生じることになる。また、機能理論にしたがえば、すぐれた能力の者を探索しようとする能力主義イデオロギーによることになる。しかしこういう説明は過剰社会化理論の難点がある。教師は何故支配集団の利益（葛藤理論）や社会の必要（機能理論）に唯々諾々と従うかの疑問が直ちに生じてくるのだから。

ライターは、生徒の能力別類型化は資本家の命令によって教師がいやいやながらおこなうわけでも、能力主義イデオロギーにしたがって円滑におこなわれるわけでもなく、教室や学校状況そのものに構造化されていることを指摘した。教師たちが大勢の生徒を教えるためには、生徒を類型化し教室の仕事を秩序づけなければならない。生徒は千差万別であり、教室は放置すれば無秩序になる危うい場所である。だから「発達未熟」(immature)、「賢い」(bright)、「自立心がある」(independent) などの社会的類型化によって教師は教室世界に統制と秩序を与え、教授・学習過程を促進させる。生徒の選別は教室の混沌を避けるための組織化という実践的環境の産物である。教師があるグループを教えているときに、放置されるグループができるが、そのためには「自律的」に勉強できるグループがなければならない。そのために「自律的」な子供が探索されるというわけだ。ライターはそのことを読書能力のグループ分けについての教師の面接調査のなかで浮かび上がらせる。


面接者「読書能力プログラムでいう読書能力とはどういうことなのでしょうか」。

教師「読書の準備性ありということでしょう」。

面接者「なるほど」。

教師「……教師が別の集団を教えているときに、静かにひとりで勉強できるということ。これが大切なんですよ」(48)。


………………


面接者「あの子を一年じゃなくて、準一年クラスに入れるのはどうしてですか」。

教師「あの子は学習するのが遅いからですよ」。

面接者「なるほど」。

教師「文字や発音の学習に時間がかかるということですよ」。

面接者「時間がかかるとはどういうことでしょうか。ある時間に学習がおわらなければならないというようなスケジュールでもあるのですか」。

教師「そんなものはありません。教師がその子にかなり時間がかかるということです。その子だけではなく、すべての低い能力クラスについてそうなのですが」(49)。

こうしてライターは教師の状況的拘束性による分類のまなざしに何故選別が生じるかについての新しい解答を与えた。

しかしライターの知見に対しては直ちにつぎのような批判がでてくるだろう。教師は完全な自由をもっているわけではない。そもそもトラックや能力別集団は学校の外側から強制される。生徒に同じ成績をあたえるのではなく異なった成績をつけ差異を作りださなければならないというのは教師の自由裁量権の枠内のことではない。社会的圧力がある。解釈理論はトラックや能力別集団は誰によってつくられ強制されるのかを看過している。このような批判がなされるだろう。つまり、解釈理論はクラス・ルームという小集団に焦点をあわせることによって「社会構造と関連づけられていない。そのために登場人物に対する抑圧は無視され、学校生活の日常過程のもろさだけが強調されることになる」(50)と批判される。

しかし、生徒への能力主義的選別がトラックなどの外部からの権力によって強制され押しつけられるだけのものではないことは、ラチェル・シャープとアンソニー・グリーンの研究にみることができる。かれらの知見によれば、伝統的な学校を支配している過程と同じことが能力別集団分けがない子供中心主義の学校にも存在するのである。子供中心主義を標榜する学校においても教師のたてまえは実際の行動とずれてしまう。ここでも教師の困難さは、すべての生徒に十分に時間をさくことができないという困難さである。さらに教師は、自由な学校の雰囲気の中で成長していくかれらのみる賢い生徒にかかわっているときにもっとも満足を得る。このディレンマを教師は自由教育というイデオロギーにそって解いた。つまり、問題をかかえている生徒には干渉なしで自由にやることを許した。これは、自律と非指示的な生徒自身による活動というかれらの教育イデオロギーにそって正当化される。そうすれば、教師は「賢い行儀のいい生徒」にかなりの時間をさくことができる。そして職業的満足をえることができる(51)。社会的教育的不平等は必ずしも教室の外側の権力の産物ではないとした点こそ新しい教育社会学のすぐれた知見である。ジェフリー・ジェイコブはライターのいう学校や学級そのものから立ち挙がる選別のまなざしによる社会化を「社会的ディレンマ理論」(52)と命名し、教室状況というミクロ状況から立ち挙がる社会化がマクロレベルでの選抜過程と結びつくところに教育的不平等や社会的不平等のメカニズムをみた。

六　伝統理論の死角

これまでメリトクラシーについての伝統的な社会学的説明理論をみてきた。これらの理論はなぜ選抜がおこなわれるかについて、効率説（機能理論）や階級文化密輸説（葛藤理論）、教師の実践的環境拘束説（解釈理論）などを明らかにしてきた。ここで、伝統理論がなにを議論したかではなく、なにを議論しなかったかを考えるべきである。議論されなかったのは、いかなる選抜がおこなわれているかである。

現代の成熟したメリトクラシー社会は学歴資格や試験に代表されるように、選抜の合理化がすすみ選抜の対象となる者がいちじるしく拡大しただけではない。重要なことは選抜は一回かぎりではなく、何回も何十回もなされている社会であることである。現代社会は学歴資格によって自動的に社会的地位が配分されるわけではない。学歴資格の獲得自体継続的な選抜過程として存在している。また職業的選抜においても内部労働市場にみられるように、継続的な選抜過程が存在している。こうした複雑な長期の選抜そのものが、メリトクラシーのトリックを潜ませている。つまりこうだ。トラッキングや内部労働市場の移動をみると、初期の選抜に選ばれなかった者にはのちにいくら努力し能力開発しても反応（処遇）は硬直的で敗者復活が困難になることがわかる。初期の選抜に選ばれたからといってつぎの選抜に選ばれる保証はないが、そのなかからつぎの勝者が選ばれやすいからだ。初期に選ばれた者の利点の増幅効果と選ばれなかった者の不利益の増幅効果がみられる。これは階級文化の密輸や教師のまなざしに帰因する不平等ではない。選抜システムそのものが造り出すトリックである。階級文化やクラスルームだけではなく、選抜システムそのものへの照準が必要である。これが、次章でみるトーナメント移動（増幅効果論）と能力の選抜システム構成論である。

伝統理論が着目しなかったもうひとつの死角はメリトクラシーのディレンマである。機能理論がメリトクラティックな選抜によって社会システムの「均衡」を措定するときに葛藤理論はメリトクラティックな選抜という偽装によって支配と被支配の「再生産」が行われている点を強調した。たしかに機能理論と葛藤理論は業績主義モデルと再生産モデルという対極パラダイムなのだが、両方とも能力主義や業績主義が不平等の正統化機能に成功することを前提にしてしまっている点では相同である。なるほど正統化の失敗についていては、機能理論においてはアノミー逸脱理論(53)が、葛藤理論においてはレジスタンス理論(54)がある。アノミー論は「大望というアメリカの基本的な美徳が、逸脱行動というアメリカの基本的な悪徳を促」(55)すと、メリトクラシーの内面化故の逸脱を問題にした。レジスタンス理論は労働者階級の生徒は支配的文化と一致しない階級文化のゆえに、学校のカリキュラムを受容しなくなり、拒絶する(56)と、メリトクラシーを内面化しないゆえの抵抗を焦点化している。

しかしメリトクラシーの正統化機能の失敗をただちに「逸脱」や「抵抗」とみるのではなく、失敗や違和感が逸脱やレジスタンスにむかわないのは何故かという問いの立てかたをしなければならない。メリトクラシーがひたすら地位不満や異物感だけを充満させるなら、わたくしたちはもっと多くの反逆や革命に遭遇していなければならないはずだ。これが次章の後半でみる加熱・冷却論である。

(1) Collins, R., 1971, 潮木守一訳「教育における機能理論と葛藤理論」天野・潮木・藤田編訳『教育と社会変動』上、東京大学出版会、一九八〇年、一〇〇―一〇一頁。

(2) Blau, P. & Duncan, O., *The American Occupational Structure*, Wiley, 1967, pp. 429-431.

(3) 青木昌彦『分配理論』筑摩書房、一九七九年、一五三頁。

(4) Parsons, T., 1964, 丹下隆一訳「社会システムとしての学級」武田良三監訳『社会構造とパーソナリティ』新泉社、一九七三年。

(5) Murphy, R., *Sociological Theories of Education*, McGraw-Hill, 1979, p. 19.

(6) Gouldner, A., 1970, 岡田直之他訳『社会学の再生を求めて』新曜社、一九七八年、三九三頁。

(7) アメリカの職業体系は普遍主義と業績主義という中心価値がもっとも制度化されているとしながらも、そうした職業構造においてさえ、これらの価値が完全に実施されるわけではないことをパーソンズは次のように述べている。「しかし……この職業体系さえもその価値体系そのもののパターン―期待と正確には一致しないのである。この構造にさえも適応的側面がどうしてもなければならない。一定の条件のもとで、すなわち問題の社会の成員が、これらの職業役割それ自体において、および同一の人びとがその社会の他の諸側面で関与する他の役割とこの職業役割との結びつきにおいて、緊張にさらされていることにかんがみて、この適応的側面は問題の価値パターンを制度化するという緊急事態にたいする適応様式と解釈されるだろう。アメリカの職業のばあい、たとえば同一の個人が職業役割と親族役割の双方へ同時に関与することは、その中心問題の一つである」(Parsons, T., 1951, 佐藤勉訳『社会体系論』青木書店、一九七四年、一七四頁)。

(8) Karabel, J. & Halsey, A., 1977, 天野郁夫・潮木守一訳「教育社会学のパラダイム展開」前掲邦訳書(天野・潮木・藤田編訳)、一一三頁。

(9) Sharp, R., 1980, 新井秀明他訳『知識・イデオロギー・教育政治』杉山書店、一九八四年、一一三頁。

(10) Hurn, C., *The Limits and Possibilities of Schooling*, Allyn and Bacon, 1978, pp. 32-33.
(11) Halsey, A., *Educational Priority I*, HMSO, 1972, p. 6.
(12) Thurow, L., 1975, 小池和男訳『不平等を生み出すもの』同文舘，一九八四年。
(13) Taubman, P. & Wales, T., "Education as an Investment and a Screening Device," in Juster, F., ed., *Education, Income and Human Behavior*, McGraw-Hill, 1975.
(14) Spence, M., *Market Signaling : Informational Transfer in Hiring and Related Screening Processes*, Harvard University Press, 1974.
(15) Arrow, K., "Higher Education as a Filter," *Journal of Public Economics*, 2 (1973).
(16) Thurow, L., 1975, 前掲邦訳書。
(17) Berg, I., *Education and Jobs : The Great Training Robbery*, Praeger, 1970.
(18) Collins, R., "Where Are Educational Requirements for Employment Highest?" *Sociology of Education*, 47 (1974).
(19) Weber, M., 世良晃志郎訳『支配の社会学』I，創文社，一九六〇年，一三六―一三七頁。
(20) 同邦訳書，一三七頁。
(21) Mueller, H.-B., *op. cit.*, p. 14.
(22) Collins, R., *Conflict Sociology : Toward An Explanatory Science*, Academic Press, 1975, p. 452.
(23) Collins, R., 1979, 新堀通也監訳『資格社会』有信堂，一九八四年，三―三〇頁。
(24) Bowles, S. & Gintis, H., 1976, 宇沢弘文訳『アメリカ資本主義と学校教育』I，岩波書店，一九八六年，一七八頁。
(25) Collins, R., 1971, 前掲邦訳書（天野・潮木・藤田編訳），一〇九頁。
(26) Collins, R., "Some Comparative Principles of Educational Stratification," *Harvard Educational Review*, 47 (1977), p. 3.

（27）Collins, R., 1975, *op. cit.*, p. 87.

（28）Piore, M., "The Dual Labor Market: Theory and Implications," in Gordon D., ed., *Problems in Political Economy: An Urban Perspective*, Lexington, 1971.

（29）Kerckhoff, A., "The Status Attainment Process: Socialization or Allocation?" *Social Forces*, 55 (1976), p. 379.

（30）「……現行の制度の枠内では………子どもがことなるタイプの学校教育にどう適応していくかは、彼がそれまで家族の中でどのようなパーソナリティ特性、価値、期待をつくりあげてきたかによってほぼ決ってしまう」(Bowles, S., 1971, 早川操訳「教育の不平等と社会的分業の再生産」前掲邦訳書、潮木・天野・藤田編訳、一七八頁)。したがって、「社会階級的背景と経済的成功との間の関係さえ、大部分、家族的地位の差に伴う人格的特徴の差異を通じて作用している」(Bowles, S. & Gintis, H., 前掲邦訳書、二五八頁)。

（31）「教育は次の二条件が同時に満たされる場合に、最も重要なものとなる。すなわち、(a) その種の教育が、特定の地位集団における成員資格を最も的確に反映する場合、(b) その地位集団が、特定の組織における雇用を統制する場合である。かくして、学校を基盤として発言する地位集団の文化と、雇用を行う地位集団との適合度が最大のとき、教育は最も重要なはたらきをする。他方、学校の文化と雇用主の文化との隔たりが最大のときには、教育は重要性を失うことになる」(傍点引用者。Collins, R., 前掲邦訳書、新堀通也監訳、四九頁)。

（32）Collins, R., "Book Review: Schooling in Capitalist America: Educational Reform and the Contradiction of Economic Life, by S. Bowles & H. Gintis," *Harvard Educational Review*, 46 (1976).

（33）Bourdieu, P., "The Forms of Capital," in Richardson, J., ed. *Handbook of Theory and Research for the Sociology of Education*, Greenwood, 1986.

（34）Bourdieu, P., 1980, 今村仁司・港道隆訳『実践感覚』1、みすず書房、一九八八年、八三頁。

（35）Bourdieu, P., "The School as a Conservative Force," in Eggleston, J., ed., *Contemporary Research in the Sociology of Education*, Hapre & Row, 1974. Hearn, J. & Olzak, S., "The Role of College Major Departments in the Reproduction of Sexual Inequality," *Sociology of Education*, 54 (1981).

(36) Bourdieu, P., "Cultural Reproduction and Social Reproduction," in Karabel, J. & Halsey, A., eds., *Power and Ideology in Education*, Oxford University Press, 1977, p. 488.

(37) Bourdieu, P. & Boltansky, L., 1975, 森重雄訳「教育システムと経済」『現代思想』一九八五年一一月号、六六頁。

(38) Bourdieu, P., *op. cit.* (1977), p. 511.

(39) その点でフランク・マスグローブのブルデュー批判は素朴である。マスグローブはいう。文化資本が豊かな階級はブルデューのデータにみることができるように産業や商業の将帥ではなく、学校教師のような教育はあるが貧しい階級である。したがってブルデューのデータはブルデューの理論を裏切っている（Musgrove, F., *School and The Social Order*, John Wiley & Sons, 1979, pp. 25-26)、と。しかしマスグローブによって理解されたブルデュー理論は教育社会学者の拘束性（教育者支配＝ペダゴクラシー＝領域A）によって解読した社会的再生産過程の半面にしかすぎない。

(40) Bowles, S. & Gintis, H., 1976, 前掲邦訳書（宇沢訳）、一九一頁。

(41) Bourdieu, P., *op. cit.* (1977), p. 487.

(42) Durkheim, É., 1895, 宮島喬訳『社会学的方法の規準』岩波文庫、一九七八年、一八八頁。

(43) Murphy, R., "Power and Autonomy in the Sociology of Education," *Theory and Society*, 11 (1982), p. 190.

(44) Miller, H. & Smith, H., "Extended Review: Social Analysis of Education," *British Journal of Sociology of Education*, 9 (1988), p. 485.

(45) Karabel, J. & Halsey, A., 1977, 前掲邦訳書（天野・潮木・藤田編訳）。

(46) Rist, R., "Social Class and Teacher Expectations: The Self-fulfilling Prophecy in Ghetto Education," *Harvard Educational Review*, 40 (1970).

(47) Cicourel, A. & Kitsuse, J., 1965, 山村賢明・瀬戸知也訳『だれが進学を決定するか』金子書房、一九八三年、一七二–一七三頁。

(48) Leiter, K. "Ad Hocing in the Schools: A Study of Placement Practices in the Kindergartens of Two Schools," in Cicourel, A., *et al.*, eds., *Language Use and School Performance*, 1974, Academic Press, p. 48.

(49) *Ibid.*, p. 49.

(50) Karabel, J. & Halsey, A., 1977, 前掲邦訳書（天野・潮木・藤田編訳）、七二頁。

(51) Sharp, R. & Green, A., *Education and Social Control: A Study In Progressive Primary Education*, Routledge & Kegan Paul, 1975.

(52) Jacob, J., "Theories of Social and Educational Inequality: From Dichotomy to Typology," *British Journal of Sociology of Education*, 2 (1981), pp. 80-83.

(53) マートンのアノミー論とデュルケームのアノミー論はやや異なっている。周知のように、デュルケームは自殺論のなかでアノミー自殺を析出した。経済的危機が自殺傾向に促進的影響をあたえていることはよく知られている。生活苦が自殺を増大させるならば、生活が楽になることは自殺の減少になるはずである。しかし急激な経済的好況においては、自殺率がたかまる。生活の改善がたかまるはずのときにどうして自殺率はたかまるのか。これがデュルケームの問いだった。そこでデュルケームが与えた説明は次のようなものだった。経済的破綻も経済的繁栄もいずれも集合的秩序を揺るがす危機であるからだ。動物は欲求と手段が自動的に均衡しているが、人間の欲求は肉体に従属していない。したがって経済的破綻はそれまでの地位からの大きな脱落をもたらすが欲求を自制できないことによる苦境をもたらす。しかし、経済的繁栄もそれまでの生活条件を変え欲求の規制尺度を弛緩させる。「……活動力が非常に高まっているため、それだけでも、欲望はひとりでに興奮状態におかれている。繁栄が増すので、欲望も高揚するというわけである。欲望にたいして供されるますます豊富な餌はさらに欲望をそそりたて、要求がましくさせ、あらゆる規制を耐えがたいものとしてしまうのであるが、まさにこのとき、伝統的な諸規則はその権威を喪失する。したがって、この無規制あるいはアノミーの状態は、情念にたいしてより強い規律が必要であるにもかかわらず、それが弱まっていることによって、ますます度を強める」(Durkheim, É., 1897, 宮島喬訳『自殺論』中公文庫、一九八五年、三一一頁)。こうしてデュルケームは身分意識による欲望規制が弛緩する近代社会においては飽くことを知らず、留まることがない欲望が奔流するとした。したがってデュルケームのアノミーは欲望の無限昂進説である。マートンのアノミー論はこのようなデュルケームのアノミー論の影響をうけつつも、欲望の無限昂進にではなく、欲望と欲望を満たす手段との不適合状態にアノミーをみた。デュルケームが欲望そのものに近代の病の犯人をみたのに対し、マートンは欲望そのものにではなく、手段の希少性にその犯人をみたわけである。したがって欲望の非固定性に近代社会の病因をみるデュルケームのアノミー論が懐疑と悲劇をともなっているときに、欲望の固定性を前提とし、文化目標と手段次元との乖離に近代社会の病因をみるマートンはより楽観的であり、社会改革信仰が暗示されている（Hopper, E., *Social Mobility : A Study of Social Control and Insatiability*, Basil Blackwell, 1981, pp. 74-75)。

(54)　たとえば、Giroux, H., *Theory and Resistence in Education : A Pedagogy For The Opposition*, Bergin & Garvey, 1983.

社会的再生産理論を過剰決定論であり政治的悲観主義とみなすジルは、「この点（レジスタンス――引用者）に着目することが重要なのは、学校という社会的場に存在するずれや緊張を指摘することで、学校と職場の『定常的適合』を支持する対応理論と左派教育学に支配している過剰社会化と過剰決定理論を掘り崩すことになるからだ」(Giroux, H., "Beyond the Correspondence Theory : Notes on the Dynamics of Educational Reproduction and Transformation," *Curriculum Inquiry*, 10, 1981, p. 13) という。しかし「ずれ」や「緊張」が政治的に結集されなければ、対抗運動とはなりえない。

(55)　Merton, R., 1957, 森東吾他訳『社会理論と社会構造』みすず書房、一九六一年、一三六頁。

(56)　Apple, M., ed., *Education and Power*, Routledge & Kegan Paul, 1982.

第二章　ニュー・アプローチ――増幅効果論と冷却論

前章（第一章）の最後でわれわれは、伝統理論から死角になるメリトクラシーのトリック（増幅効果というトリック）やディレンマ（アスピレーションの焚きつけと鎮静）を指摘した。本章は伝統理論の死角になるこうしたメリトクラシーをめぐる分析視角について論じることにする。

一　トラッキングとトーナメント移動

伝統理論とは異なった視角からのメリトクラシー研究がジェームズ・ローゼンバウムの研究である。ローゼンバウムは、アメリカのハイスクールのトラック移動や大企業のホワイトカラーのキャリア移動の仕組みを実証的に研究し、現代社会の選抜システムの構造を解明した。ローゼンバウムの研究は選抜システムについての伝統的概念を覆すものだから、はじめに伝統的概念からみていこう。

選抜システムについての伝統的概念は、ラルフ・ターナーが析出した「競争移動」(contest mobility) 規範と「庇護移動」(sponsored mobility) 規範である(1)。移動規範とはその社会の人々に合意をえた望ましい上昇移動様式のことである。ターナーは次のようにいう。アメリカは機会の開かれた国であり、どんな人も努力やさまざまの術策で成功できるという成功神話の社会である。競争移動においては、エリートの地位は競技によって得られる賞品のようなものである。競争にはいくつかのフェアプレイの規則があるが、参加者はさまざまな戦術を駆使できるからエリートの地位獲得はレースにたとえられる。エリートの地位は既成のエリートからさずけられるのではなく、かちとることに特徴がある。したがって競争移動においては、すべての成員に自分たちもそのうちにエリートになれるかもしれないという平等幻想をもたらす。このような移動規範があるから、アメリカではオープン・アドミッションのように選抜をできるだけ排除するか遅延させる。たとえ選抜をおこなってもその結果がその後の人生にとって決定的な影響を及ぼさないようにされるのだ、と。

他方、庇護移動は次のような特徴をもっている。既成のエリートやその機関が次のエリートを選ぶ。エリートの地位は一定の基準をもとにさずけられる。競争移動のように戦術によってかちとることはできない。上昇移動はクラブへの入会と似ている。入会志願者は会員の認証が必要である。志願者がエリートに必要な資格をそなえているかどうかについての既存のエリートの評価によって上昇移動の可否が決まる。したがって早期にエリートが選抜され、エリート文化が教育されていく。将来のエリートが大衆と隔離されてエリートに育成されるからエリートは大衆と異なったすぐれた能力をもっているという神秘性の幻想が作動する。ターナーがこの論文をかいたころのイギリスは一一歳余の試験（eleven plus test）による複線型教育システム（グラマー・スクール、テクニカル・スクール、セカンダリー・モダン・スクール）が支配的であったことからイギリスは庇護移動規範の社会とされた。

これに対してローゼンバウムは移動規範（mobility norm）ではなく、事実（actual structure）としての移動様式に関心をむけた。アメリカでは庇護移動のようにエリートが早期に決定されているわけでもないが、そうかといって競争移動のようにランダムな移動がおこっているわけでもなく事実としての移動様式は「トーナメント移動」(tournament mobility) であることを提起した。ローゼンバウムがどのようにして「トーナメント移動」モデルを抽出したかをみていこう。

まず、ハイスクールのトラッキング調査からみていく。トラッキングとは「生徒の資質や学力、あるいはアスピレーションによって学級編成を同質化することを意図した学校の選抜システム」である(2)。トラッキングは、能力別集団 (ability grouping) と、進学コースや就職コースのようにカリキュラム別集団 (curriculum grouping) に区別できる。しかし現実には、進学コースと就職コースがさらに能力別集団に重なって混合して編成されている場合が多い。ただし、アメリカのハイスクールに進学トラックとか就職トラックとかが学級 (ホームルーム) として実体的に存在するわけではない。トラックは教科選択のパターンに事後的に付与された「カテゴリーの名称」(3)にすぎない。したがって、就職トラックの生徒全員が同じ学級をなしているわけではない。あくまで個々の科目について進路能力別編成がおこなわれているにすぎないことには注意したい。

ローゼンバウムが調査対象とした高校はアメリカ北東部の公立高校である。親の階級など (中間下層階級、白人) が比較的均一である。階級やホワイト／ノン・ホワイト効果ではなく、選抜システムそのものの独立効果を引き出すためにそのような高校が選ばれた。この高校の管理職や進路指導者はつぎのようにいう。「われわれ (学校) が生徒の進路の機会を決定すべきでない」。だから、進路能力別トラックは固定化されていない。科目ごとに編成されている。また学年を変わるごとに新たに編成されている。こうして多様化がはかられている(4)、と。かれらはトラックによって生徒の将来が決定されてはならないという「競争移動」の規範を支持している。しかし、ローゼンバウムは学事記録 (school records) をもとに、トラッキングをめぐるこうした規範ではなく、事実を調査し、現実のトラックの移動は「競争移動」モデルとは大分異なっていることを発見した。

同じ学年で英語と歴史のトラックをクロスすると、英語と歴史で異なったトラックに在籍する生徒は四五二人中二二人つまり五％弱でしかない。英語と歴史は同種の能力を要するからトラックの相関が高いのだ、とも解される。そこでつぎに同じ学年の英語と数学のトラックをクロスしてみる。この場合は、科目によってトラックが異なっている生徒の割合は、英語と歴史の場合よりも多い。しかしそれでも四二九人中四六人つまり一一％である。以上は科目によって少しでもトラック変更があった者の割合である。同じ大学進学トラックでも上級トラックと下級トラックの移動はトラック変更として計算した。だが重要なことは、もっと大まかな大学進学トラックと非進学トラックの区分である。同一の生徒が科目によって進学トラックと非進学トラックのトラック変更をしている割合が重要である。英語と歴史ではそういう生徒は四五二人中三人つまり〇・七％弱にしかすぎない。英語と数学でも四二九人中二〇人つまり五％弱である。

科目ごとに多様なトラックがあるという学校当局者による言明にもかかわらず、主要科目ではほとんどの生徒は同じトラックに振り分けられているのが実状である。では学年によるトラックの変更はどの程度開かれているのだろうか。

まず第一〇学年と第一一学年をクロスさせてみる。非進学トラックから大学進学トラックに移動した生徒は、二九二人（就職と一般トラックの生徒総数）中八人つまり三％弱にしかすぎない。逆に大学進学トラックから非進学トラックに移動した生徒は、一六三人（大学進学上級と下級トラックの生徒総数）中三五人つまり二一％もいる。非進学トラックから大学進学トラックへの移動はほとんどないが、逆の移動はかなりある。これは一学年間のトラックの変更をみたにすぎない。もっと長期のつまり三学年間（三分の一抽出）でそれをみよう。表2・1がそれである。第九学年に非進学トラックに属していた生徒五三人のうち第一二学年に大学進学トラックに移動した者は一人もいない。ところが第九学年に大学進学トラックに属していた生徒九二人のうち二七人つまり二九%が第一二学年には非進学トラックに移動している。三学年間のトラック変更をみた表2・1は一学年間の傾向を一層明確に示している。

以上を要約しよう。進路能力別トラック編成は科目ごとにおこなわれていて多様性を尊重している、という建前にもかかわらず、科目がちがってもほとんどの生徒は同じトラックである。英語、歴史、数学の三科目とも同じトラックの生徒が大部分である。また、学年によってトラックの移動が可能といわれながらも、現実にはほとんど流動性がないことも明らかにされた。ただし、就職トラックと大学進学トラックの移動につぎのような傾向が見出された。就職トラックから大学進学トラックへの移動はほとんどないが、大学進学下級トラックから就職トラックへの移動は少なくない。このような移動は、チャンスの平等が最後まで続く「競争移動」ではない。そうかといって初期に選抜された者が庇護される「庇護移動」でもない。まさしくこれは「トーナメント」型である。こうしてローゼンバウムは「トーナメント」移動を抽出し、次のように定義する。「勝てば、次の回に進む権利が得られる。だが、敗ければもう復活の余地はない。……こういうシステムでは開放性（openness）は下方にだけ開かれているバルブのようなものである」(5)、と。

表2・1　9学年と12学年のトラックの移動

12学年のトラック	9学年のトラック 大学進学 (%)	就職上級 (%)	就職下級 (%)	一般 (%)
大学進学上級	16.3	0.0	0.0	0.0
大学進学下級	54.3	0.0	0.0	0.0
就職上級	4.3	47.4	16.0	0.0
就職下級	5.4	36.8	44.0	55.6
一般上級	10.9	0.0	4.0	0.0
一般下級	8.7	15.8	36.0	44.1
計	100.0	100.0	100.0	100.0
実数	(92)	(19)	(25)	(9)

$\chi^2 = 109.1$

出所：Rosenbaum, J., *Making Inequality*, Wiley, 1976, p. 37.

トラックへの生徒の配分はアチーブメントテストや知能検査、学業成績、行動、アスピレーションなどによるが、必ずしも客観的基準によらない。したがってトラックの配分はかなり恣意的である。しかし特定のトラックに配分されることによってそのトラックにふさわしい社会化がおこなわれる。大学進学トラックに配分された者にはソフィスティケートされた知識の学習やアスピレーションの焚きつけがなされる。それに対して下位のトラックでは徐々に大学へいけないことや下位のトラックを受容する以外にすべがないことなどが社会化される。つまり将来さらに選抜がある者に対して制度は個人の差異に応答し、差異を促進しようとする。しかし、もはやいかなる選抜もない者に対しては制度は個人の差異の認知と応答を停止し、同質的で互換可能な者として対応しがちである。したがって上位トラックの生徒には分化過程が働き、下位トラックの生徒には同質化過程が働く。こうして初期における恣意的なトラックの配分が結果として最初の配分通りの生徒を作りだす。配分がそれ自身の正統化（its own legitimacy）を造り出すことになってしまう。

二　キャリア・ツリーとトーナメント移動

次にローゼンバウムは、雑誌『フォーチュン』（*Fortune*）の有名五〇〇社に入る企業ＡＢＣＯ会社――従業員一万人から一万五〇〇〇人――の従業員のキャリア移動分析をした。一三年間の人事記録を納めた磁気テープは地下の保管室で埃をかぶっていた、という。一九六〇年から一九六二年までに入社した六七一人（一九六二年にすでに管理職になっている者一六人は除いている）の職員のその後のキャリアは図2・1のようにまとめられている。図2・1の縦軸は役職を、横軸はキャリア移動の調査時点をあらわしている。図は次のようにして読む。まず図

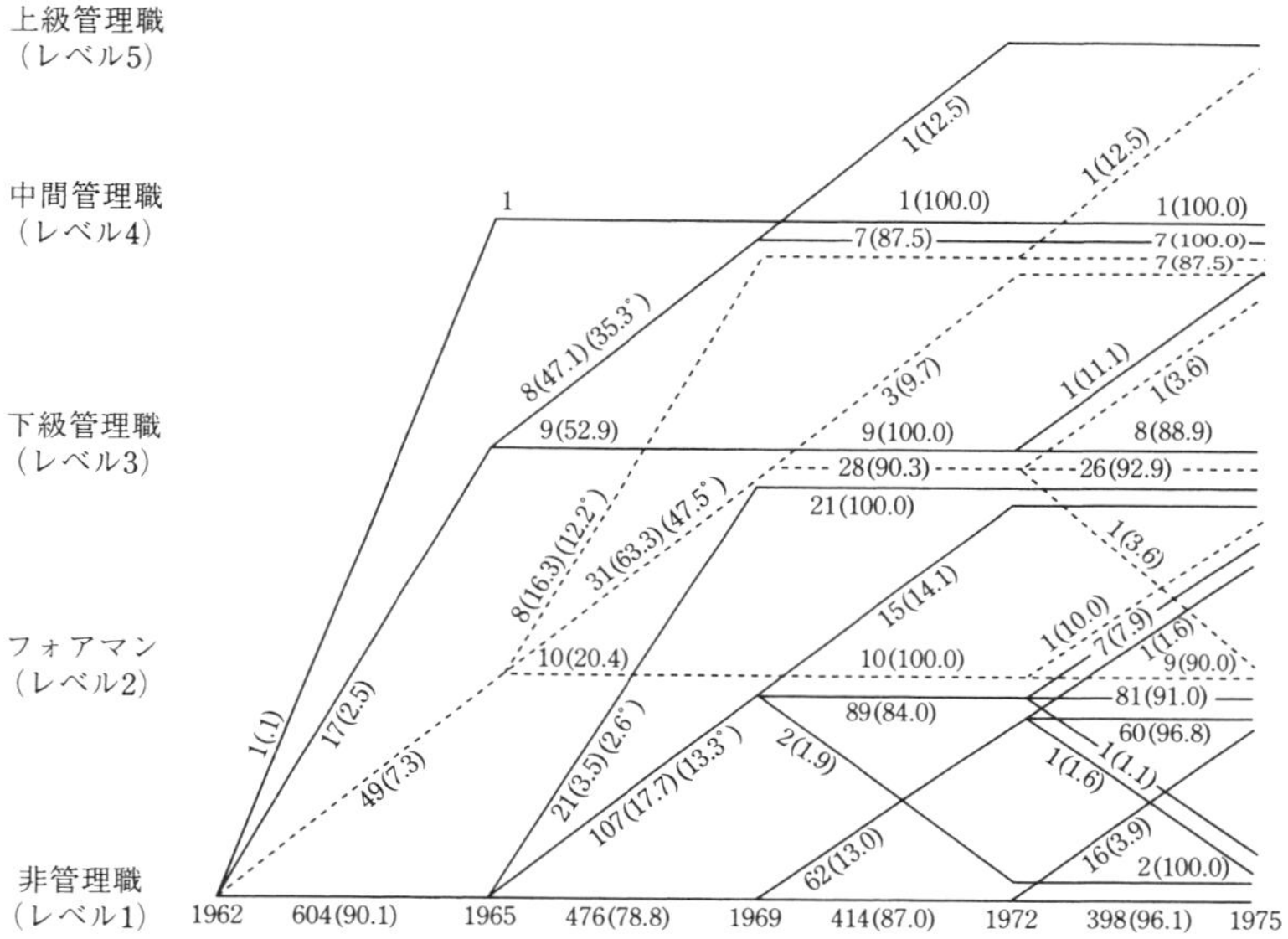

図2・1　ABCO社のキャリアツリー

出所：Rosenbaum, J., *Career Mobility in A Corporate Hierarchy*, Academic Press, 1984, p. 53.

の左の原点部分に、六七一人の平社員がいる。一九六五年にはそれらの者から、一名が中級管理職に、一七人が下級管理職に、四九人がフォアマンになった。残りの六〇四人は平社員のままであった。以下これと同じように読んでいけばよい。

一九六五年に平社員が六〇四人いたが、そのうちつぎの調査時一九六九年に昇進した者は下級管理職に二一人、フォアマンに一〇七人である。しかしこの群からは一九七五年になっても中級管理職以上に昇進した者は一人もいない。ところが、一九六五年にフォアマンと下級管理職の役職についていた者は六六人いたが、この群からはすでに一九六九年に一六人もが中級管理職に昇進している。調査対象の六七一人のうち上級管理職になった者は二人しかいないが、その二人もこの群から輩出している。初期の昇進がその後の昇進にあたえる影響が大きいことがわかる。しかし、早期に昇進したからといってのちの昇進が保証つきでないことは、各役職で一層の上昇と停滞が枝別れしていることにみることができる。

さらに、ローゼンバウムは、一九六五年の昇進と一九六九年の昇進の関連（表２・２）、一九六五年の昇進と一九六五―一九七五年の間の昇進の関連、さらに一九六五年に昇進したか一九六九年に昇進したかと、一九七五年までに中級管理職（レベル４）あるいは上級管理職（レベル５）に昇進したかどうかなどの統計的検定をしている。いずれにおいても統計的有意差がみいだされ、初期に昇進した者がその後にも昇進する可能性が高いことが示されている。

表２・２　昇進の比較

1965年の昇進	1969年の昇進		
	有	無	計
有	47	20	67
無	128	476	604
計	175	496	671

$p<.001$

以上の分析からの知見は次のようになる。キャリアはターナーのいう競争移動のようにランダムに生じていない。共通の幹から枝別れしている樹木の構造（tree structure）に似ている。そこでローゼンバウムは、これを樹木状キャリア（career tree）と名づけ、キャリア移動に秩序があることをみつけた。このようなキャリア移動は本章の第一節で紹介した学校内のトラック移動の特徴と同じ「トーナメント」移動である。キャリア移動についてローゼンバウムはつぎのようにいう。「キャリアは競争の連続として概念化される。それぞれの競争がその後のすべての選抜にたいしての個人の移動可能性に関係をもつ。トーナメントには変化型もありうるが、それぞれの選抜時に勝者と敗者の重要な区別があるというのが基本原理である。勝者には一層高い地位をめぐっての競争の機会があるがそれを必ず得られるという保証があるわけではない。敗者にありうるのはより低位への競争か、さもなくばもはやいかなる競争もありえない」(6)。

キャリアをめぐるトーナメント移動を明細化すれば、それは(i)「キャリア・パターンの存在仮説」、(ii)「経路規定仮説」、(iii)「初期昇進仮説」から構成されている。キャリア・パターンの存在仮説とは、昇進はランダムな移動ではなく、特定の経路からなされるという仮説である。経路規定仮説とは、ある時点でおなじ地位にあってもどのような地位を経て現在の地位についたかによってその後の昇進チャンスは異なるという仮説である。初期昇進仮説とは、初期に昇進をしたものはそうでない者よりも昇進チャンスが多いという仮説である。

ローゼンバウムは組織内移動がトーナメントになる理由を次のような理由にもとめる。効率＝動機仮説がこれである。それは次のようなことである。

組織はできるだけ機会を開いておくことによって成員の「動機づけ」を調達しなければならない。こういう移動様式が競争移動である。競争移動では、選抜は望ましくないとされ、かりにあってもできるだけ遅延される。また選抜が決定的影響をもたないようにさせられる。競争移動はレイト・ブルーマー（大器晩成）を可能にさせるから動機づけの調達には適合的である。しかし初期に有能な者を選抜して集中的に専門訓練をおこなわないから「効率」の点では極めて不適合である。希少な資源を効率よく使うには、あらかじめエリートを限定して集中して投資したほうが効率的である。はやい時点で将来を決定し、エリート的地位のために選抜された者を他の者から分離し、一般的・専門的訓練を施し、エリートにするのが効率的である。この要請に適合的な移動様式が庇護移動である。競争移動は「動機づけ」に、庇護移動は「効率」に対応した移動様式である。しかし、逆に競争移動は効率と、庇護移動は動機づけと不適合である。機会と効率はディレンマである。

競争移動モデルと庇護移動モデルは前者が機会を強調し、後者が効率を強調するという点で、それぞれ人的資本論と内部労働市場論に代表される制度学派理論に対応している。人的資本論は、学校も労働組織も開かれた機会を差し出しているという完全市場の前提にたつ点で競争移動と前提を共有している。人的資本論によれば、個人の生産性がその人の報酬の基礎になるが、生産性は個人の能力と自らになす投資によって決定される。個人の努力や能力の開発こそが、社会移動の主要な原因をなす。それに対して制度学派理論は庇護移動規範と似た移動パターンを措定する。教育システム内部の移動あるいは学校から労働組織への移動を考えるときに、あらかじめ決定された移動構造を想定する。あらかじめ決定された移動構造とは個人の初期の分類がのちの地位達成を決定するというものである。能力や努力が移動を決定するのではなく、制度的分類こそが移動の促進的／拘束的要因になるとする。つまり制度学派理論は個人ではなく、組織が個人への投資をなすとみる。この投資は労働力を分化した機会に分節化する。第一次労働市場と第二次労働市場の区別がこれである。第一次労働市場とは第一章で述べたように、高賃金、良い労働条件、雇用の安定性、明確で公平な就業規則、仕事の保障、昇進の機会などによって特徴づけられる。これに対して第二次労働市場は、低賃金、劣悪な労働条件、雇用の不安定性、恣意的な就業規則、昇進機会の不足などによって特徴づけられる。したがって、第一次労働市場にある個人はその雇用組織から、投資をうけ、昇進機会を獲得する。それに対して第二次労働市場にある個人は雇用組織から、投資をうけないし、たとえ個人として自らに投資しても企業はこの個人投資に反応しない。したがって昇進機会も得られない。つまり第一次労働市場にある個人は企業によって庇護をうけるのに対し、第二次労働市場にある個人はそういう庇護を剝奪される。制度学派理論は、個人の属性や業績よりも制度的慣習や構造的隔壁が重要とみる。したがって制度学派理論は社会学でいう庇護移動に対応した労働経済学のモデルということになる。しかし、人的資本論も制度学派理論も単純すぎるモデルである。前者は、社会構造を無視して個人の属性だけで説明しようとする。逆に制度学派理論は昇進の階梯が最初の配分で決定されているとする非歴史的なモデルである。人的資本論が過小構造理論であるとすれば、構造理論は過剰構造論つまり過剰事前決定論である(7)。

競争移動と庇護移動についてもこれ（人的資本論と制度学派理論）と同じことがいえる。ターナーは競争移動はアメリカの移動規範で、庇護移動をイギリスの移動規範と定式化したが、アメリカといえども両方が理念化されている。学校における能力別あるいはカリキュラム別集団編成や企業におけるマンパワー計画は専門化のための効率を表している。したがって、実際は企業も学校も両方の要素を満たそうとしている。しかしこの二つはディレンマであるから、その妥協としてトーナメントが台頭する、という。ジェイコブがローゼンバウム理論を「民主的ディレンマ（democratic dilemma）」理論(8)と呼ぶのは効率と動機づけのディレンマをローゼンバウムの選抜理論の骨子とみるからである。そのかぎり、トーナメント移動は庇護移動と競争移動の折衷型である。トーナメント移動と庇護移動との差異は勝者も競争を続けなければならず庇護や保障があるわけではないことである。競争移動との差異は初期の選抜が敗者にとって取り消しがたい結果をもたらすことである。この裏返しが類似点である。つまり勝者も競争を続けなければならず庇護や保障がないことが競争移動との類似点である。また初期の選抜が敗者にとって取り消しがたい結果をもつことが庇護移動との類似である。こうして効率の要請（庇護移動）と動機づけの要請（競争移動）とを同時に満足させるのがトーナメント移動ということになる。

組織内移動がトーナメントに収斂することには効率＝動機仮説の他に、シグナル過程やラベリング過程も介在する。最初の勝利は能力があるというシグナルになるからである。しかも組織内部では、過去の経歴がすべての人にわかっているから、ラベリング効果が働きやすい。したがって、ますます過去の勝者から次の勝者がえらばれることになる。そこでマイクル・スペンスのいうシグナル理論が着目される。シグナル理論とは次のようなものである。雇用するときに雇用者は沢山の応募者の能力を識別しなければならない。しかし、客観的な能力測定の方法はないし、かりにそれに近い方法があっても膨大な費用がかかる。そこで雇用者は応募者の属性や過去の仕事経験、学歴などのこれまでの達成を能力シグナルとして使うというものである(9)。ローゼンバウムは能力シグナルによる選抜は雇用時に限らず、雇用されたあとの昇進にも生じるという。というのは、多くの従業員はそれぞれ異なった仕事をしている。また、異なった上司が異なった視点で評価している。こういう状況では業績評価を比較することは困難になる。その結果、従業員がどのくらい早く昇進してきたかなどの過去の経歴が能力のシグナルとして使われる。学校も同じプロセスを踏む。アメリカでは試験の点数は一般的に信用度が低い。そのぶんトラックの配分のときに試験などの客観的指標ではなく、いままでどんな科目を履修してきたか、どんなトラックに在籍したかが生徒の能力シグナルとして使われる。つまりトーナメント移動とはシグナル理論の累積的影響過程（cumulative impact of signaling theory）である。ローゼンバウムはトーナメント移動を析出し、アメリカ社会の機会の持続という競争移動はイデオロギーにすぎないとしたわけである。

三　増幅効果論と能力の社会的構成

ローゼンバウムの研究は、アメリカ社会が敗者復活の機会に満ちているという競争移動は幻想であり、現実にはトーナメント型の移動であるという意外な知見をもたらした。しかしそれだけではない。ローゼンバウムのトーナメント移動の発見には次のような重大な含みがある。近代社会のメリトクラシーが階級文化などの属性要因を選抜過程に密輸しているというのが葛藤理論が暴く疑惑であるが、こうした葛藤理論からは死角になってしまうメリトクラシーのもうひとつの疑惑に目をむけさせたことである。メリトクラシーが継続的な選抜システムとして自己展開することによって立ち挙げる増幅効果という疑惑である。これは階級構造ではなく選抜システムが立ち挙げてしまうトリックだ。そのトリックは次のようにして生まれる。

トーナメント移動が明らかにしたように、トラッキングや内部労働市場の移動を子細にみると、初期の選抜に選ばれなかった者がのちに努力し能力開発しても反応（処遇）は硬直的で敗者復活が困難になる。初期の選抜に選ばれたからといって次の選抜に選ばれる保証はないが、そのなかから次の勝者が選ばれやすいからだ。初期に選ばれた者の利点の増幅効果と選ばれなかった者の不利益の増幅効果がみられる。そうなるのは、メリトクラティックな選抜が随伴してしまう社会化効果（初期選抜に選ばれた者は学習機会が得られ、意欲をますが、逆に初期選抜に選ばれなかった者は学習機会が剥奪され、意欲も減退させるという学習機会と予期的社会化の不平等）とシグナリング過程による。こうして継続的選抜は社会化効果やシグナリングの累積的影響過程を作動させ増幅効果を帰結してしまう。

ここでメリトクラシーをめぐる社会学的説明理論の交通整理をしておこう。それは、階級文化の密輪の有無（＋－）と選抜システムのトリックの有無（＋－）を軸に交差させて図2・2のようにまとめられる。

第一章でみたように、一九六〇年代までの社会学を支配した機能理論の見解は、近代社会は個別主義的絆がしだいに後退し、効率と業績のための普遍的基準が支配するようになるとメリトクラティックな選抜に解放と正義をみ、疑惑のまなざしをむけなかった。したがって機能理論的社会学理論は階級文化の密輪も選抜システムのトリックも無し（－－）とするⅢ象限に位置づけられる。Ⅲ象限は能力と努力によっていつでも移動のチャンスがあるという「競争移動」に対応している。それに対してⅡ象限の葛藤理論とⅣ象限の増幅効果論は、メリトクラシーが隠蔽するふたつの異なった機会の不平等を明らかにする。ひとつは階級構造に帰属される出来レースとしての機会の不平等Ⅰである。機会の不平等Ⅰは、エリートとその機関が次のエリートを選びエリートに育成していく「庇護移動」に対応している。もうひとつは、選抜システムそのものに帰属される増幅効果という機会の不平等Ⅱである。機会の

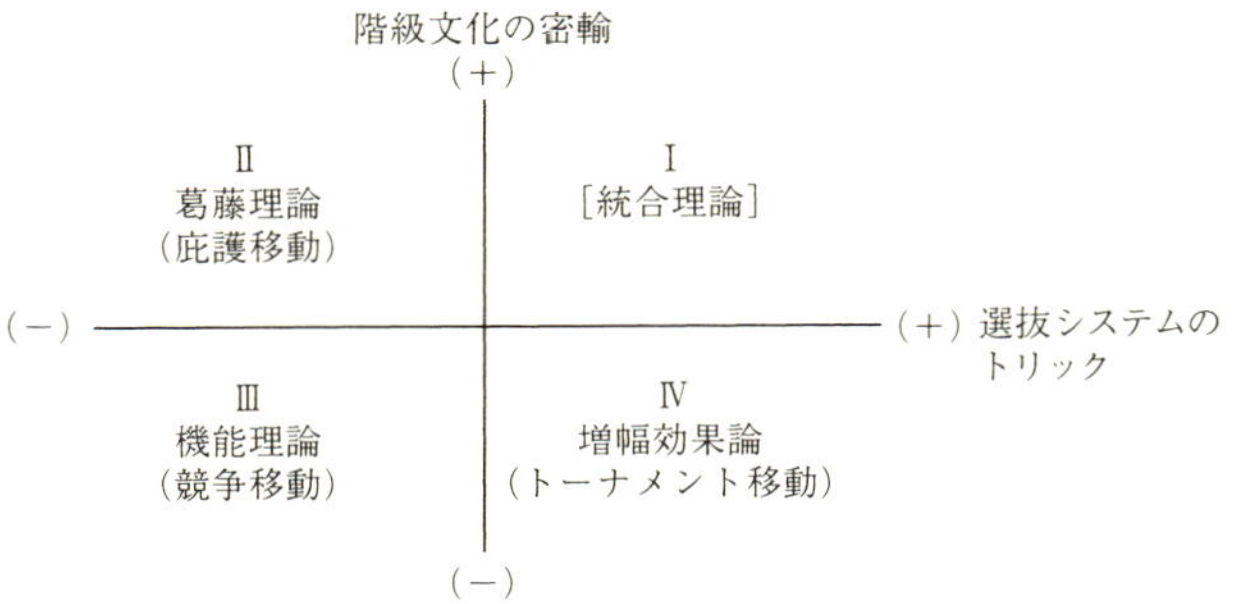

図2・2　メリトクラシーをめぐる社会学的説明理論

不平等IIは、何回もの選抜によって間引かれていく「トーナメント移動」に対応している。大事なことはメリトクラシーにふたつの隠蔽構造があることだ。ローゼンバウムの研究には増幅効果論の他にもうひとつの重大な含みがある。それは能力の社会的構成説である。第一章でみた伝統的な機能理論や葛藤理論そして解釈理論は、「何故」選抜が存在するかの解答を意図した。効率説（機能理論）、陰謀説（葛藤理論）、教師の実践的環境拘束説（解釈理論）などがこれである。しかしこれらの議論は能力そのものを自明化してしまっている。能力がどのように構成されるかという設問を立てるには、何故の選抜という問をいったん括弧にくくり、システムとして存在する選抜そのものを解明し、そこからどのようにして能力なるものが立ち挙がるかに照準することが必要である。ローゼンバウム理論がプレグナントなのはこの意味においてである。ローゼンバウム理論は選抜システムのありかたに能力の立ち挙がりの秘密があるとする能力の選抜システム刻印理論である。

　こういう能力の社会的構成説はデュルケームの範疇の社会的起源説と考え方を同じくしている。デュルケームによれば、社会組織をモデルにして人々は時間概念や空間概念、論理、因果関係などを形成していく。だから未開社会の人々は円という概念が先行して、その概念にもとづいてキャンプを円形にくむのではない。そうではなくて、キャンプを円形にくむことによって結果として円という概念をえる(10)。

おなじように能力観がアプリオリに存在するのではない。選抜システムのありかたによって人々の能力についての概念が構成される。将来のエリートを早期に選んで、エリートとノン・エリートとを分離しエリートに特別の教育をほどこす選抜システム（庇護移動）であれば、能力ははやい時点で発見されうるし、能力は固定していて変動しないという能力観が生じやすい。またエリートとノン・エリートとが分離されて教育されれば、大衆はエリートの能力を神秘化しやすい。あるいはまた機会をいつまでも開いているつまりリターン・マッチの余地が大きい選抜システム（競争移動）であれば、能力は決して固定していなく、大器晩成型がありうるという能力変動観が形成されやすい。さらにトーナメントのような勝ち抜き戦の選抜システムならば別様の能力観が形成される。ローゼンバウムは、アメリカの社会移動をトーナメント移動とし、そのような移動様式が能力観をつくるのだとした。ここでは「早期の昇進こそが能力のシグナルになる」(11)。トーナメント的選抜は、ある時点の勝者には能力の「底」を定義する。能力の天井はまだ分からないが、これ以上の能力があり、次にすすめるという定義をする。逆に敗者にはそれ以上の能力はないのだから、能力の「天井」が定義される。選抜システムこそが能力ある者を造り出していく。

能力の社会的構成理論はつぎのようにもいえる。管理職は一般に、内部労働市場から供給されるから需要（昇進機会の増大）が資格を有する従業員の供給よりも早く増大するならば、組織は空席地位を埋めるときに選抜の基準を緩和する。能力ある者が昇進するというよりも、社会や組織が多くの人材を必要としているときには、現実の能力分布とは独立に能力ある者が造り出される。逆に供給に対して需要が少ないときには選抜基準を厳しくする。前者の状況ではわずかな症候に有能の証が、後者の状況ではわずかな症候に無能の証が発見される。「能力はキャリア・システムの必要に相対的である」(12)。

とすると、レスター・サローのいう「仕事競争」(job competition) モデルも能力の社会的構成説とみることができる。「仕事競争」モデルは「賃金競争」モデルの対抗モデルである。「賃金競争」モデルは労働者が労働市場に入る前に技能を習得済みであり、労働者は自分がもっている技能に対してうけいれてもよい賃金をめぐって競争しているとする。これに対して、「仕事競争」モデルでは労働者は労働市場に入る前に技能を習得しておらず、雇用されたのちに職場訓練（OJT）で習得する。したがって労働者は「仕事を求める待ち行列」(labor queue）の相対的位置を競争することになる。そこで、雇い主は労働者の技能という能力ではなく、将来の職場訓練の費用が低いもの＝訓練可能性の高いものを採用しようとする。訓練可能性の指標がかりに学歴によってなされるとする。そのとき職務の配分構造が不変であれば、いくら労働者一般の学歴が上昇しても教育インフレになってしまうだけである。教育拡大はそれだけでは社会的不平等を軽減しない。というのは、結局、採用は、「仕事を求める待ち行列」の前にいる者（より高い学歴）からなされるからである。ここまでの説明だけにとどまると、「仕事競争」モデルは、訓練可能性という能力主義つまり機能理論にみえるかもしれない。事実、教育社会学者によってそのように理解され紹介されてきた。しかしこのような理解や紹介はサロー理論の大きな含みを無視してしまっている。「仕事競争」モデルは、個人としての能力や学歴がいくら高くても、仕事の空きがなければ需要されないということである。逆に個人としての能力や学歴がいくら低くても、仕事の空きが多ければ、職務につきやすいことを意味している。労働の供給曲線と需要曲線が一致し、需要曲線（供給曲線）が「仕事の空き数」と「労働者の訓練人数」を決定することを示唆している。客観的に能力ある人の分布が存在するのではなく、「仕事の空き数」と「労働者の訓練人数」こそが能力ある人の分布を決定する。能力（生産性）と地位（賃金）の自動的対応を前提とする標準的な経済学教科書モデルとは根本的に異なった見方である。したがって、サロー理論はローゼンバウム理論とかなり近い考え方であることがわかるはずである。

トーナメント移動や仕事競争モデルが示すことは、能力は個人的属性として主体に内在し教師や雇い主がこれを探索するという実体説を棄却していることである。能力は選抜システムの在り方によって構成されていくというのが能力の社会的構成説の立論の基礎である。

現実が社会的に構成されるという考え方は「あらゆる社会学の鍵」(13)であるが、カール・マルクスも、資本論のよく引用される冒頭の部分で次のように述べている。ある特権的な商品が一般的な等価形態としての貨幣になることができるのは、他の商品が等価物としてその商品に関係しあう価値関係が成立しているからだという反省規定は「とりちがえ」(quid pro quo)である。そのためにマルクスは有名な比喩をつかった。人々はかれが王様であるから臣下なのだと考える。しかし、ある人が王様であるのは、他の人々が「彼にたいし臣民たる態度をとるがゆえにのみ王である」(14)。王は関係から独立して存在しておらず、王と臣下の関係から構成されているということだ。つまり能力なるものも商品や王と同じく、関係(選抜システム)性のなかで構成されるのに、反省規定は能力をそうした関係から独立した実体とみなす。能力があるから試験や選抜で選ばれるというよりも、試験や選抜で選ばれる者が能力があるとみなされるということになる。能力の社会的構成説は、能力についてのこのような倒立像を示唆する。

四　メリトクラシーのディレンマ

伝統理論においては死角になってしまう増幅効果論と能力の社会的構成論について述べてきたが、第一章の終わりで述べたように、メリトクラシーをめぐる伝統理論にはもうひとつの死角がある。メリトクラシーのディレンマがこれである。

メリトクラシーには真正説（機能理論）と偽装説（葛藤理論）がある。さらにメリトクラシーそのものに懐疑をもつ偶然（運）説(15)もある。しかし、近代社会の選抜がメリトクラティックな選抜を正統化根拠としているそのことは否めない。正統化根拠とは道徳的に望ましく不可避的とされ、成員によって是認され従われるよりどころである。メリトクラシーを選抜の正統化根拠としていることから、選抜は何が能力であり、誰が能力をもっているかを構成し、社会的地位・役割への人員の補充・配分を正統化する過程である。現代社会では人々は選抜によって得られた能力認可証をもってメリトクラートとして移動する。しかしメリトクラシー社会の選抜は実は構造的ディレンマをかかえている。選抜がメリトクラシーを正統化根拠とするかぎり、できるかぎり多くの人を選抜過程に参加させ、能力の開示を鼓舞しなければならない。メリトクラシーは選抜のまえの平等性（機会の平等）によって結果の公正性が獲得できるからである。したがって選抜されるまえに意欲の加熱（ウォーム・アップ）を強力に作動させなければならない。こういう加熱のシャワーは、それぞれの階級が正当に追求することができる快適さの限界規定を崩壊させる。多くの人々を地位や金銭などのメリトクラシー社会の支配的価値に方向づけ、誰でもいかなるポジションの候補者にもなりうるのだ、とアスピレーション水準をたかめる。

ところが選抜は選ばれた者と拒否された者とを分化させる。選ばれなかった者にとって選抜過程は拒絶過程である。「選抜」という硬貨の裏側は「排除」である。加熱過程で助成された学歴価値やアスピレーション水準からみれば多くの人々は失敗者である。しかし加熱の罠にはまった人々がこの拒絶過程（失敗者）に納得することはむつかしい。加熱が成功すればするほど、拒絶過程の受容は困難になる。加熱が作動しないときには、運命はあっても成功と失敗はない。加熱が半ば作動しても妨害要因が集合的機会剝奪として意識されれば、成功と失敗は集合化される。相対的剝奪は集団や社会的カテゴリーに定位され、フラターナリスティック（友愛的）な剝奪（集合的剝奪）になる。したがって加熱の成功は、成功と失敗が個人に定位されることである。相対的剝奪はフラターナリスティックな剝奪ではなく、エゴイスティックな剝奪になる(16)。

ブルデューもいう。「旧システムは明確に区切られた社会的アイデンティティをつくりだそうとし、社会的夢想にはほとんど余地を残してくれなかったけれども、そうしたアイデンティティをもつために受け入れざるをえなかった断念がどうにも抗いがたいものであったがゆえに、それだけ心地よく安心できるものであった。ところがこれにたいして、新システムに見られる社会的アイデンティティとそこに当然の権利として含まれているさまざまな希望の表象の構造的不安定性とでもいったものは、なんら個人に帰せられるべきところのない運動によって、行為者たちを社会的危機と批判の場から個人的な批判と危機の場へと送りかえそうとするのである」(17)。ブルデューがいう「社会的」な危機と批判がフラターナリスティックな剝奪に、「個人的」な危機と批判がエゴイスティックな剝奪に対応している。

したがってメリトクラシーはディレンマである。多数は敗者となるにもかかわらず、勝利の夢だけをあたえるゲームなのだから。加熱が強力に作動するメリトクラティックな選抜をそのまま放置すれば、形式的平等と事実的格差の断差によってルサンチマンの負荷が増大する。欲望が際限なく駆り立てられるアノミーも昂進される。個人的不満が社会的不満に結実すれば社会システムにとって大きな脅威となる。脅威は幻滅のあとの反抗や反逆だけではない。幻滅による「不機嫌」や「反制度的気質」も脅威である。それらは社会秩序の暗黙の前提の否認であり、地位・役割へのコミットメント（投資）からの撤退だからである。したがってメリトクラティックな選抜はなんらかのかたちで選抜過程で排除された者への配慮をしなければならない。面目や自尊心の損傷を極小化しつつ従属的地位や役割へのコミットメントを持続させなければならない。アール・ホッパーのいう「野心の規制」(regulation of ambition) 問題(18)がこれである。つまり失敗を逸脱行為の方向から「統制された失敗」(controlled failure)(19)に誘導しなければならない。しかしこの誘導は容易ではない。構造的矛盾が埋め込まれているからである。野心を高めることに社会が成功すればするほどのちの局面で野心を低下させることはより困難になる。加熱と冷却は構造的ディレンマであるからだ。ディレンマではあるが、それを蒸気機関のボイラーと凝縮器の温度差のように差異のポテンシャルとして利用することが近代社会の活力の源泉でもあった。

アメリカ人の成功観の歴史を書いたリチャード・フーバーもいう。アメリカ社会の成功概念はいつも文化的定義 (cultural definition of success) と、個人的定義 (personal definition of success) の食い違いによってアンビバレンスが表現されていた。成功の文化的定義は、富の獲得によって地位や名声を得ることであるが、成功の個人的定義は人生の真のよきものはお金ではかえないというものだった。「金では幸福はかえない」(Money won't buy you happiness) はもうひとつのアメリカのフォークロアであった、と。成功の文化的定義が「いわゆる」成功であり、成功の個人的定義が「真の」成功である。しかし、このようなアンビバレンスによって社会がそしてアメリカの成功の夢が持続してきたのである。「成功についての食い違う感情 (conflicting feeling) をもつことが奨励されないとしたら、合衆国が社会として機能したかどうかは疑わしい。不安をもたらす価値によっていつも前へ前へと押しやられる社会においては、成功についての食い違った考えによる安寧さによって心理的に生き残ることができたのである」(20)。

同じことをライト・ミルズも次のように書いている。アメリカではこの二〇年間に新しい欲求に応じた新しい文学のジャンルがあらわれてきた。ミルズの本は一九五一年に出版されているから、「この二〇年間」というのは一九三〇年ころからということになる。ミルズのいう「新しい文学のジャンル」とは「諦めの文学」(a literature of resignation) である。富や権力を獲得し、外面的には成功者と見える人が、心や家庭は荒み、内面的には破壊と絶望の淵を覗きこんでいる例を題材としている。諦めの徳と野心のレベルを引き下げ、焦りと緊張の心を鎮静させる文学である。そしてつぎのようにいう。「今日のアメリカには、青年の指導について、奇妙な矛盾が存在している。すなわち、一方では、競争せよ、ひとかどの者になれ、という要求がかれらに依然として強く押しつけられているのに、他方では野心のレベルを引き下げ、大それた成功を夢みないような指導が行われているのである」(21)。

もっと最近の一九五〇年代から一九八〇年代のアメリカの成功読本を分析したニコール・ビガートは、そのなかに目標転移読本 (displacement books) のジャンルを発見している(22)。一九五〇年以降のベストセラー、『三六五日をどうすごすか』(*How to Live 365 Days A Year*, 1954)、『ピーターの法則』(*The Peter Principle*, 1969)、『自分自身のもっともよき友達になる法』(*How To Be Your Own Best Friend*, 1974) などを目標転移読本だとしている。これらの本を目標転移読本と呼んだのは、健康を維持するために出世競争 (rat race) からおりることを推奨したり、仕事とは違うレジャーやスポーツの分野での成功を推奨したりするものだからである。

近代日本における立身出世主義もそうである。立身出世主義という加熱文化の影に日本一の旋盤工や日本一の百姓を称揚した「金次郎主義」(23)や人爵よりも人格を称揚する「修養主義」(24)、濁富よりも清貧を望ましいとする「清貧論」(25)、「智」と「出世」の「学校」青年に対置された「意」と「向上」の「田舎」青年論(26)、「家柄」や「学歴」、「俗才」「容貌」「身なり」ではなく大地に捧げる「篤農青年」論(27)などの冷却文化があったことを忘れてはならない。たとえば、「金次郎主義」とはつぎのようなものだった。「『……ほら、いつか先生が「君たちは将来何になるか」つてお聞きになつたでせう。その時友達は、やれ軍人になるの大学者になるのつていつたけど、私は、はじめから大工になるといひました。』『そうそう、皆が笑つたねぇ。でも僕は君の答が一番うれしかつたよ。』『私も友達に笑われても平気でした。親が大工だから、自分も大工になるのは立派なことだと考へてゐたんです。たゞ第一流の大工にならなければいけないと思ひこんでゐました。』『田中君はきつと第一流の大工になれる。それは小さい時から、しつかりと目的を定めて、わき目もふらずに自分の家の職業に精出したからだ。』(28)。

したがって近代の教育システム自体が加熱と冷却のディレンマに陥った。近代社会は教育拡大によって上昇移動アスピレーションを一般化させた。加熱に成功したわけである。しかし、教育拡大による上昇移動アスピレーションの加熱は人々が手にいれることのできる高い地位の数をはるかに超えた。その結果、近代の教育システムはすぐれた人々を「選抜」するよりも、分を知らせる「冷却」の機能を作動させなければならなかった。このような教育システムのディレンマは先進国においてはすでに一九世紀にみられるのだが、二〇世紀の前半に顕著になった。二〇世紀初頭におけるアメリカにおけるジュニア・ハイスクールやジュニア・カレッジの創設はこうしたディレンマの解き方であった。ジュニア・カレッジは一九〇〇年にはまだ存在しなかったが、その後一九校（一九一五年）、一七八校（一九三〇年）、二六一校（一九四〇年）と増加し、一九五〇年には三二九校、五〇万人の学生になった(29)。ジュニア・カレッジなどの教育機関は高等教育機関として高められたアスピレーションに対応し、インフレ戦略をとりながらも、実際は徐々にアスピレーションを冷却し、分を知らせる機関だった。

おなじ過程は日本の戦前の高等小学校や講義録の機能にもみることができる。高等小学校の入学者・卒業者が急増するのは明治三〇年ころからである。明治二八年から三八年の一〇年間に高等小学校卒業者は年平均一万人ずつもふえる。一九一二年（大正元年）の高等小学校進学率は四六・四%にも達していた(30)。しかし、高等小学校卒業者の八〇%もの者が上級学校に進学しなかった(31)のである。また中学教育を独学する者のための通信教育である講義録は、明治二〇年代に登場し(32)、学歴／上昇移動のセンスを内面化しながら就学がかなわないフラストレートされた心情の受け皿となった。しかし受講生のほとんどの者は途中で挫折した。高等小学校や講義録は時間稼ぎによって徐々にアスピレーションを冷却する機関や媒体だった(33)。まさしく猫はいろいろな方法で殺すことができる。残酷な殺しかたもひとつの手である。しかし生クリームの山のなかで殺すという手もある。生クリームのなかで溺死させるというのはときとすると、最良の方法である。そのとき猫は法悦のなかで死んでいくからである。高等小学校や中学講義録はしばしば猫にとっての生クリームだった。

その点でキングスレー・デービスとウィルバート・ムアーの機能理論的成層化論(34)は機能理論としてみても論理的一貫性を欠いている。機能理論的成層論は、機能的に重要な地位・役割にいかにしてすぐれた人材を配分するかの野心の加熱による社会の「効率」にだけ着目している。社会の存続・維持のもうひとつの過程つまり失敗者の「動機」づけの調達の視点を欠落させているからである。選抜は排除をともなっている。加熱によって包絡された者が排除に適応することは困難な過程である。したがってメリトクラシー社会の硬貨の裏側の排除と失敗の処理過程にも注意をはらわなければ機能理論としても不十分である。

五　ゴフマンとクラークの冷却論

その意味で成功の社会学ではなく失敗への適応過程の重要性に着目したアーヴィング・ゴフマンの社会学は卓抜である。かれは、信用詐欺にまんまとひっかけられるカモ（mark）についての研究からはじめる(35)。この種のカモは自分は抜け目ない人間だとおもっているから、まんまと騙されてしまうことは面目や自尊心の大きな失墜になる。他方、詐欺師のほうもまきあげられたカモをそのまま放置すれば、自分たちを追っかけてきたり、警察にたれこんだり、悪い評判をたてられたりし、以後商売がやりにくくなる。そこで詐欺師仲間の一人がカモのそばにとどまり、「運がわるかったのだ」などの言葉によってカモの怒りを静め、失敗をうまく受容し、静かにもとの生活に戻るように状況を定義してやる。これが「冷却者」（cooler）であり、面目と自尊心の失墜をミニマムにし失敗を外傷化（traumatize）しないことが「冷却」（cool-out）である。ゴフマンは「冷却」という言葉を信用詐欺師の隠語から借用し、社会学用語にした。

信用詐欺師にひっかかるのはごく少数の人だが、社会生活は失敗にみちみちている。カモが警察にたれこむのを詐欺師がおそれるように、部下が重役に、子供の親が校長に不満を訴えることを上司や教師はおそれる。離婚したがっている女性は、夫が「妻の愛人のせいだ」とふれまわったり、裁判に訴えるのは困るのだ。したがって冷却はさまざまなかたちで作動している。ウェイトレスや料理によって感情を害した客をレストランの支配人が宥めることは支配人の役割のひとつである。また顧客サービス組織にはしばしば「お客様苦情係」（complaint department）がある。あるいはまた、重大な失策をしでかしたりして辞職に追込まれた者を「依願退職」で処理したり、博士論文の「内見願」などによって拒否を内密化するロマンチックな慣習を想起してもよいだろう。

ゴフマンは冷却を左遷から求愛の失敗にいたるまでのインボルブメントの終焉ないしは役割喪失後の所作とみる。喪失やインボルブメントの終焉はいろいろな形で生じる。若者が大人になるときや、学生が職業人になることも役割喪失であり、インボルブメントの終焉である。しかしこの種の喪失はよりよい役割への移行のための撤退であり、制度化された喪失である。このような制度的喪失は冷却を要しない。また教師や医師のように、ある種の社会的役割は道徳的英雄イメージをもっている。実習などを通じてこのような英雄イメージが裏切られる（現実衝撃）場合がある。このときこのままの感情で新しい役割を引き受けることは道徳的失敗になる。そこでかれの疑念は青臭い感傷であるとし、大人の人生観が呈示される。これも冷却であるが、役割就任のためのものだから、ゴフマンはこれをクール・イン（cool-in）と呼んでクール・アウトと区別している(36)。

冷却を要するのはこのようなものとは異なった非自発的喪失である。しかし、非自発的喪失においても恋人の死や停年退職のように個人責任とみなされないものがある。したがって個人責任とみなされる非自発的喪失こそがメランコリーな喪失である。ここにおいて冷却がもっとも必要になる。信用詐欺にひっかかるのはごく少数であるが、近代社会は「メランコリーな喪失」に満ち満ちている。「私はこのような屈辱をともなう喪失にとくに興味をもつ」(37)と、ゴフマンは書いている。

こうしてゴフマンはいくつかの冷却の方法を呈示した。失った地位とは異なるが、前の地位と似たものを与えることはそのひとつの方法である。恋人になることを拒絶された者が友人になるとか、医学部志望が歯科医志望になるとか、ボクサー志望がトレーナー志望になるとかがこれである。失った地位に再挑戦する道を開くこともそうである。失敗者に不満感情のはけ口をあたえること、あるいは自分は自発的におりたのだとし、失った地位に執着していないという場面を協力して構成することもそうである(38)。

ゴフマンは失敗の社会学について構想したのであってメリトクラシーの社会学を構想したわけではない。しかし加熱されるメリトクラシー社会そのものが見えざるコン・ゲーム（信用詐欺）に操られているようなものである。メリトクラシー社会への加熱は多くの人々を希少な地位や財あるいは学歴にむけての競争に志向させる。しかるに首尾よくそうした地位や財あるいは学歴を手にする人はごく少数にしか過ぎない。加熱されるメリトクラシー社会とは、全員が額面何千万円かの手形を手渡されながら換金時になると額面どおりの金額をもらえる人はごく少数の者にかぎられ、多くの人々は不渡り手形になってしまう社会である。換金時とはいうまでもなく選抜の時である。加熱されるメリトクラシー社会とは、人々をその気にさせておいて肩すかしをしてしまう社会である。ゴフマン的にいえば、拒絶の瞬間は「その気」(assumption)が「いい気な傲慢」(presumption)、「失敗」(failure)が「詐欺」(fraud)だったことを自覚させるときである。つまり詐欺師は社会、カモは選抜で拒絶された人ということになる。詐欺師は以後も商売を続けるために、またカモが自尊心や面目の損傷を緩和するために「冷却」が必要だったように、コン・ゲームに似たメリトクラシー社会も選抜の維持、存続のために「冷却」を機能的必要物としている。拒絶された人々の怨みや不満がなんらかのかたちでそらされなければ反逆や逸脱が生じ、社会の存続や維持がむつかしい。怨みや不満を少なくしてそれぞれの地位や役割にコミットしてもらわないと困るからである。だから冷却過程は「希望やあてにしていたことが実現されなかったことから失望のどん底におちいってしまわないようにして、社会が最大限の努力をとりつける」(39)過程である。

ゴフマンのいう「冷却」過程は、ブルデューのいう「社会的老化」と同じである。ブルデューはいう。「社会的老化とはこの緩慢な喪の作用、あるいはこう言ったほうがよければ、(社会的に援助され奨励された)投資縮小の作用にほかならない。この作用によって行為者たちは、自分の願望を今ある客観的可能性に合わせ、そうして自分の置かれている存在状態と折りあいをつけて、自分がありのままのものになろうとし、自分がもっているものだけで満足しようとするようしむけられてゆくのだ。たとえ自分があるがままの姿や自分がもっているものについて、自分自身をあざむこうとしながらでもある。そして彼らは、あらゆる側面的な可能性を少しずつ途上で捨てながら葬り去り、あまりにも長いあいだ実現されぬままであったために実現不可能と認定された希望をすべて断念するのである」(40)。

ゴフマンの冷却概念を選抜問題に導入したのはバートン・クラークだった。かれは冷却の事例をアメリカのコミュニティ・カレッジとそのカウンセラーの仕事にみた(41)。コミュニティ・カレッジは四年制大学への転学の幻想をあたえながら実のところは大半の学生にとっては袋小路になっている。転学と高い職業的野心を諦念させる機関である。そこで、いかなるかたちで冷却が作動しているかを解明した。

クラークがそこで見出した冷却の特徴は、次の五つである。いずれもゴフマンの論文にアイデアを得ている。(i)「代替的達成」(alternative achievement)、(ii)「漸次的離脱」(gradual disengagement)、(iii)「客観的拒否」(objective denial)、(iv)「慰撫のエージェント」(agent of consolation)、(v)「基準の回避」(avoidance of standard)(42)である。「代替的達成」とは、拒否されたり失敗したことに気づいた者が第二の努力のほうが自分には適切だとすることである。技術者になりたいと思っていた者が技術補助者に目標を変えるというようなアスピレーションの切り下げである。「漸次的離脱」は、一連の段階を踏みながら自己評価をし、最初の目標からしだいに離れていくことである。「客観的拒否」は成績などの客観的な資料によって志向を組み変えることである。「慰撫のエージェント」はカウンセラーが時間をかけて過剰なアスピレーションを冷ましていくことである。「基準の回避」は、能力について単一の尺度ではなく、能力にはいろいろあるのだとして加熱時の一元的価値基準を相対化することである。

六　縮小と再加熱

クラークの冷却類型はアドホックだが、このなかで「代替的達成」と「基準の回避」が重要である。「代替的達成」

と「基準の回避」とでは同じ冷却でも次元を異にしている。前者はアスピレーションの内容変更というよりも大きさの変更を、後者はアスピレーション内容の相対化を意味している。

そこで広義の冷却を細分化し、クラークのいう「代替的達成」を「縮小」(cool-down)、「基準の回避」を「冷却」(cool-out)と呼び区別しよう。「縮小」はアスピレーションの切り下げであるが、アスピレーション水準というよりも規範的期待水準(level of normative expectation)の切り下げである。アスピレーション水準と規範的期待水準は、ホッパーの区別にもとづいている。ホッパーは目標志向(goal orientations)を「アスピレーション水準」(level of aspiration)と「予期水準」(level of anticipation)、「規範的期待水準」(level of normative expectation)の三つに区別する。「アスピレーション水準」は、実現可能性を考慮の外においた幻想的なアスピレーションである。「予期水準」は、現実に到達するだろうとおもわれるアスピレーション水準である。「規範的期待水準」は「自分自身の達成評価の内面的基準である。その起源は対他関係から生じるという意味で個人にとっては外在的であるが、内面からの意識的指令である」(43)。規範的期待水準とは自分のこれまでの経歴を勘案して自分のような者はこの程度の目標をめざすべきだというアスピレーション水準である。だから規範的期待水準は同じような境遇の人々との交流から形成されやすい。準拠集団によって定位される現実的アスピレーションである。

一方、狭義の「冷却」はアスピレーションの引き下げというよりもリアリティの変換である。メリトクラシー社会の支配的価値からの脱離である。アメリカのハイ・スクールの下位のトラックの生徒は学業的達成価値からスポーツや友達仲間の人気などを重視する「(遊び型)青少年下位文化」に移行し、学業的価値からくる不満と失意をそらせているといわれる(44)。昇進機会のない労働者階級が消費文化にむかい昇進価値を相対化する(45)のもこれと同じである。「冷却」も「縮小」も失敗への適応という点では同じであるが、「冷却」はリアリティの変換をともなっているのにたいし、「縮小」はリアリティの変換をともなわない。「縮小」が加熱を維持しながらの投資の縮小であるときに、「冷却」は投資からの撤退である。

ところで冷却との関連で加熱概念を導入したのはホッパーだった(46)が、加熱と冷却の間に再加熱を措定すべきである。というのは、冷却だけが社会や組織に蔓延してしまえば、冷却装置だけが作動し、ボイラーが枯れた蒸気機関のように活力が低下してしまう。社会や組織は選抜で拒絶された者にもう一度頑張るよう「再加熱」しなければならない。ホッパーのモデルは加熱→選抜→冷却の単調な図式である。単調というのは、このモデルでは熱源は社会への新規参入者のみに限られているからである。われわれの選抜システムは何回もの選抜がおこなわれていることに着目するならば、棄却物（排除された者）をさらに精練（再加熱）し熱源にする再循環構造に着目すべきである。

ここで継続的に選抜がおこなわれる成熟したメリトクラシー社会は、ゴフマンが描いた精神病院における患者の地位への再社会化、あるいは以前より低い地位への全面的な再社会化であるハロルド・ガーフィンケルのいう「地位貶価の儀式」(status degradation ceremony)(47)とは根本的なところで異なっていることにあらためて気がつくはずである。こういうのは、ゴフマンの精神病院の患者の世界はしばしば下位トラックなどの選抜に洩れた者の社会化の比喩として使われるからである(48)。精神病院では当局者（職員）は、患者の入院は当然であり、患者に「病気」であることを受け入れさせようとする。「患者が自分の要求を正当化する根拠にしている彼の自己自身に関する言い分には根拠がないこと、患者は自分で申し立てているような存在ではないこと、事実彼は一個の人間としては落後者であることを患者に指摘」(49)しようとする。こうしたゴフマンの叙述が下位トラックなどの選抜に洩れた者の世界の再社会化の原型とされる。

しかし成熟したメリトクラシー社会では一方で「失敗」者の烙印を押しながらも、運がわるかったのだとか、まだまだ機会があるというメッセージをたえず必要とする。選抜は一回ではなく何度もおこなわれるのだから選抜に選ばれなかった者にたいしては縮小や冷却だけでなく、再加熱もなされる。コン・ゲームでだまされたカモを「こんどはうまくいくって」と、もう一回誘い込むようなものである。メリトクラシー社会とはなんとコン・ゲームによく似ていることか。

失敗の適応に「冷却」と「縮小」の区別をしたように、再加熱にも二つの形態がある。ひとつは選抜に選ばれなくても意気消沈することなく、再挑戦するよう励ますことである。これを「再加熱」(rewarm-up) と呼ぶ。もうひとつはメリトクラシー社会の支配的な成功経路と違った成功経路への再加熱である。たとえば、ビュロクラートとしての地位上昇ではなく商売などによって金持ちになるという類への加熱である。これを「代替的加熱」(rewarm-in) と呼ぶ。「再加熱」は「縮小」と同じようにメリトクラシー社会の支配的価値を保持しているが、「代替的加熱」は「冷却」と同じようにリアリティの変換をともなっている。「再加熱」は同じ領域での投資のやり直しであるのに対し、「代替的加熱」は投資領域の転換である。

これまで述べてきたことをアスピレーションの維持と低下の軸と、リアリティの変換と非変換の軸の交差によってできる図2・3の四つのボックスによってまとめることができる。現実に選抜で排除された者がどう適応するかは図2・3の類型のどれかあるいはいくつかの組み合わせによっておこなわれる。たとえば「冷却」と「代替的加熱」などは同時におこりやすい。その意味で図2・3はあくまで分析上の区別である。

では、このような加熱と冷却の作動メカニズムをどのように考えていったらよいだろうか。換言すれば、ウォーマーやクーラーをどこにみつけるかである。ゴフマンが苦情処理係に、クラークがカウンセラーにクーラーをみたように、これまでは冷却を対面的相互作用にもとめすぎたきらいがある。選抜の社会学においては、ウォーマーやクーラーは選抜システムの様式にもとめるべきである。上司やカウンセラーの手練手管としてではなく、選抜システムにウォーマーやクーラーが刻みこまれているという視点が必要である。これは、われわれが本章の前半部分でメリトクラシーの隠蔽（増幅効果）と能力観を選抜システムによる構成とみたのと同じ考え方である。

ターナーがアメリカとイギリスの中等学校生徒のアスピレーションを比較したときの分析視点がまさにそれである。アメリカの中等学校生徒のアスピレーションは一般的に高く、非現実的である。逆にイギリスでは、空想的なアスピレーションは稀である。このような調査結果についてターナーはアメリカとイギリスの移動規範の差異にもとめる。アメリカでは決定的な選抜をできるだけ伸ばしている競争移動規範だからこそアスピレーションは縮小されずに維持される。イギリスでは、決定的選抜を初期におこなってしまう庇護移動規範だからこそアスピレーションが初期に縮小、冷却されてしまう(50)。ターナーのいう競争移動や庇護移動などの移動様式は選抜システムに他ならない。加熱と冷却が選抜システムに刻み込まれているというのはこういうことである。詐欺師は選抜システムなのである。

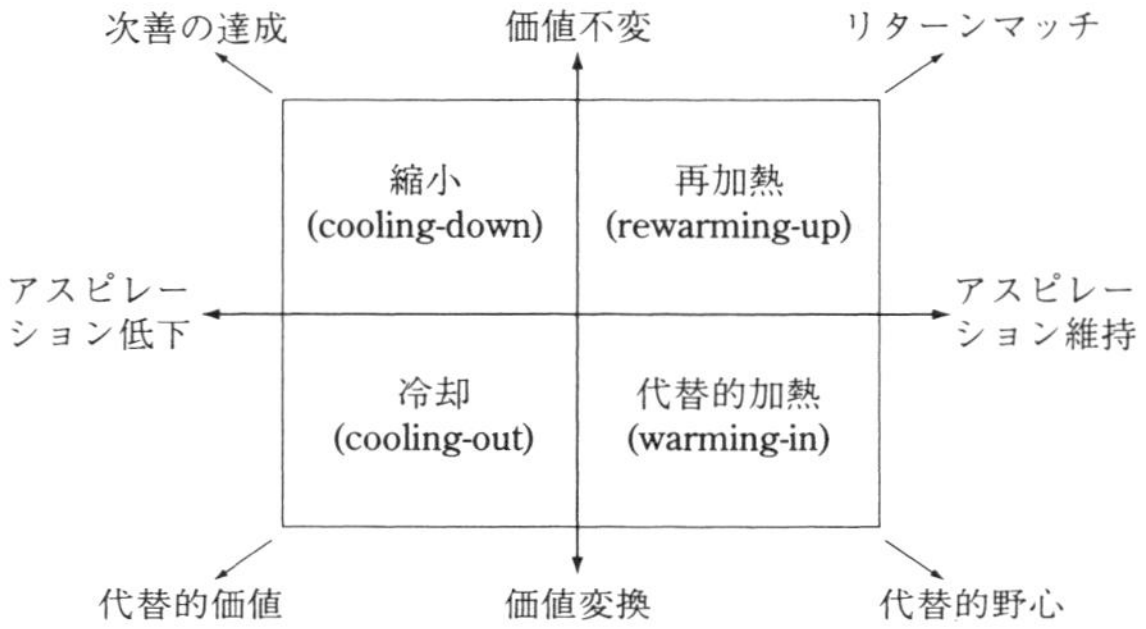

図2・3　失敗への適応類型

以上で分析視角がととのった。第二部においては受験や就職、ホワイトカラーの昇進などを探究し、どのような選抜メカニズムであり、それがどのようにして人々のアスピレーションを焚きつけ、冷却しているのか、またどのようにして能力を構成しているのかを実証的にみていくことにしよう。

（1）Turner, R., 1960, 潮木守一訳「教育による階層移動の形態」清水義弘監訳『経済発展と教育』東京大学出版会、一九六三年。

（2）Rosenbaum, J., *Making Inequality : The Hidden Curriculum of High School Tracking*, Wiley, 1976, p. 5.

アメリカではトラッキングは一九〇〇年頃からさかんになった。それは次のような事情による。一八九〇年まではハイスクール進学率は低かった。一四―一七歳人口の一〇%以下の進学率だった。したがって、このころはハイスクールに進学する生徒は学力面で同質的であり、学校内を同質化のために編成変えする必要がなかった。しかし、一九世紀末に、アメリカのハイスクールをめぐる状況は大きくかわった。このころから、毎年一〇〇万人の移民がやってきたし、工業化にともなってアメリカ内部の農村から都市への人口移動が増大した。こういう状況下でハイスクール進学率が急速にたかまった。一八九〇年から一九一八年までに毎日ひとつ以上のハイスクールが新設された。一九二〇年には一四―一七歳人口の六〇%が進学することになった。いまやハイスクールは異質な文化の坩堝となった。しかも、このころ流行した社会ダーウィニズムやテーラーシステムによって差異的カリキュラムによる生徒の差異的処遇が「科学的」に正統化された。優者と劣者がいるのだから差異的処遇は当然とされた。またテーラーシステムは企業経営者に大きな影響を与えたが、しだいに学校行政にたずさわる者にも影響をあたえるようになった。ハイスクールがかなりの中退者を出し非効率なのは、賢い生徒だけを対象にするカリキュラムしかないからそうなるのだとし、学校の効率化のために学習速度の遅い者や平均レベルの者の差異的カリキュラムを用意するべきであり、このような差異的カリキュラムによって生徒は能力に応じた幸福を得られるとされた（Oakes, J., *Keeping Track : How Schools Structure Inequality*, Yale University Press, 1985）。

（3）苅谷剛彦『アメリカの大学・ニッポンの大学』玉川大学出版部、一九九二年、一七七頁。

（4）Rosenbaum, J., *op. cit.*, p. 32.

（5）　*Ibid*., p. 40.

（6）　Rosenbaum, J., "Tournament Mobility : Career Patterns in a Corporation," *Administrative Science Quarterly*, 24 (1979), pp. 222-223.

（7）　Rosenbaum, J., "Institutional Career Structure and the Social Construction of Ability," in Richardson, J., ed., *Handbook of Theory and Research for the Sociology of Education*, Greenwood, 1986, pp. 143-147.

（8）　Jacob, J., *op. cit*., pp. 77-80.

（9）　Spence, M., *op. cit*.

（10）　Durkheim, É., 1912, 古野清人訳『宗教生活の原初形態』上、岩波文庫、一九四一年、三四—三五頁。

（11）　Rosenbaum, J., *Career Mobility in a Corporate Hierarchy*, Academic Press, 1984, p. 266.

（12）　Rosenbaum, J., *op. cit*. (1986), p. 157.

（13）　Collins, R., *op. cit*. (1975), p. 470.

（14）　Marx, K. und Engels, F., 長谷部文雄訳『世界の大思想18　マルクス資本論1』河出書房新社、一九六四年、六三頁。

（15）　Jencks, C. *et al*., 1972, 橋爪貞雄・高木正太郎訳『不平等』黎明書房、一九七八年。

（16）　Runciman, W., *Relative Deprivation and Social Justice : A Study of Attitude to Social Inequality in Twentieth-Century England*, Routledge & Kegan Paul, 1966, pp. 32-34.

（17）　Bourdieu, P., 1979, 石井洋二郎訳『ディスタンクシオン』I、藤原書店、一九八九年、二四二頁。

（18）　Hopper, E., *op. cit*. pp. 157-159, 160-162.

（19）　Baskoff, A., "Social Failure in Modern Society : A Reformulation and a Tentative Theoretical Framework," *Sociological Inquiry*, 52 (1982).

（20）　Huber, R., *The American Idea of Success*, McGraw-Hill, 1971, p. 449.

(21) Mills, W., 1951, 杉政孝訳『ホワイト・カラー』東京創元新社、一九五七年、二六七頁。
(22) Biggart, N., "Rationality, Meaning, and Self-Management : Success Manuals, 1950-1980," *Social Problems*, 30 (1983).
(23) 見田宗介「立身出世主義の構造」『現代日本の心情と論理』筑摩書房、一九七一年。
(24) 竹内　洋「冷却イデオロギーの社会史」『選抜社会——試験・昇進をめぐる〈加熱〉と〈冷却〉』メディアファクトリー、一九八八年。
(25) 奥田義人『清貧論』実業之日本社、一九一六年。
(26) 山本瀧之助『田舎青年』(一八九六年)『山本瀧之助全集』日本青年館、一九三一年。
(27) 田沢義輔『農村更生と青年教育』日本評論社、一九三三年。
(28) 「第一流の大工を目指して」『少年倶楽部』第二〇巻三号、一九三三年、八四—八五頁。
(29) Timmons, G., *Education, Industrialization, and Selection*, Routledge, 1988, pp. 85-86.
(30) 三羽光彦『高等小学校制度史研究』法律文化社、一九九三年、二八二頁。
(31) 陣内靖彦『日本の教員社会』東洋館、一九八八年、一三六—一三八頁。
(32) 放送教育開発センター『近代化過程における遠隔教育の初期的形態に関する研究』一九九四年。
(33) 竹内　洋『立志・苦学・出世——受験生の社会史』講談社現代新書、一九九一年、一三四—一五九頁。
(34) Davis, K. & Moore, W., "Some Principles of Stratification," *American Sociological Review*, 10 (1945).
(35) Goffman, E., "On Cooling the Mark Out : Some Aspects of Adaptation to Failure," *Psychiatry*, 15 (1952).
(36) *Ibid*., p. 453.
(37) *Ibid*., p. 454.
(38) 管理職を穏便裡に解雇する〈冷却〉の手練手管の事例集は、Stryker, P., "How To Fire An Executive," *Fortune*, October, 1954.

(39) Clark, B., "The 'Cooling-Out' Function in Higher Education," *American Journal of Sociology*, 65 (1960), p. 576.
(40) Bourdieu, P. (1979), 前掲邦訳書（石井洋二郎訳）、一七三頁。
(41) Clark, B., *op. cit.*
(42) *Ibid.*, pp. 574-575.
(43) Hopper, E., *op. cit.*, pp. 62-63.
(44) Rosenbaum, J., *op. cit.* (1976), pp. 188-189.
(45) Chinoy, E., *Automobile Workers and The American Dream*, Doubleday, 1955.
(46) Hopper, E., *op. cit.*
(47) Garfinkel, H., "Conditions of Successful Degradation Ceremonies," *American Journal of Sociology*, 61 (1956).
(48) Rosenbaum, J., *op. cit.* (1976), pp. 182-183.
(49) Goffman, E., 石黒毅訳『アサイラム——施設被収容者の日常世界』誠信書房、一九八四年、一六二頁。
(50) Turner, R., 前掲邦訳書（清水義弘監訳）、七六—七七頁。

第二部　経験的分析

第三章　受験と選抜

一　学歴社会と受験社会

「はじめに」のところでふれたように近年、通（学習）塾率は上昇する一方である。一九九三年においては小学校六年生で四一・七％、中学三年生では六七・一％である。トーマス・ローレンのいうように、塾は受験戦争の戦略兵器であり、教育における軍拡競争のなかでますますエスカレートする(1)。しかしこうした日本の激しい受験競争もあらためて考えてみると、不思議な過熱競争現象ではある。学歴が将来の社会的地位や経済的報酬に大きな規定力をもてばわかりやすい。実際、私がイギリスに滞在していたときに、あるイギリスの教育社会学者は、こうした日本の激しい受験競争について次のような説明とも質問ともいえる見解を投げ掛けた。日本では学歴の社会経済的地位効果がイギリスなどに較べて格段に大きいからだろう、と。激しい受験競争の説明としてこれほど明快なことはない。

しかし、学歴収益率は、長期的にみれば低下の一途をたどっている。一八九四年（明治二七年）には帝国大学を卒業して高等官十級になった者は月給六七円で、これは当時の農民や労働者の一年分以上の所得、小学教師の月給の七倍、中学卒官吏の最高月給より七円高かった(2)。しかし一八九〇年代から高学歴人材が急激なスピードで供給された。人口あたりの高等教育在籍者数は一九一〇年代（明治末期）には、ヨーロッパ先進国の水準に達し、一九二〇年代にヨーロッパを追い越していく(3)。わが国の工業化のスピードは早かったが、教育成長はそれを上回ってきた。こうして学歴収益率は低下していく。一八九〇年代の初任給と一九二六年の初任給を物価指数によって調整し直すと、帝大卒ホワイトカラーで少なくとも五〇％、私大卒ホワイトカラーで三五—七〇％の減少が生じている(4)。また表3・1にみることができるように、一九一九年（大正八年）には、学歴間の初任給格差が大きかったが、しだいに格差は縮小してくる。三菱は一九二三年（大正一二年）、帝大、商大、慶大、早大七五円、明大他私大、地方高商六五円とし、三井銀行は、翌一九二四年（大正一三年）、帝大、商大、慶大、早大、明大、中大、法大、日大などを一律八〇円（手当を含む）にした(5)。高等教育内部での学校歴による初任給格差そのものが戦時体制の会社統制令によって一九四〇年（昭和一五年）に撤廃され(6)、戦後の学歴別一律初任給に連続している。

近年の国際比較研究も学歴の社会経済的地位規定力において日本が格段の学歴偏重社会という証拠をみつけない。証拠はむしろ反対である。潮木守一は高卒者と大卒者の生涯賃金差において日本はアメリカより小さく、義務教育修了者と大卒者の生涯賃金差では日本は西ドイツにくらべて小さいことを明らかにしている(7)。もっとも新しい石田浩の体系的な計量的研究によれば、日英米三国比較において、日本は学歴の社会経済的地位規定力がもっとも小さな社会である。表3・2の「学歴優位率」は、生得的要因と学歴による説明の分散の比率である。数値が大きいほど学歴の優位性が大きい。日英米三国でみると、日本における学歴の相対的規定力がかなり小さいことがわかる。

表3・1　戦前のホワイトカラー（事務職）の学校歴別初任給

	三菱		三井		日本郵船	
	大正8年	昭和8年	大正8年	昭和8年	大正8年	昭和8年
第一グループ	40円 帝大法科 東京高商商業士	70円 帝大法文 商大 早慶大 その他私大 専門学校	40円 帝大法科 東京高商商業士	75円 帝大法文 商大 早慶大 その他私大	50円 帝大法科 東京高商商業士	70円 帝大法文 商大
第二グループ	36円 東京高商普通 神戸高商	35円 実業学校 中学校	35円 東京高商普通 神戸高商	65円 専門学校	40円 東京高商普通 神戸高商	60円 早慶大 専門学校
第三グループ	32円 地方高商 早大政経科		30円 地方高商 慶応	40円 実業学校 中学校	35円 地方高商 慶応 早大政経科	50円 その他の私大
第四グループ	28円 慶応		18円 早稲田実業 三田商工		27円 早大政経専門科	35円 実業学校 中学校
第五グループ	25円 早大政経専門科				20円 早稲田実業 三田商工	
第六グループ	18円 県立商工甲種商 早稲田実業 三田商工				18～20円 県立商工甲種商	

出所：「初給を幾ら増されたか」『実業之日本』22巻16号，1919年，22-26頁，井上信昭編著『従業員待遇比較統計』経済時論社，1933年，4-7頁から作成．

表3･2　日米英における生得的要因と学歴により説明される職業的地位（初職，現職）と所得の分散の割合と学歴優位率（重回帰分析）

	［日本　N＝1767］			［アメリカ　N＝20703］			［イギリス　N＝6719］		
	初職	現職	所得	初職	現職	所得	初職	現職	所得
就業経験	—	—	.082	—	—	.065	—	—	.048
生得的要因	.098	.105	.076	.153	.141	.083	.174	.161	.118
学歴	.113	.095	.037	.300	.299	.072	.172	.205	.104
学歴優位率	1.15	0.90	0.49	1.96	1.62	0.87	0.99	1.27	0.88
学歴優位率（コーホート別）									
20-34	1.42	1.84	0.88	1.84	1.82	1.06	1.23	1.44	0.73
35-49	1.21	0.76	0.50	1.79	1.16	0.87	1.06	1.08	0.75
50-64	0.76	0.73	0.31	1.72	0.97	0.63	0.88	0.96	1.16

出所：石田浩「学歴と社会経済的地位の達成」『社会学評論』40巻，1989年，257頁．

しかもこのような学歴収益率が小さいという客観的事態を日本の青年が誤認しているわけではないことは、一九七七年から一九九三年にわたる世界青年意識調査（総務庁青少年対策本部）の「社会に出て成功するのに重要なのは、何だと思いますか」という質問項目の回答分布によって確認することができる。ほとんどの国で、「個人の努力」や「個人の才能」が一位と二位に挙げられ、そのつぎに「学歴」がきているが、日本では学歴を挙げるものが他の国と較べるとかなり少なく、七・八％（一九八三年）―一四・一％（一九七七年）[8]である。日本の激しい受験競争の説明を学歴の機能的価値のせいによっては説明しにくいことになる。むろんそうはいっても学歴の社会経済的地位規定力は存在するのだから激しい受験競争のいくらかは学歴の機能的価値によることは否定できない。しかし、そうした動機づけだけなら受験競争にこだわらない層がもっとでてきてもおかしくはないはずである。学歴の機能的価値だけに着目していると、激しい受験競争の存在は説明が困難になる。

しかも学歴の社会経済的地位達成機能が格別大きくはないという証拠を示したところで、日本人の意識の世界から学歴社会というイメージを払拭できそうにはおもえない。この点については、臨時教育審議会（一九八四―一九八七年）の学歴偏重社会をめぐる論説の揺れに端的にあらわれている。臨教審第二部会は学歴社会の検討をして、所得や採用、昇進といった職業生活にかかわる面で日本が「必ずしも学歴を偏重しているとは認められない」という結論に達した。にもかかわらず、第一次答申においては、「学歴が偏重されている社会」と学歴社会を肯定するにいたった(9)。この揺れこそ日本の学歴社会の特徴を示している。たとえ学歴の社会経済的地位達成機能は大きくなくても、学歴は人々の「まなざし」のなかで「プライド」や「貴種」として作用しているからである。つまり有名大学を卒業していることは、人々の「まなざし」のなかで、「人間としての基本的価値が高い」ことや「社会的毛なみの良いこと」、「貴種」であることを意味する(10)。これは学歴の象徴的価値(11)といえる。

このような学歴の象徴的価値を考えるときにイギリス社会の階級概念を合わせ鏡にするとわかりやすい。イギリスは特権階級と庶民層の間に大きな懸隔がある「二つの国民」(two nations)(12)から成っているといわれてきた。いまでも「クラース」（階級）という言葉が社会科学用語にとどまらないで、日常会話でも使用される。アメリカからイギリスに移った社会学者もイギリスが極めて階級意識的な社会である文化衝撃を披瀝している。年配の人がかれのことを「サー」と呼び、人々が階級の違いに敏感で、訛り（アクセント）や語彙が階級と関連しているのをみて驚いた(13)、と書いている。イギリスでは自他の認識において依然として「階級」というカテゴリーが大きな位置をしめている。イギリス人が「階級」というときに含意しているのは、経済的区分を基礎としながらも生活スタイルや価値、趣味など共通性をもった文化集団を意味している。したがって、この場合の階級はマックス・ウェーバーのいう身分集団(14)の意味をも含んでいる。身分は、財の所有と営利という経済的利害による階級と区別された「名誉」を契機にした集団である。生活様式や教育、門地、職業上の威信によって基礎づけられ、通婚、食事の同席、特定の営利活動の忌避などで表現される。したがって階級帰属意識調査においても、九〇%が中流と答える日本とは異なって階級帰属が分散化する。一九八六年調査においては中間上層階級一％、中間階級二五％、労働者上層階級二二％、労働者階級四九％、貧困三％(15)である。

むろん日本でも「かれ（彼女）は家柄がよい」ということもある。しかし「労働者階級出身だが社長になった」というような階級用語の使用頻度はすくない。われわれは少し異なったいいかたをする。「高卒だが大企業の重役になった」とか、「東大をでていないのに、東大教授になった」とかのいいかたをしないだろうか。日本社会においても階級へのまなざしがないわけではないが、その視線の力は弱い。イギリス人が他者の出身階級に敏感だとするとわれわれは他者の学歴に敏感なのである。階級意識的社会というより学歴意識社会といえる。階級意識社会のイギリスが他の産業社会から較べて社会移動が少ないとは必ずしもいえないように(16)、学歴意識社会と学歴の社会経済的地位達成効果が格段に大きくないことになんら矛盾しない。しかも帰属的地位である出身階級とは異なって学歴は獲得的地位であるから、（獲得）競争が激しくなる。

そこで学歴の機能的価値の場を学歴社会I、こうした学歴の象徴的価値の場を学歴社会IIとして区別しよう。学歴社会Iと学歴社会IIは共約関係にあるが、分析的な区分が可能であり、そういう区別が必要である。

日本の激しい受験競争を説明するには、こうした学歴社会IIの視点が必要なのだが、それだけにはとどまらない。日本社会における受験システムの自律化／自己準拠化のメカニズムにも着目する必要がある。「受験社会」は「学歴社会I」+「学歴社会II」の従属システムではあるが、従属システムとしての「受験社会」が相対的に自律化し、自己準拠的構造をビルト・インしてしまったということだ。意味や報酬をシステム内部で立ち挙がらせ、社会的地位や生涯賃金などの外部に帰属させる必要が少なくなるときにその領域はシステムとして自律化する。学校ランクや偏差値ランクがそれ自体として競争の報酬になり意味の根拠となってしまうのが受験システムの自律化／自己準拠化である。貨幣が経済システムのメディアであるように、学校序列や偏差値が受験システムのメディアとなる。

偏差値五二と五五の僅差の学校ランクが将来の地位達成（学歴社会Ｉ）にもちこされるわけではない。また僅差の学校ランクがまなざしとしての学歴（学歴社会Ⅱ）にもちこされるわけではない。にもかかわらず、偏差値やわずかな学校ランクが受験競争の誘因になってしまう。したがって、自己準拠化した受験社会が立ち挙げる学歴の象徴的価値にも目配りする必要がある。そこで学歴社会Ⅱにおける学歴の象徴的価値と受験社会が立ち挙げる学歴の象徴的価値を区別してそれぞれを象徴的価値Ｉと象徴的価値Ⅱとする。学歴の象徴的価値ＩとⅡも共約関係にあるがこの場合も象徴的価値ＩとⅡを分析的に区別することができるし、その区別が必要である。日本の受験競争の過熱は、学歴の機能的価値（学歴社会Ｉ）と学歴の象徴的価値Ｉ（学歴社会Ⅱ）、象徴的価値Ⅱ（受験社会）によって成立している。その関係は図3・1のように描くことができる。

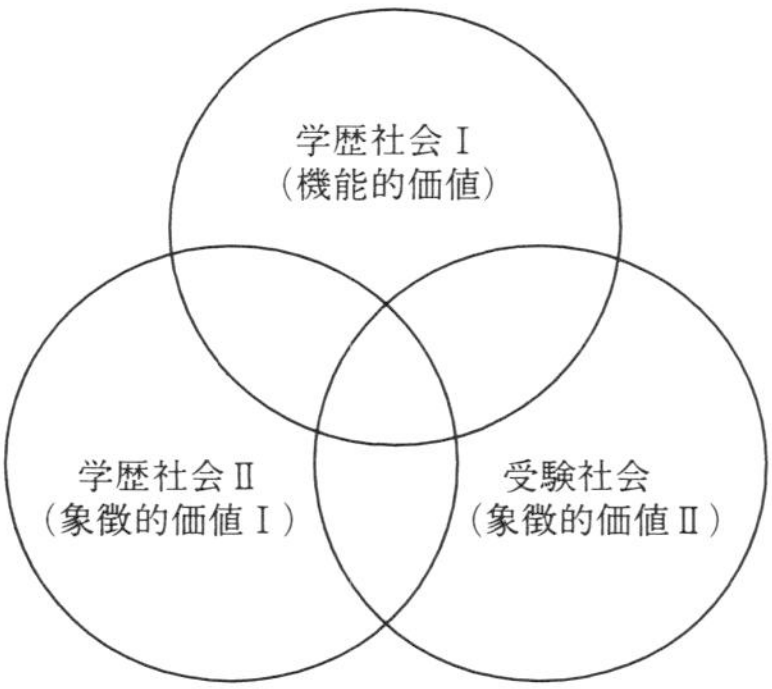

図3・1　受験競争過熱の構造

「受験社会」は「学歴社会」（ＩとⅡ）の従属システムではあるが、従属システムとしての「受験社会」が相対的に自律化し、自己準拠的構造をビルト・インしてしまった、ということだ。ジャン・ボードリアールは目的との関係の測定が不可能にもかかわらず成長しつづける状態や原因の消滅にもかかわらず結果だけが増殖する状態を単なる「成長」と区別し「超成長」と呼ぶ。超成長とは「異常な供給過剰」をもたらし、「諸過程が空白状態で強度を増してゆく」[17]事態である。受験システムの自己準拠化は、ボードリアールのいう超成長つまりシステムの「異常な供給過剰」に酷似している。こうして、受験社会に晒された受験生の生活世界のリアリティは学歴収益率以上に学校ランクそのものにおかれる。

　こうしてみると、これまでの日本の教育社会学の学歴社会研究(18)は、地位達成モデル、学歴社会実像・虚像論争、学歴収益率研究などがそうだったように、学歴社会Ⅰにのみ分析の対象を照準したきらいがある。学歴社会Ⅰに照準した研究の知見は日本は学歴決定社会からほど遠く、学歴有意社会といったものでしかない。ここからは激しい受験競争を十分に説明することができない。学歴の社会経済的地位達成機能以外に学歴社会Ⅱ、さらに学歴社会Ⅱとかかわりながら受験社会そのものが立ち挙げる競争過熱のメカニズムを問う必要がある。学歴社会Ⅰ論から学歴社会Ⅱ論や受験社会論へのパースペクティブの転換が必要である。選抜システム刻印論の立場にたつわれわれは、受験システムの自律化／自己準拠化に受験競争過熱の説明根拠をもとめたい。

二　傾斜的選抜システムと加熱

　この点を考えるときに、日本の生徒の学力が高いのはなぜかについての興味深い研究をおこなったリチャード・リンの指摘が役立つ。リンは、その著書のなかで日本の高校や大学が細かに序列化されていることにあらためて注意を払っている。

　学校の序列化現象それ自体はイギリスにもアメリカにも大陸ヨーロッパにおいてもみられる。ロンドンにおいては一流中等学校は、ウェストミンスター（Westminster）校、セント・ポールス（St. Paul's）校、ダルウィッチ（Dulwich）校である。そのつぎにエマニュエル（Emanuel）校やシティー・オブ・ロンドン・スクール（City of London School）などがくる。最後に総合制中等学校（comprehensive schools）がつづく。地方都市においてもそれぞれの都市に二、三の有名私立校があるが、それ以外は総合制中等学校である。しかし、上位に位置づけられる学校は少数であり、しかもこれらエリート校の間に明確な学校序列が存在するわけではない。いわんやその他の一般校に明確な序列があるわけではない。ところが日本では「学力によって序列化されているのは一握りの学校にとどまらない。すべての学校が序列化されている。したがって、一五歳の日本人はできるだけよい学校に入学しようとする誘因にとり囲まれている」(19)。こうしたことは高等教育についてもいえる。フランスにおけるグランド・ゼコール、イギリスにおけるオックスブリッジ、アメリカにおけるハーバードやプリンストン、スタンフォードのように一流有名大学はあるが、日本のようにあらゆる大学がこまかく序列化しているわけではない。日本の高校や大学の総序列化は特異なものである。だから、日本の高校や大学の受験競争は高校や大学の入学定員に不足があっておこるよりも、こうした学校ランクによっておこっている。文部省統計(20)から一九九三年度の入学率（入学者数÷志願者数）を計算すると高校入学率九九・四％、短大入学率八七・七％、四年制大学入学率六〇・五％である。したがって日本の受験競争の激しさは必ずしも高校や大学の入学定員（収容人数）の少なさによっておこっているわけではない。

大学の微細な序列構造はよく知られているので、ここでは、近畿地方のある学区をえらんで高校レベルでの学校序列についてみることにする。この地域では高校入学者選抜は学力検査成績（五〇％）と内申点（五〇％）の合計によって決定されている。この学区には普通科高等学校が一八校ある。図3・2はこの一八校について大手学習塾が進路指導の手引きにしているデータ（一九九三年度）によって受験者の偏差値の最高と最低を図示したものである。データはこの業者テストを受験した者の受験高校と合否を追跡調査して算出された。業者テストの成績は数回分を平均している。それぞれの高校の実線部分が合格者の偏差値である。点線部分は不合格ラインである。ただし内申点が加味されるので点線部分の偏差値の者で合格した者もいるが、少数である。一見してわかることは、わずかな偏差値の違いで学校が総序列化されていることだ。ただし学校ランク一〇位のＪ校あたりからは、合格最低偏差値に差がない複数の学校があらわれる。ここらあたりになると、通学の便利などの地理的条件による選択が働く。しかし、Ｊ校とＫ校、Ｎ校とＯ校、Ｑ校とＲ校の間でのみ合格最低偏差値がほとんどかわらないにすぎない。Ａ、Ｂ、Ｃ校などに合格できる偏差値の生徒がこれらの学校を交通や地理的条件で選択しているわけではない。またＪ校やＫ校に合格できる偏差値の生徒でＱやＲ校に地理的条件や交通条件で進学している者はほとんどいない。全体としての学校ランクは否定すべくもない。

業者資料によって計算するとＡ校に合格する偏差値でありながら、Ｂ校を受験した者は（Ｂ校）受験者の一二％であり、Ｃ校の場合は一％でしかない。Ｄ校以下の受験者ではＡ校を受験しても合格可能だった者は一人もいない。同じことをＢ校を基準にしてみると、Ｂ校に合格可能だったＣ校受験者は八％、Ｄ校受験者は四％、Ｅ校受験者、Ｆ校受験者は一％でしかない。Ｇ校以下の受験者でＢ校に合格可能だった生徒はひとりもいない。たしかに、学校ランクが近接したところでは、合格者の偏差値は重なる部分もあるが、内申点がわるいことなどによって安全策で受験していると解釈できる。内申点はそれぞれの中学校ごとに全科目の成績で算定されているが、このとき中学校間の学力水準の差は考慮されていない。したがって、新興住宅地などにある学力水準の高い中学校では業者テストによる偏差値では、Ｂ校の合格ラインにあっても業者テストによる偏差値に較べて内申点が下回るから、安全策でＣ校やＤ校の受験を指導される。こうして、学力テストの成績ではＢ校に合格できる可能性がありながら、Ｃ校やＤ校に受験する生徒がうまれる。したがって、個々の中学校内部では、図３・２よりもはるかに徹底した輪切り進路指導がおこなわれている。つまり学力テストと内申点を総計した成績で、Ｂ校に合格する充分な可能性のある生

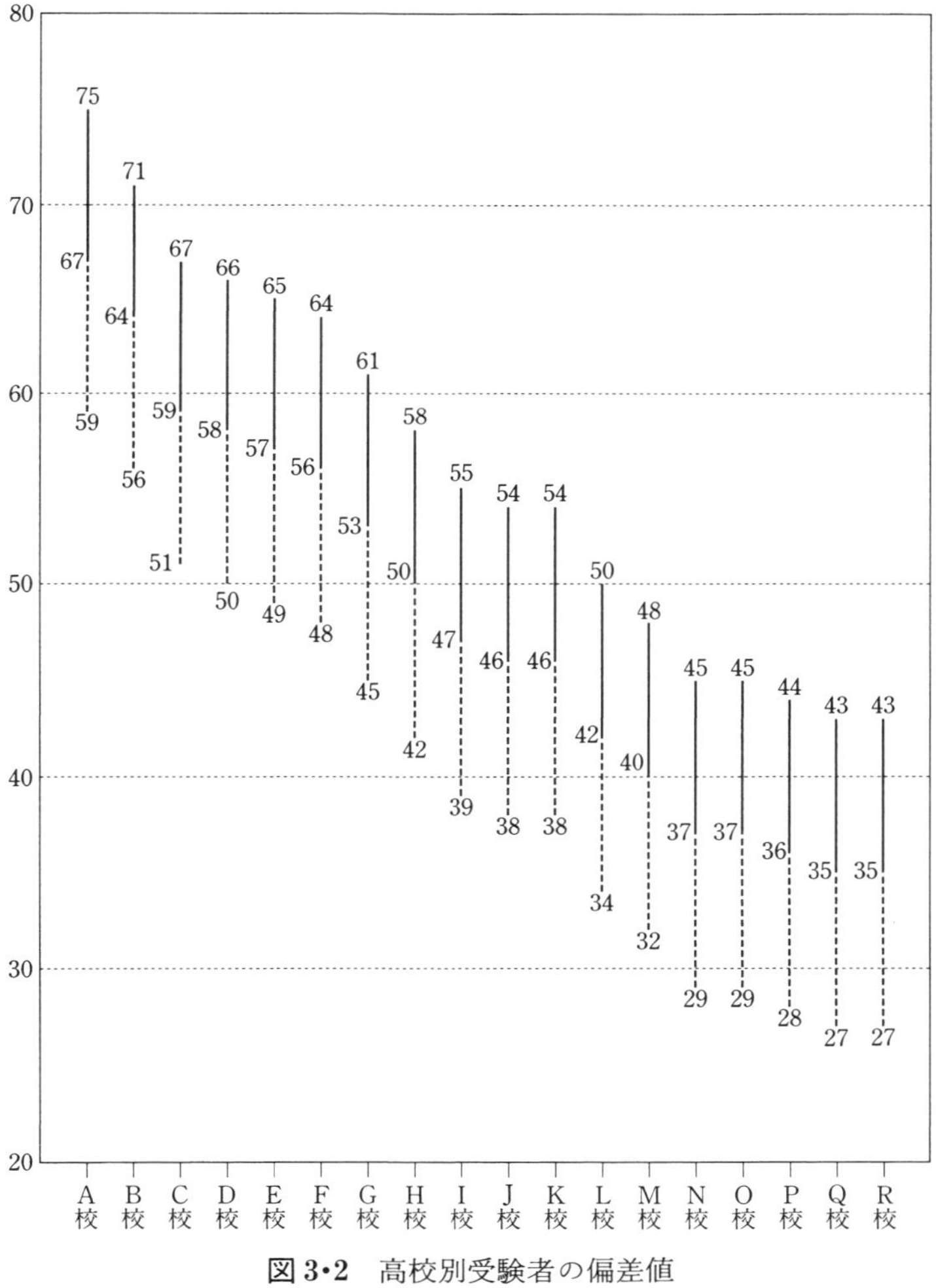

図3•2　高校別受験者の偏差値

注：実線は合格者，点線は不合格者．

徒でC校を受験するという生徒はほとんどいないということである。

むろん、日本のすべての高校がこうした「輪切り」選抜体制におかれているわけではない。小学区制や総合選抜制などによって公立高等学校に学校ランクが発生しないようにしている地域もある。しかしこういう地域ではしばしば私立校が偏差値で序列化されているから公立高校も偏差値序列化に組み込まれてしまっている。また大学入試においては微細な偏差値によって大学が序列化している。したがって細かな学校ランクによる傾斜的選抜システムを日本の教育的選抜の特徴とみることができよう。

こうした傾斜的選抜システム社会においては合格可能性を知るための模擬試験などが日常化し、事前選抜（pre-selection）[21]が制度化しているから、選抜以前にアスピレーションが冷却される。「自己排除」や「追放」[22]などの暗黙裡の選抜や予期的クール・アウトは、階級文化によってよりも事前選抜によっておきているわけだ。

しかし、事前選抜の制度化を冷却とだけ結びつけるのは皮相な見方である。たしかに生徒が模擬試験などによって偏差値五五と知らされたとき偏差値六八とされる学校への志願は諦めるだろう。しかし頑張れば偏差値六〇の学校に進学できるのではないか、というように却って煽られるのだ。図3・2の学区でいえば、いまの偏差値からすれば、C校くらいといわれても、もうすこし頑張ればB校に進学できる、あるいはいまの偏差値ではI校といわれてももうすこし頑張れば、H校やG校に進学できるかもしれないという具合に焚きつけられる部分も少なくない。つまり焚きつけの作用は、偏差値上位者だけにとどまらない。中位者や下位者についてもおきる。表3・3[23]はあとに述べる某県の輪切り選抜体制下にある中学三年生に対して「模擬試験の結果（偏差値・順位）を見たときに、どのように思いますか」という質問をし、その結果を成績別にクロスしたものである。

成績がさがるほど、「競争意欲が弱まる」や「何も感じない」の割合はふえていくが、それでもいずれの成績のカテゴリーにおいても「競争意欲が強まる」という者がもっとも多いことはかわらない。受験生も偏差値をみて、冷却されるのではない。志望を縮小されるという鎮静のあとに自分なりの目標にむけて再び焚きつけられていることが確認される。構造的には、傾斜的選抜＝偏差値受験社会は、諦めをもたらすのではない。諦めを迂回しながらの焚きつけのテクノロジーを潜めている。

したがって、頑張りズムという日本の学習文化もこのような傾斜的選抜システムとの関連で考察する必要がある。ジョーン・シングルトンは日本の学校を参与観察し、「頑張る」(Gambaru) という題名の論文を書いている。教師や親が成績の良い子どもにも良くない子どもにも「もう少し頑張ったほうがいい」といいながら学習を激励する方法に着目した論文[24]である。たしかに日本の教師や親は、こうした表現をするし、生徒自身も「明日からはもう少し頑張ろう」というような言い方をする。シングルトンは、日本と比較しながら、アメリカの学習文化についてつぎのようにいう。アメリカでは学力は、知能指数で測定されるような生まれつきの能力が大きく関与していると考える。だから頑張っているか、怠けているかは知能指数と学力との照合でおこなわれる。知能指数が高いのに成績がわるいときに「アンダーアチーバー」とされる。逆に知能指数に較べて成績がよいと「オーバーアチーバー」とされる。アメリカでは学力の決定要因のかなりは生まれつきの能力で考えられている。こういったアメリカの学習文化に慣れた人だからこそ、生まれつきの能力を問わず、どんな子どもにも「もう少し頑張りなさい」という日本の学習文化は奇異にみえ、「頑張る」というテーマの論文がかかれたということになる。学力は努力によって決定されるという日本的学習文化が頑張りズムの背後にあるというわけである。

表3·3　「模擬試験の結果（偏差値・順位）を見たときどのように思いますか」（%）

	成績上	成績中	成績下
競争意欲が強まる	78.9	78.5	53.9
競争意欲が弱まる	7.0	11.1	26.9
何も感じない	14.1	10.4	19.2

表3・4　「高校の入学試験の合否を決める上で重要な要素は何だと思いますか」(2つまで)(%)

努力	89.2
生得能力	25.2
受験技術	30.3
運	34.4
その他	4.3

たしかにわれわれの中学生調査（表3・4）においても高校入試の合格でどのような要素が重要かという調査項目では「生得能力」（二五・二%）よりも「努力」（八九・二%）を挙げるものがはるかに多い。またわが国ではそもそも知能テストをあまり実施しない。たとえ実施しても知能指数と学力を照合した具体的学習指導などおこなわれない。知能テストは日本の頑張りズムという学習文化とあわなかったから、定着しなかった(25)。一応こう解釈できるだろう。

あるいはまた学習の意味の日本語の「勉強」という言葉をみても、こうした頑張りズムの社会化が日本ではいかに日常的になされているかがよくわかる。勉強の語源は「無理をする」あるいは「骨折って励むこと」(26)つまりたゆみない努力を意味する言葉である。勉強はもともと勤勉の意味だった。だから勉強が学習の意味に変化(27)しても勤勉の意味は失われなかった。勉強は刻苦勉励という頑張りズムをともなっていなければならないものだった。日本人が子供に「勉強しなさい」というときに、それは単に学習をしなさいといっているわけではない。ひたすらな努力と勤勉を要求している。単に成績がよくても勉強したことにはならない。伝達されているのは勤勉のエートスであり、また努力すれば成績がよくなるという因果関係をも伝達している。とすれば、日本では学力は生まれつきの能力ではなく、頑張りつまり努力によって学力を向上させることができるという学習文化が強く存在していることは、シングルトンの指摘のとおりのようにみえる。

しかし外国人の見方といわれるものが実は日本人の通説の反復言説であることが少なくない。外国人学者が日本社会の通念をなぞって、却って日本社会の通念を権威化するという循環がよくあるが、努力主義の学習文化説などもそうである。というのは中根千枝などは、シングルトンの論文が書かれる二〇年も前に次のようにいっている。

「伝統的に日本人は『働き者』とか『なまけ者』というように、個人の努力差には注目するが『誰でもやればできるんだ』という能力平等観が非常に根強く存在している」(28)。

頑張りズムという学習文化が存在することは否定できないにしても、こうした学習文化の存続は日本の傾斜的な学校ランクという選抜構造との関連で妥当性が得られる。努力主義の学習文化は選抜構造によって強化されていることにとくに注意をはらいたい。能力観が選抜システムによって構成されると同じように、努力観も選抜システムによって構成されるということだ。すでに述べたように、たしかに模擬試験などで偏差値五〇と知らされた生徒は偏差値六八の学校は手が届かないとおもって諦めるだろう。ところが、学校ランクが細かいから、この学生も努力すれば、偏差値五五の学校にいけると考えることになる。「こんな点数じゃ、A高校（B大学）はムリ。E高校（F大学）どまり」と学校の教師や学習塾の教師はいう。しかしそのあとつぎのようにつづけるはずだ。「もう少し頑張れば、C高校（D大学）にはいけるだろう」。選抜システムがエリート・トラックとノン・エリート・トラックのような断層的選抜であるならば、学力における努力信仰は持続しにくいが、偏差値五五の者が偏差値六〇の大学に合格することや輪切り選抜体制におかれた高校生が一つないしは二つランクの高い学校に合格することは努力によって可能な範囲である。「勉強しなさい」や「もう少し頑張りなさい」という激励の言葉も、「頑張ろう」という自覚も、こうした傾斜的選抜システムによって信憑性をもつことになる。

同時につぎのようなことも重要である。表3・4でみたように一般的に高校入試に合格するにはなにが必要かという質問にたいしては、努力を挙げるものが八九・二％にもなる。しかし難関高校や難関大学に努力だけで合格できるとおもっているのだろうか。われわれの中学生調査で「どんな難関大学でも努力すればだれでも合格できるとおもいますか」という質問（表3・5）になると肯定するものは五一・〇％に下がる。たしかに頑張りズム信仰は否定できないが、その割合は表3・4のような高校入試の場合という一般的な質問から較べると減っている。努力信仰といわれるもののかなりは傾斜的選抜構造に刻印されて構成されていることがわかる。

表3･5「どんな難関大学でも努力すれば誰でも合格できると思いますか」(%)

は　　　　い	51.0
い　い　え	24.9
わからない	23.4

第二章の終わりでアメリカとイギリスの中等学校の生徒のアスピレーションについてのターナーの解釈を紹介した。アメリカでは決定的な選抜を遅延する競争移動規範だからこそアスピレーションは縮小されずに維持される。イギリスでは、決定的選抜を初期におこなってしまう庇護移動規範だからこそアスピレーションが初期に縮小、冷却されてしまう、というものだった。このようなターナーの見解をもとに日本の場合を考えると、日本の選抜は競争移動のように選抜が遅らされるのではない。そうかといって、庇護移動のように一部のエリートだけを選抜するのではない。傾斜的選抜システムであらわせられるように、選抜のまなざしはほとんどすべての者にそそがれる。エリートとノン・エリートの断層的選抜ではなくあらゆる人々を差異化し序列化する傾斜的選抜はターナーのいうイギリス型とアメリカ型の折衷型をもたらす。イギリス型のように初期にアスピレーションを冷却するが、中位ランクで、下位ランクは下位ランクでのさらなる競争があるから、冷却のあとに再加熱が作動することになる。日本の傾斜的選抜システムは多くの者に分相応のアスピレーションを維持させることになる。

三　層別競争移動と加熱

これまでは高校の選抜システムについてみてきた。では高校入学後の大学進学にむけての選抜にどのような特徴があるだろうか。そのためには、それぞれの高校からどのような大学に進学したかのデータが必要である。しかし、図3・2の学区においてはそのようなデータが得られなかったので、別の県を選んで高校の学校ランクと大学進学の関係についてみることにする。

われわれが調査対象にした県においては、全県がいくつかの学区にわけられ、住所のある学区または隣接学区に受験することができるようになっている。われわれが選んだのはそのような学区のひとつである。この学区には一

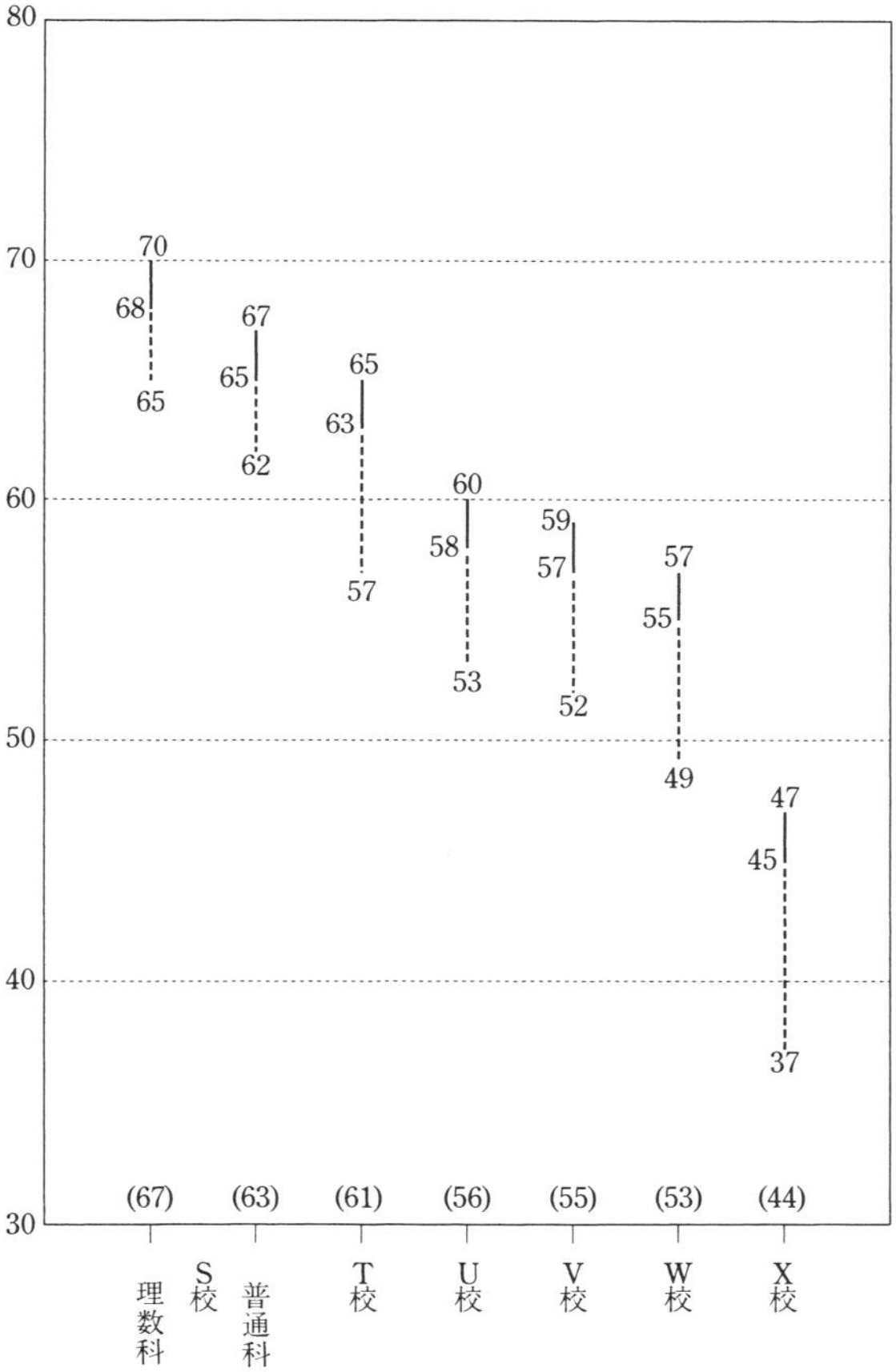

図3・3　高校別合格者の偏差値

	70	69	68	67	66	65	64	63	62	61	60	59	58	57	56	55	54	53	52	51	50
S校（理数科）		○	○	○	○	○	○	○	○	○											
										×		×	×			×	×				
S校（普通科）			○	○	○	○	○	○	○	○	○	○	○	○							
													×			×	×	×	×		
T校							○	○	○	○	○	○	○	○	○	○	○	○	○	○	

図3・4　偏差値と合否

注：○は合格，×は不合格．

四の高校がある。高校の選抜は内申点と学力検査点によっておこないそれぞれの割合は五〇％ずつである。この学区でもっとも入学難度の高い高校はS校であり県下で創立のもっとも古い高校である。S校は理数科と普通科とに分けて選抜している。以下T、U、V、W……X……校とつづく。図3・3は同県内にある学習塾の資料によってS（理数科と普通科）、T、U、V、W、Xの六校についての入学者（一九九一年度）の偏差値の最高、平均、最低を示したものである。実線の先端が合格者の最高偏差値、点線の末端が合格者の最低偏差値、実線と点線の間が合格者の平均偏差値である。図3・3をみると、図3・2でみたとおなじことがこの学区でもおこっていることがわかる。この業者資料をみるかぎり、S校に合格する偏差値がありながら、U校以下の高校に進学した者はひとりもいないことがわかる。T校に進学した者の場合はその若干はS校に進学した者と偏差値が部分的に重なっている。S校受験者とT校受験者の重なりがどのようなものであるかをみたのが、図3・4である。ただし図3・3と同じ年度の資料がえられなかったので、図3・4は一九九二年度の資料にもとづいている。

図3・4をみるとたしかにT校合格者のなかにはS校に進学できる偏差値の者もいる。しかし図3・3からT校合格者の最高偏差値の者でもS校合格者の平均偏差値以上ではないことがわかる。これは本章二節でみたと同じようにS校を受験しても合格する可能性があったT校合格者のほとんどは、安全策をとってT校に進学したとみるべきだろう。同じような断層はT校とU、V校、そしてU、V、W校とX校とのあいだにもみられる。

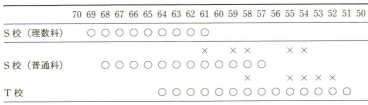

U校とV校の間に偏差値ランクにおいてほとんど差がないのは、U校とV校は地理的にかなり隔たったところに位置していることなどから、U校とV校はどちらかの選択になりやすいことによる。この点も二節でみた傾向――偏差値中位ランク以下になると学校ランクが重なり地理的選択になる――と相同である。こうしたことから進路指導においては、図3・3のそれぞれの高校名の上に示した数字（偏差値）が基準指標となる。

表3・6　高校別進路

		進路（%）			
		4年制大学	短期大学	専門学校	就職
	計	97.2	1.4	0.3	1.1
S校	男	99.1	0.9	0.0	0.0
(67-63)	女	94.0	2.2	0.8	3.0
	計	85.0	10.6	3.1	1.4
T校	男	98.4	0.5	1.1	0.0
(61)	女	70.4	21.5	5.2	2.9
	計	69.2	17.9	7.5	5.5
U校	男	95.5	0.9	2.2	1.3
(56)	女	36.0	39.3	14.1	10.7
	計	54.1	24.4	11.8	9.8
W校	男	75.9	7.1	8.5	8.5
(53)	女	22.1	49.7	16.6	11.7
	計	19.5	19.5	37.9	23.0
X校	男	27.1	6.3	47.9	18.8
(44)	女	10.3	35.9	25.6	28.2

注：カッコ内は偏差値.

次にこれらの高校生が卒業後どのような進路をしたかをみていこう。表3・6はそれぞれの高校からの四年制大学、短期大学、専門学校、就職への進路をみたものである[29]。ただし浪人したものがおり、これらについてはその多くが四年制大学に進学することから、四年制大学進学にして計算している。むろん浪人のすべてが四年制大学に進学するわけではないから、四年制大学進学率は実際よりも多めに計算されている。浪人率（一九八八年の大学合格者全体中）は高校ごとの若干の差異があるが、S、T、U、W校の間にはそれほど大きな差はない。それぞれ二五・六%、三一・三%、二一・二%、三〇・五%である。X校の浪人率が八八・〇%と際立って高いのは、学力が低く大学進学のためには浪人を余儀なくさ

表3・7　高校別大学進学結果（1988年進学）　（%）

大学（学部）偏差値	不明*	40-44	45-49	50-54	55-59	60-64	65-69	70-74
S校　(67，63)	0.6	0.0	0.6	3.1	26.5	37.8	21.7	9.8
T校　(61)	6.2	0.4	0.8	12.0	38.4	35.3	6.2	0.8
U校　(56)	0.6	3.5	7.1	27.7	37.1	22.9	1.2	0.0
W校　(53)	14.1	6.5	24.1	30.6	17.7	6.5	0.6	0.0
X校　(44)	33.3	0.0	16.7	50.0	0.0	0.0	0.0	0.0

注：(　) 内は偏差値.
*　不明のほとんどは入学難易度が低い.

れることによる。そこでこのような学校ランクからどのような四年制大学に進学するかをみていこう。

表3・7は高校ごとに四年制大学進学結果（一九八八年）を学部別偏差値で集計したものである。浪人経験によって将来の地位達成に不利益はないから、現役と浪人を一緒にした同一年度の進学結果を学校ごとの進学アウトプットとして比較の俎上にのせる。表3・7から読み取れるのは、予想されるように輪切り選抜体制にある地域ではそのトップの高校にいかなければ偏差値の高い大学への進学確率は大幅に減ることを示している。偏差値六五以上の大学進学はS高校三一・五%、T高校七・〇%、U高校一・二%、W高校〇・六%、X高校〇・〇%となる。そのかぎり「一流」高校→「一流」大学の巷説通りにみえる。ここからトーナメント移動を結論することも可能である。

しかしここで注意が必要である。第二章でみたように、アメリカ社会が敗者復活の機会に満ちているという競争移動は幻想であり、現実にはトーナメント移動である、という意外な知見をもたらしたのはローゼンバウムの研究だった。しかし、ある条件のもとにおいてはトーナメント移動は自動的帰結であることには充分注意したい。条件とは、昇進チャンスが時間の経過にしたがって少なくなる(i)ピラミッド型機会構造で、しかも、(ii)継続的に能力主義的選抜がおこなわれることである。それは、能力実体説（既に能力判定をしている以上、過去の選抜の敗者が勝者よりも能力で上回る確率は大幅に減る）、能力社会化説（過去の選抜の勝者は機会効果によって能力を育成していく）、選抜の自己正統化説（選抜の正統性を維持するために過去の勝者から次の勝者が選ばれやすい）、能力シグナル説（過去の勝者と敗者には能力シグナルが構成される）のいずれによっても説明される。

ローゼンバウムはトラックの移動と内部労働市場の移動の類似性に驚き、ボールズとギンティスの学校組織と生産組織の「対応理論」（correspondence theory）をおもわせる(30)、とまで述べている。しかし驚く必要はなにもない。かれの事例調査ABCO会社の昇進チャンスは時間によって逓減しているし、事例調査校のグレイトン・ハイスクールの上位トラックの人員は、――ローゼンバウムは明記していないが――かれの使用したデータから再計算すれば、上位学年で逓減（昇進チャンスの低減）している(31)。トーナメント移動にとってピラミッド的地位配置構造が必要条件になる。地位配置構造が時間によって逆ピラミッドに構成されていれば、強制的にリターン・マッチが生じ、トーナメント移動は成り立ちえないからである。

その意味でローゼンバウムの知見はあくまでアメリカ社会の競争移動幻想を合わせ鏡にしての意外な発見だったのである。したがってローゼンバウム以後の研究がたとえば日本の受験と選抜や昇進と選抜（内部労働市場の昇進）にトーナメント移動を発見しても特別の意味はない。そうかといって選抜のメインロードにトーナメント移動とまったく異なった移動様式を発見することは不可能である。着眼すべきは純粋トーナメントからの逸脱が大きいか小さいかであるが、そこ（収斂か逸脱か）にこそ当該社会の背後要因（制度的要因や文化的要因）がかかわっている。

そこでもうすこしていねいに表3・7を読んでみよう。T高校の七・〇％が偏差値六五以上の大学に進学しているときに、S高校の六八・五％はこれらの大学に進学できていない、ということがわかる。同様なことはT高校と

U高校とについてもいえる。U高校の二四・一％が偏差値六〇以上の大学に進学しているときに、T高校の五七・七％はこれらの大学に進学できていない。高校ランクと進学する大学ランクには関係があることは否めないが、それは高校入学時に学力による選抜がおこなわれている以上当然である。問題は、にもかかわらずかなりの「敗者復活」がおこなわれているということであり、そこにこそ着目すべきだろう。すくなくとも純粋トーナメント移動からの偏差が大きいとはいえる。

トーナメント移動の理念型は、敗者には経歴の天井を、勝者には経歴の底を定義する。敗者に対する経歴の天井の定義が、敗者復活の欠如になる。逆に勝者は敗者に次の選抜で追い越されないということである。現実の移動がこのような理念型どおりになるわけではないにしても、それに近い移動の型はローゼンバウムが調査したグレイン高校の学年を上がるにつれてのトラック移動や大学進学上級トラックとその他のトラックの大学進学をめぐる関係にみいだされている。大学進学上級トラックの男子生徒の七〇％は威信の高い大学に進学するのに対し、大学進学下級トラックの男子生徒の威信の高い大学進学率は五％でしかない。進学上級トラックにいれば大学進学の事実上の保障（経歴の底の保障）にはなる(32)。こういう視点で表3・7をみると、輪切り選抜体制のトップの位置にあるS校でもかなりの者がT、U校によって、またT校はU、W校によって追い越されていることは注目すべき現象ということになる。「敗者」に経歴の天井が、「勝者」に経歴の底が強く定義されているわけではないということだ。日本の教育的選抜がトーナメントから逸脱するという傾向をこそ読み取るべきである。

むろんこうしたトーナメントからの逸脱は日本のトラッキング（高校ランクと大学ランク）が小刻み（輪切り）だということにある。他の条件が等しければ、それぞれの時点の選抜の目盛りが大きい場合よりも小さいほうが、次の選抜で追い越しや追い越されの逆転がおきる確率が増す。しかしいま他の条件が等しければといったように、小刻みなトラッキングがただちに敗者復活の機会を増やすわけではない。さまざまな制度的要因に支援されて小刻みな選抜という選抜様式が敗者復活の契機になる。

そうした制度要因として最初に挙げられるのは大学入学者選考方法である。アメリカでは高校の成績（GPA）が使用され、そのときトラックによる成績調整がおこなわれる。ローゼンバウムはそのような成績調整について次のようにいう。「一般下級」トラックの生徒が成績Aをとっても、「大学進学上級」トラックの生徒の成績Dに調整されてしまう。高校がトラック間格差の成績調整をすることによって、結局は大学側が受験生徒がどういうトラックにいたかによる判定をすることに手を貸してしまう(33)。レイクショア高校について調査したシコレルとキツセもトラック間の成績調整について次のようにいう。能力別クラス制をとっていると、クラスごとに能力が異なり、教材の水準も異なる。成績優秀コースでは、高い能力をもつ者たちがクラスで成績を競い合うことになる。そこで能力クラスごとの成績が最終的に調整される。「成績優秀コースで獲得した成績は、普通コースや学業不振コースで得た同じ成績よりも、評点平均のアップにつながる」(34)。

これではいったん選抜に選ばれなかった者（下位トラック）には不利益の累積効果、選ばれた者（上位トラック）には利点の累積効果（雪だるま効果）が働くのは当然だ。純粋トーナメント型への収斂はこのような雪だるま効果が作動するかどうかにかかっている。雪だるま効果とは第二章でみたシグナル理論の累積的影響過程である。シグナリングが適用されればされるほどトーナメントに傾斜する。とすると、昇進チャンスが時間の経過にしたがって少なくなる(i)ピラミッド型機会構造で、しかも(ii)継続的に能力主義的選抜がおこなわれることになればトーナメント移動は自動的に帰結するとさきほど述べたが、(ii)については付帯条件が必要である。選抜に過去の経歴や達成がシグナルとして使用されればされるほど雪だるま効果が作動し、トーナメント型をもたらす。逆に過去の経歴や達成がシグナルとして使用されなければ、純粋トーナメントからの逸脱が生じやすいということだ。

一般に日本の大学入学者選考は出身高校や高校の達成（成績）を選抜の要因に使用しない。過去の経歴や達成のシグナルによる雪だるま効果の発生はあらかじめ排除されている。日本の教育的選抜は過去の達成の御破算主義によっている。推薦入学の場合のように過去の達成を選抜に使用したとしても学校間格差を考慮する成績調整をほとんどおこなわない。高校の選抜結果は御破算なのである。こういう御破算主義的大学入学者選抜方法のなかで小刻みな選抜様式が純粋トーナメントからの逸脱をもたらすことになる。

トーナメント移動を逸脱させる制度的要因の第二は、日本の場合、小刻みなトラッキングが学校間に外部化していることによる。アメリカではトラッキングは、差異的学習機会などによって初期の学力格差を拡大する(35)として批判されるが、日本の学校間格差は必ずしも不平等の増幅装置とはいえない。いえないどころか敗者復活の装置にもなる。トラックが学校単位になっており学校間競争（S高校に追いつけ、U高校に追い越されるな）がおこなわれているからである。学校間競争といってもあらゆる高校がトップ校を競争対象にするわけではなく、学校ランク三位の高校は学校ランク二位の高校に追いつき、学校ランク四位の高校に追い越されないようにするというような分相応競争ではあるが、それだけ学校間競争は熾烈である。こうして日本型トラッキングはラベリング効果による学習機会の不平等を抑止する。抑止する以上に日本型トラッキングはリターン・マッチを活性化する傾向がある。

そのことは、教育的選抜における加熱と冷却の作動の日米の差異によってみることができる。ローゼンバウムは加熱（warm-up）は上位トラックにおこり、冷却（cool-out）は下位トラックにおこる(36)というが、日本では第六章でみるような学校ランクでかなり低位にある高校の冷却を例外として事情は異なっている。日本では加熱と冷却がトラック間に作動するのではなく、トラック内部に生じる。トラックが学校単位になっているから、トップの高校においても成績下位の者には押し下げ効果（small fish effect）によって冷却が作動する。押し下げ効果とは、絶対水準で学力が高くても所属集団が学力の高い集団で相対的に下位になることによってクール・アウトされてしまうことである。逆に二番手、三番手の高校であろうとも成績上位者には押し上げ効果（big fish effect）が生じ加熱が作動する。押し上げ効果とは絶対水準の学力でかならずしも高くなくとも所属集団内での相対的位置では高くなり、加熱効果が作動することである。所謂フロッグ・ポンド効果（frog pond effect、鶏口となるも牛後となるなかれ）(37)である。こうしたことが表3・7のT校生徒のリターン・マッチにあらわれる。

トップ高校の内部で却って押し下げ効果が働くことは、次のような事例にみることができる。本章二節でみた学区の偏差値ランクトップに位置するA校に在籍した生徒は高校時代をふりかえりながら述べている。

「私は中学生の時いわゆる〝優等生〟で国立大学進学希望の為に第○学区で一番難しいとされている○○高校に入学しました。入学時は勿論一生懸命に勉強するつもりだったのですが、一番最初の定期テストを受け、その結果を知った時、今まで取ったことのないあまりにも成績の悪さに非常にショックを受けました。〝中学生の時のようにのんびり構えていてはいけない〟そう思った私は期末テストまで真面目に勉強しました。ところが、自分では勉強したつもりだったのに席次はまん中。それから私は〝どうせ勉強したって無駄なんだ〟と思い、いえ、その時はそこまではっきり自覚してませんでしたが、とにかくそれからというものは私はほとんど勉強をしなくなりました。ところで私は高校時代○○部に所属していました。○○部は少し変わったクラブで練習時間は朝一時間と昼休みに一時間、バタバタしている内にすぐ終わってしまうせいか普通のクラブの様に厳しいものではなく、毎日出なくても出たい時に出れば受け入れてくれる様な表面的には気楽なクラブでした。毎日来る人の方が少ないのです。私はそんなクラブに夢中になりました。毎日毎日下手だったけれどとにかく出席しました。朝練に出る為に夜はさっさと寝ていました。あの頃は必死でした。けれどその裏には努力しても無駄な勉強をすることを避けたいという思いがきっとあったと思うのです。"勉強なんてどうでもいい"と名門校の中でそういいながらひたすらクラブに取り組んでいた自分が少し悲しい気がします」(38)。

東大・京大の合格者が三桁に達する某六年制一貫中学・高校の大学進学結果（一九九〇年度）をみても、進学者の約一一％は難易度が高くない地方国立大学・公立大学（医学部を除く）、約四％は早稲田、慶応以外の私立大学（医学部を除く）に進学している。表3・7のS高校の進学結果と同じ押し下げ効果をあらわすものである。

こうしたトーナメント移動からの崩れは「層別競争移動」(stratified contest mobility) と命名できる。ここで層別という限定詞をつけるのは、U校生がS校生のトップグループに追い付くことは少なく、あくまでS校生とT校生の間だけの競争移動だからである。しかしT校生とU校生も、U校生とW校生も競争移動状態にあるわけだから、層別競争移動はエリート・トラックに限定されないことと、その境界は相互に入りくんでいて断層がないことにも注意したい。層別ではあるが、追い越されたり、追い越したりの可能性が開かれているわけだ。傾斜的選抜システムや層別競争移動という選抜システムの特徴こそ大衆的受験競争を過熱する背後の仕掛けである。

四　受験生という制度

こうした選抜システムにおかれた受験生は、ミシェル・フーコーのいう規律訓練権力に晒された主体化＝服従化のモデルそのものになる。そのためにフーコーの言及から入ろう。

フーコーはいう。われわれの歴史において長い間個人として記録されるものは、王や聖人、奇人、悪漢に限られていた。普通人（常民）がこうした個人化の視線に照らされることはなかった。語られる対象は、家族や村であって普通の人ではなかった。個人化するまなざしが一般大衆におよんだのは一八世紀からである。したがって、よく近代社会は個人を無視しているといわれるが、それは大きな錯誤であり、事態はむしろ反対なのだ。あらゆる人に対して、何ものであり、何ができ、何に配置したらよいのかを知ろうとする(39)。こうしたまなざしの作用が規律訓練権力である。規律訓練権力は、赤裸々な暴力をともなった抑圧的な権力ではない。身体や感情を自発的に制御させてしまう慎ましいが疑い深い権力である。上から下へ流れ、抑圧し、禁止する権力ではなく、毛細管のように遍在し、日常的社会実践を通じて作用する権力である。規律訓練権力は、絶え間ない監視作用を促すために時空間を組織化する実践や技術からなっている。

そして近代社会の序列化し規格化するまなざしは診察や測定などのマイクロな技術によって担われる。こうして「権力上の関係と知の関連との重ね合いが、試験（検査という広い意味——引用者）において明白な輝きをおびる」(40)。学力試験や知能テスト、適性テストなどは測定値や評点によって正常（平均点）かどうかの規格化の判定によって個人性の領域をつくり、あらゆる人々を序列化する。試験は差異化された個人を産出するが、つぎには、差異化された個人像（個性）を前提に試験やテストが要求され施行される。試験社会は自らを達成してしまう自己循環系を構成している(41)。

しかし、試験やテストがあらゆる人々の序列化にすぐさま使用されたわけではない。試験は特定の者を抜擢するためにつかわれたし、知能テストは「正常ならざる者」の発見つまり「負」の選抜(42)につかわれた。しかし、しだいに試験や知能テストは、平均水準からどの程度すすんでいるか、遅れているかの測定になった。こうして試験は階層秩序化と規格化の技術になる。しかし、試験が傾斜的選抜構造と対応しないときは、すぐれた者の選抜になり、微細な点数の差異が監視のまなざしにはならない。「こんな点数じゃ、C高校はムリ。E高校どまり」といわれるように、いまや日常的なテストの微妙な点数差が、傾斜的選抜システムのなかで将来の進学高校や進学大学との対応を予測させる。それだけに試験のわずかな点数がリアリティと重圧感をます。一部の者のより抜きの選抜のまなざしではなく、傾斜的選抜のまなざしによって試験社会はリアリティと重圧感をもたらすことになる。

日本の受験生が晒されるこうしたまなざしはまさしくあの一望監視装置（パノプティコン）のまなざしである。フーコーは近代社会の監視するまなざしの特徴を一望監視装置にみた。一望監視装置はベンサムの考案になる病人や受刑者、労働者の管理のための施設である。円形状の建物で中心に塔がある。塔には円周状に周囲の建物のなかを監視することのできる大きな窓がある。周囲の建物は独房に分けられ、それぞれの独房には、窓がふたつある。ひとつは塔の窓から覗き込まれる窓であり、もうひとつは光が独房にさしこみ塔から覗き込むための明るさを確保する窓である。こうして独房の人間の小さな影がはっきり光のなかに浮かびあがり、ただひとりの監視人が全貌を把握できる。人は中央の監視塔からは完全にたえず見られるが、監視塔の人物を見ることはできない。いまや権力の本源は、人格ではなく「身体・表面・光・視線」などの仕掛けのなかに遍在する。監視人の姿を目にすることができないが、そうであるが故に恒常的に見られている恐れにさらされる。こうして顔のない監視のまなざしは、自己を監視する自己を誕生させる。「〈一望監視装置〉とは、各種各様な欲望をもとにして権力の同質的な効果を生む絶妙な機械仕掛である。……権力の効果と規制力はいわばもう一方の側へ——権力の適用面の側へ移ってしまう。つまり可視性の領域を押しつけられ、その事態を承認する者は、みずから権力による強制に責任をもち、自発的にその強制を自分自身へ働かせる。しかもそこでは自分が同時に二役を演じる権力的関係を自分に組み込んで、自分がみずからの服従の本源になる」(43)。日本における受験生という制度こそこうしたパノプティコン（一望監視装置）下の主体＝隷属の制度に他ならない。

制度とは集合体によって制定された信念や行為様式の脚本のことである。その結果、客観的で外在的な社会的事実として経験されるものが制度である。「受験生のくせに」「受験生なのに」「受験生だから」という言葉がいわれるのは、こうした制度としての受験生の存在と受験生への社会化過程をなによりも証明している。受験社会は「受験生化」の自己監視のモデルを誕生させる。受験生に該当する英語はない。examineeという英語は単に試験を受ける者にすぎなく、日本の受験生のような生活を律し一心不乱に勉強することなどの自己監視の特有な生活規範を含んだ社会的類型の含意はない。イギリスにおけるシックス・フォーマー（sixth former）は、一般教育証書のAレベル（General Certificate of Education, Advanced Level）試験やBTEC（Business and Technician Education Council）などの職業資格試験準備者という含意があるが、あくまでそれはシックス・フォーム（第六学年級）在籍者という公式の教育段階を指示する用語である。日本の受験生のように直截に受験準備学生を意味しているわけではない。

こうした日本社会における社会的類型としての受験生の誕生は学校ランク、受験産業などが台頭する明治三〇年代に遡ることができる。受験参考書や受験雑誌、予備校などの受験産業は受験生の誕生の大きな背後装置となった(44)。ここに一九〇九年（明治四二年）の海軍兵学校の作文試験の模範解答がある。この年は作文試験は二題出題されているが、そのうちのひとつは「予ガ海軍兵学校入学試験ノ準備」というものである。模範解答はつぎのようなものである。「………予ハ乃チ漢語ヲ鶴林先生ノ門ニ学ビ、数学ヲ臼井先生ニ問ヒ、英語ヲ国民英学舎ニ磨キ、閑アレバ則チ国語文章ヲ練リ、孜々汲々日夜営々タリ。サレド尚其ノ足ラザルヲ憂ヒ、時ニ図書館ニ通ヒ、寝食ヲ忘レテ読書ニ親シミ、傍ラ廣瀬中佐、佐久間大佐等海軍偉人ノ伝記ヲ繙キ、其ノ壮烈ヲ偲ブヲ常トセリ。カクテ準備ハナリヌ」(45)。「傍ラ廣瀬中佐」以下のくだりは、海軍兵学校受験だからだが、その前の文章に注意したい。すべての生活時間を入学試験準備のための勉強にささげることが「入学試験ノ準備」のあるべき姿なのである。この模範解答は、入学試験の準備期間に生きる人間が明確な社会的類型として存在することを示している。

しかし戦前は、受験に巻き込まれる青年の数はわずかなものだった。一九三五年（昭和一〇年）で同一年齢の中等学校進学率は一八・五%、高等教育進学率は二・五%でしかない(46)。受験がほとんどすべての若者を巻き込んだのは戦後である。高校進学率が五〇%を超えるのが一九五四年、一九七四年には九〇%を超えるにいたる。大学進学率が三〇%を超えるのは一九七一年である。一九七〇年代以後の日本社会の若者は学校化というよりも受験化によって大きく影響をうけているし、学校生活そのものが受験によって大きく影響をうけている。

表3・8はわれわれの高校生調査と別の機会におこなわれたイギリスの第六学年級生（sixth-formers）調査(47)を比較したものである。表3・8bの下級第六学年級生の学校以外の勉強時間をみると、比較的勉強時間の多い私立校生でも週一〇—一五時間である。一日あたりにすれば、二時間前後ということになる。日本の高校生は一日平均三・一時間（公立進学校）、三・二時間（私立進学校）である。日本調査は高校三年生を対象にしているから、厳密な比較はできないにしてもイギリスの第六学年級生は日本の高校生からくらべればやはり勉強時間は少ない。イギリスの第六学年級生の勉強は学校での勉強や宿題が中心になっているから、日本からくらべればのどかな受験勉強である。そういうのどかさは表3・8aと表3・8cにもみることができる。ひとつは勉強時間は同級生とくらべて多いか少ないかという質問（表3・8a）である。もうひとつは、同級生とくらべて成績はどうかという質問（表3・8c）である。イギリスの場合、同級生からくらべてほとんど同じかそれ以上勉強していると答えたものが七〇—八〇%もいる。日本調査では反対に七〇—八〇%の生徒が同級生より勉強時間が少ないと答えている。また

成績レベルが同級生と比べてかなり悪い（下、poor）と答えているのはイギリスでは三―四％にすぎない、日本では一六―二〇％もいる。楽天的なイギリスの第六学年級生と悲観的で神経症的な日本の高校生像がうかびあがる。

日本の高校生は勉強そのものに追いまくられるというよりも、他の生徒からくらべ成績が悪いのではないか、あるいは勉強時間が少なすぎるのではないか、受験で失敗したらどうしようという「不安」感によって苦しめられている。日本では制度としての受験生からの強い圧力があるからだ。日本の受験システムは傾斜的選抜構造によって受験システムに相関した欲望と野心を投下して受験生という自己監視モデルを構築してしまっている。

表3・8　日英受験生比較

a.「勉強時間数はあなたの学校の同学年の生徒と比べてどうだと思いますか」(%)

	日本		イギリス	
	公立	私立	公立	私立
多い	2.9	5.1	10.7	15.8
同じくらい	18.9	23.7	69.3	58.9
少ない	78.2	71.2	12.0	15.8
わからない	—	—	8.0	9.5

b.　一週間の勉強時間 (%)

	私立	公立
9時間以下	20	45
9 - 10時間	21	27
10 - 14時間	20	10
15時間	17	8
16時間以上	21	7

c.「成績は同級生から比べてどうだと思いますか」(%)

	日本		イギリス	
	公立	私立	公立	私立
上	9.3	8.7	5.6	8.5
中の上	22.2	27.7	40.3	46.8
中	29.3	24.3	48.6	40.4
中の下	19.4	23.3	—	—
下	19.8	16.0	4.2	3.2
わからない	—	—	1.1	1.1

（1）Rohlen, T., "The Juku Phenomenon: An Exploratory Essay," *Journal of Japanese Studies*, 6 (1980), p. 207.

（2）深谷昌志『学歴主義の系譜』黎明書房、一九六九年、二一三頁。

（3）潮木守一「高学歴社会の雇用構造」新堀通也・潮木守一編『現代教育講座10　高学歴社会の教育』第一法規、一九七五年、五二頁。

（4）Kinmonth, E., *The Self-Made Man in Meiji Japanese Thought: From Samurai To Salary Man*, University of California Press, 1981, pp. 314-315.

（5）山名次郎「官学と私学の差別を撤廃し新社員の俸給を平等にした三菱の壮挙」『実業之日本』二六巻五号（一九二三年）、三〇―三一頁。同「諸会社銀行は新卒業生採用に当って須らく官私大学に依る差別待遇を撤廃せよ」同誌、二九巻二三号（一九二六年）、一三八―一四一頁。

（6）「ビジネスマンの生活百年」『別冊　中央公論経営問題』一九六五年夏季特大号、二六六頁。大学卒技術者八五円、大学卒事務者七五円、専門学校技術者七〇円、専門学校事務者六〇円、実業学校技術者四五円、実業学校事務者四二円、中学校卒四二円、女学校卒三三円、小学校卒二一円（いずれも最高額）。「サラリーマンの一生」『実業之日本』四四巻二号（一九四一年）、一三頁。

（7）潮木守一「学歴の経済的効用」麻生誠・潮木守一編『学歴効用論』有斐閣、一九七七年。

（8）総務庁青少年対策本部『世界の青年との比較からみた日本の青年』一九八四年、二七―二八頁。

（9）市川昭午『日本の教育第六巻　教育改革の理論と構造』教育開発研究所、一九九〇年、一六九―一七一頁。

（10）梶田叡一「学歴研究のひとつの課題」『教育社会学研究』三八集（一九八三年）、三四頁。

（11）Harvighurst, R., 1958, 潮木守一訳「四カ国における教育と社会移動」清水義弘監訳、前掲邦訳書、一一五―一一六頁。

（12）Disraeli, B., "Sybil: the two nations"（小松春雄「ベンジャミン・ディズレーリの思想と行動」福田歓一編『政治思想における西欧と日本』上、東京大学出版会、一九六一年、を参照）。

（13）Hopper, E., *op. cit.*, p. 2.

（14）Weber, M., 浜島朗訳『権力と支配』有斐閣、一九六七年、一一八―一二四頁。

（15）Statham, J., *et. al.*, *The Education Fact File*, Hodder and Stoughton, 1989, p. 9.

（16）Lipset, S. & Bendix, R., 1959, 鈴木広訳『産業社会の構造』サイマル出版会、一九六九年。森嶋通夫『続　イギリスと日本』岩波新書、一九七八年。

(17) Baudrillard, J., 1990, 塚原史訳『透きとおった悪』紀伊國屋書店、一九九一年、四六—四七頁。

(18) 山崎博敏他「学歴研究の動向」『教育社会学研究』三八集（一九八三年）。

(19) Lynn, R., *Educational Achievement in Japan : Lessons For The West*, Macmillan, 1988, p. 29.

(20) 文部省『文部統計要覧（平成六年度）』一九九四年。

(21) Kariya, T. & Rosenbaum, J., "Self-Selection in Japanese Junior High Schools : A Longitudinal Study of Students' Educational Plans," *Sociology of Education*, 60 (1987).

(22) Bourdieu, P., *op. cit.* (1974).

(23) 調査は一九九一年九月に京都大学教育社会学研究室によっておこなわれた。調査方法や質問紙調査の内容については、京都大学教育社会学研究室『現代高校生の「受験生活」についての実証的研究』一九九三年、を参照。

(24) Singleton, J., "Gambaru : A Japanese Cultural Theory of Learning," in Shields, J., ed., *Japanese Schooling*, Pennsylvania State University, 1989.

(25) Dore, R., "Mobility, Equality, and Individuation in Modern Japan," in Dore, R., ed., *Aspects of Social Change in Modern Japan*, Princeton University Press, 1967, p. 141.

(26) 一海知義「勉強」『漢語の知識』岩波ジュニア新書、一九八一年、二一八頁。

(27) 明治五年発行の『和英語林集成』（初版）には勉強がつぎのように訳されている。「BEN-KIYŌ ベンキャウ、勉強 (tsutome.) Industrious, diligent, active,——suru, to be industrious」。つまり勉強は勤勉の意味でしか訳されていない。ところが同書第三版（明治一九年）では、あらたに to be studious（学問に励むこと）が付け加えられている。この間に学問や学習に精出す意味の勉強が定着したことが示されている。

(28) 中根千枝『タテ社会の人間関係』講談社現代新書、一九六七年、七六頁。

(29) 大学進学者中の短期大学進学者の割合を性別にみたものが図3・5である。女子の四年制か短大かの進学分岐が学校ランクによって大きく規定されていることがわかる。女子は短大までという観念が学校ランクによって現実化される。

(30)　Rosenbaum, J., *op. cit.* (1984), p. 61.

(31)　ローゼンバウムのデータからトラック別（英語）の生徒割合を再計算すると、一〇学年と一一学年では大学進学トラックの割合は三五・八%から二九・九%に減っている。また九学年と一二学年では六三・五%から四四・八%に減っている。時間にそったピラミッド的な地位配置がみられる。同じことはローゼンバウムの調査企業ABCO会社についてもいえる。調査時点の最終のポストのわりあいは、ヒラ六〇%、フォアマン二四・九%、下級管理職一一・八%、中間管理職三・〇%、上級管理職〇・三%である。ただし、グレイトン高校の一二学年は一一学年よりも大学進学トラックの割合が増え、就職トラックの人数は減っている。したがって一一学年から一二学年への移動においては、九学年と一〇学年、九学年と一二学年と異なった移動形態になる。ここでは就職トラックからの大学進学トラックと一般トラックへの強制移動が生じるはずである。しかしローゼンバウムはこの一一学年と一二学年のトラック移動については言及していない。

(32)　Rosenbaum, J., *op. cit.* (1976), p. 90.

(33)　*Ibid.*, pp. 92-94.

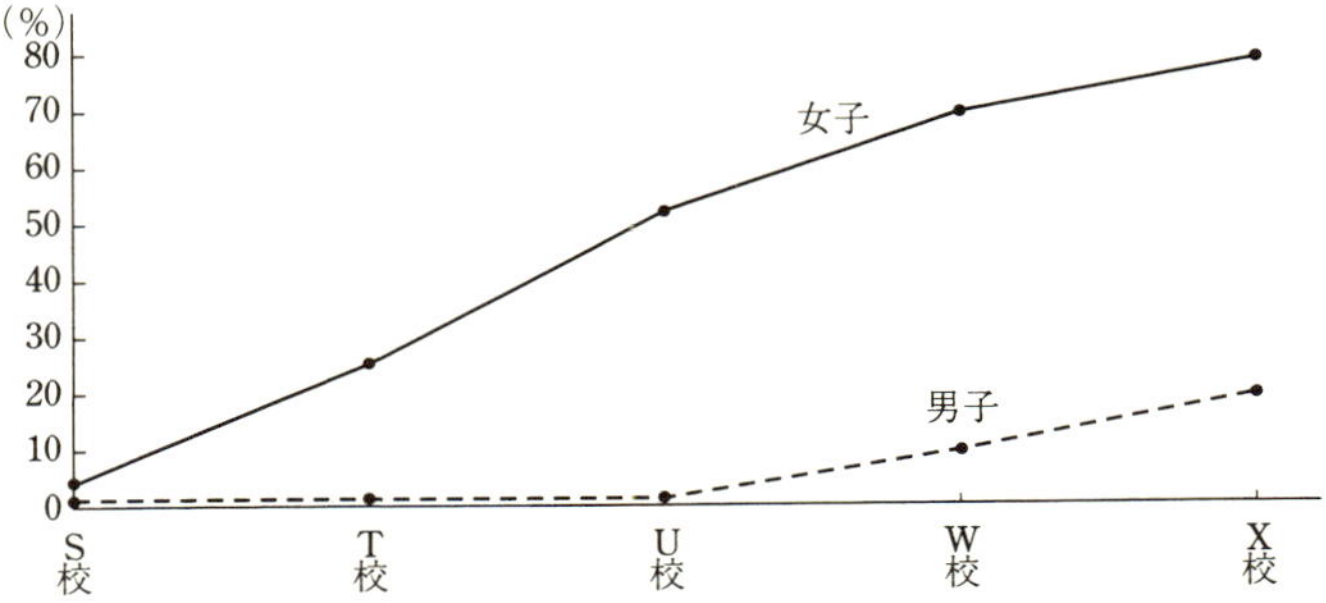

図3・5　高校別短大進学率
（短大進学者÷大学進学者×100）

(34)　Cicourel, A. & Kitsuse, J., 前掲邦訳書、五五頁。

(35)　Halliman, M., "Tracking: From Theory to Practice," *Sociology of Education*, 67 (1994).

(36) Rosenbaum, J., *op. cit.* (1976), pp. 180–194.

(37) Drew, D. & Astin, A., "Undergraduate Aspiration : A Test of Several Theories," *American Journal of Sociology*, 77 (1972).

(38) 某大学学生の作文（一九八五年筆者の教育社会学授業での課題作文「わたしのクール・アウト体験」）。

(39) Foucault, M., 1975, 田村俶訳『監獄の誕生――監視と処罰』新潮社、一九七七年、Foucault, M., 1978, 渡辺守章訳「現代の権力を問う」『朝日ジャーナル』一九七八年六月二日号。

(40) Foucault, M., 同邦訳書（一九七七年）、一八八頁。

ただし、ケイス・ホスキンは一七〇〇年ごろまでにラ・サールが賞罰の点数を制度化したというフーコーの指摘は史料的に誤りで、約一世紀あとのことである、という。そして「試験の二段階史」(two-stage history of examination)を強調する。試験が口頭試問の形式で、量的ではなく質的評価の時代と筆記試験によって点数化する時代の区別を重要とする。前者の試験は教授ギルド加入試験として一二世紀半ばから一三世紀にパリ大学やボローニア大学に登場し、その後多くのヨーロッパの大学に及んだ。しかし百点で完全な達成、零点で完全な失敗というような客観的な評価がはじまるのはフーコーのいうような一八世紀のことではなく、一八〇〇年以後のことである。「一九世紀以前のどのような文化も人間の資質を数量化する戦術を用いることはなかったのである」(Hoskin, K., "Foucault Under Examination," in Ball, S., ed., *Foucault and Education : Disciplines and Power*, Routledge, 1990, p. 46) と、ホスキンはいう。

(41) Meadmore, D., "The Production of Individuality through Examination," *British Journal of Sociology of Education*, 14 (1993).

(42) Sharp, S., "Psychologists and Intelligence Testing in English Education, 1900-1940," in Broadfoot, P., ed., *Selection, Certification and Control : Social Issues in Educational Assessment*, Falmer Press, 1984.

(43) Foucault, M., 1975, 前掲訳書、二〇四―二〇五頁。

(44) 竹内　洋、前掲書、一九九一年。

(45) 国分正憲『自明治三五年度至大正元年最近十一年間各官立学校入学試験作文問題模擬答案集』東京出版社、一九一三年、四九頁。
(46) 文部省『日本の成長と教育』一九六二年、三九頁。
(47) 英国受験生調査は、以下のようにしておこなわれた。調査校は私立男子校（校長会議加盟校＝パブリック・スクール）、私立女子校（女子学校協会加盟校）、公立三校である。調査対象者はいずれも下級第六学年級生である。回答者数は順に、四〇人、五六人、七七人である。回答率は当日出席者の九五％以上、調査は一九九二年六―七月におこなわれた。なおこの調査については竹内　洋『日英の大学入学者選抜方法並びに試験問題に関する比較社会学的研究』平成三・四年度文部省科学研究費研究成果報告書、一九九三年、を参照。

第四章　就職と選抜

一　市場能力と選抜システム

第一章でみたように教育社会学で準拠される選抜・配分理論には機能理論、人的資本論、スクリーニング理論、葛藤理論、解釈理論などがある。それぞれには教育システムにおける能力主義的選抜を真正とみるか偽装とみるか、教育システムを経済システムとの対応や従属でみるか、相対的自律システムとしてみるか、などの重要な差異がある。にもかかわらず通約されうる前提Xがある。Xとは、つぎのようなものである。教育システムに人員の配置を還元する教育システム還元論である。教育システム過剰決定論である。

機能理論家のホッパーの教育システムと選抜をめぐる秀逸な論文「教育システムの類型学」も選抜問題の教育システム封じ込め論を露呈させる。ホッパーはいう。産業社会の教育システムは、子供たちを「選抜」しカテゴリーに分け、それぞれに適切な「教育」を与え、それぞれの職業的役割に「配分」する。そしてこれら三つの機能は「不可分の関係にある」(1)と。教育的選抜／教育資格と労働市場の一義的関係が前提にされている。ネオ・マルキストのボールズとギンティスの対応理論も、教育システムをつうじて不平等な経済的地位に配分されるという一義的関係を前提にしている。解釈理論も社会的不平等の生産装置を教室内過程にもとめるものである。教育システムだけを選抜・配分装置としてみる教育システム還元論が教育社会学に通底する前提である。いずれも教育システムに問題関心を集中しているが、それがそのまま選抜・配分問題を教育システムに封じ込めることになる。教育システム還元論は教育を研究対象とする研究者が陥りやすい拘束性である。まことにパラダイムは暴くとともに隠蔽もする。「教育と選抜」という問題設定が明らかにすることよりも、それが覆い隠すこと＝教育システム封じ込め論がわれわれの問題である。

教育社会学が準拠する選抜・配分パラダイムはつぎの点でも問われるべき問題を覆い隠す。機能理論も葛藤理論も、さらには解釈理論も「何故」選抜が存在するかの解答を意図した。効率説（機能理論）、陰謀説（葛藤理論）、教師の実践的環境拘束説（解釈理論）などがこれである。教育システムに選抜と配分のすべてが委託されているわけではない以上、どのような選抜方法が行われているか、どのようなジョブ・マッチング過程が作動しているか、つまり「何故」の選抜ではなく「いかなる」選抜がおこなわれているかが照準すべき問いである。

ローゼンバウム理論が示唆に富んでいるのはこの意味においてである。ローゼンバウム理論は一般にトーナメント移動の抽出として知られているが、それはかれのロジックの本質ではない。第二章でみたように、選抜システムのありかたに能力の立ち挙がりの秘密があるとする選抜システム刻印理論（能力の社会的構成説）にかれの理論の真骨頂がある。マーク・グラノベッターのジョブ・マッチング理論は選抜システム刻印論を労働市場論的にみたものと解することができる。人的資本論（賃金競争モデル）では、限界生産力は人にあるが、サローの訓練費用理論に代表される「仕事競争」モデルでは限界生産力は仕事にあることになる。しかし、どちらも不十分である。限界生産性は労働者と職務の配合から結果的に生じる(2)ものだから。市場における需要側と供給側のマッチング過程こそ配分と不平等の照準系である。

学校歴の市場能力についても選抜システムあるいはジョブ・マッチングに還元しなければならないというのが、ローゼンバウムやグラノベッター理論からのわれわれの読みである。学校歴が市場能力をもつとしても、それは結果である。したがって、教育システムに還元する教育社会学的学歴社会論は教育システムと経済システムの間に存在する選抜システムを括弧に括ってしまい、学校歴の市場能力を訓練可能性や能力シグナルで言い換えるにすぎない。これでは学校歴を市場能力に無媒介的に帰属させる誤認の認承の幇助をおこなっているだけである。教育システム還元論や何故の選抜という視点からは学校歴の市場能力の生成メカニズムを解明することはできない。したがってわれわれの視点はいかなる選抜が、いかなるジョブ・マッチングがおこなわれているか、言い換えれば、教育システムによって定義された学歴をさしだす者（供給側）と、経済システムの地位提供者（需要側）との取り引きのシステムの解明でなければならない。

大企業就職率の大学間格差についてのこれまでの研究は次のように通約できる。まず表4・1のように大学類型別に企業規模別就職率を計算し、大学歴による格差を見出す。その統計的知見は、偏差値上位大学ほど大企業就職率が高いということである。つぎに、偏差値による大企業就職格差を第一章でみたシグナル理論や訓練費用理論などのスクリーニング理論や企業の人材観などで説明する(3)。訓練費用理論については第一章と二章で簡単にふれたが、日本の新規大卒労働市場の通説的な説明理論になっているから、はじめにこの理論についてやや詳しくふれておこう。

サローの訓練費用理論(4)は教育拡大が社会的不平等を減らさず、教育インフレだけをもたらすという学歴パラ

表4・1　大学類型別就職先（男子）　(1980年3月卒)%

区　分		499人以下	500-999人	1000-4999人	5000人以上	官公庁・その他・不明
国公立	旧帝大	2.2	2.8	25.3	52.2	17.6
	一期校（除く旧帝大）	7.3	9.4	27.8	36.8	18.7
	二期校・公立	17.5	9.3	27.2	28.9	16.8
	合計	11.4	7.8	26.9	36.3	17.5
私立	戦前設立校	21.1	9.7	28.5	30.6	9.9
	戦後設立校	54.2	13.4	16.2	6.4	9.8
	合計	30.4	10.8	25.1	23.8	9.9
全体		27.0	10.2	25.4	26.1	11.3

出所：日本リクルートセンター『リクルート調査総覧』1980年，20頁．

ドックスの現実をうまく説明した。訓練費用理論は「仕事競争」をもとにしている。「仕事競争」モデルは「賃金競争」モデルの対抗モデルである。「賃金競争」モデルは労働者が労働市場に入る前に技能を習得済みであり、労働者は自分がもっている技能に対してうけいれてもよい賃金をめぐって競争しているとする。これに対して、「仕事競争」モデルでは労働者は労働市場に入る前に技能を習得しておらず、雇用されたのちに職場訓練（ＯＪＴ）で習得されるとする。したがって「仕事競争」モデルにもとづけば、労働者は「仕事を求める待ち行列」(labor queue) の相対的位置を競争することになる。「賃金競争」モデルによれば、限界生産物は人にあることになるが、「仕事競争」モデルでは限界生産物は仕事にあることになる。「仕事競争」モデルでは、雇い主によって探索されるのは、仕事でのぞまれる限界生産物を最小の訓練費用投資で生みだす者である。そこで、雇い主は労働者の技能という能力ではなく、将来の職場訓練の費用が低いものつまり訓練可能性の高いものを採用しようとする。期待訓練費用は、教育、生得能力、年齢、性などの背景特性 (background characteristics) を間接指標にして測られる。そこで訓練可能性の指標がかりに学歴（教育）によってなされるとする。採用は「仕事を求める待ち行列」の前つまり相対的に高い学歴の者からなされるから、職務の配分構造が不変であれば、いくら労働者一般の学歴が上昇しても教育インフレになってしまうだけである。まさしく、「教育が、それを受けた個人の生得の、ないしは後天的に得られた、相対的能力についての情報を伝えるものであるかぎり、全員の教育程度を高めることは、誰もを以前と同じ状態におくこととなる」(5)という学歴パラドックスが生じることになる。こうして、労働市場のスクリーニングを訓練可能性におくことによって教育拡大が社会的不平等を軽減しないことの説明が可能になる。

しかし、このような「仕事競争」モデルにもとづく、訓練可能（費用）説が成立するには次のふたつの条件が必要である。(i)企業特殊訓練が内部化されており、(ii)労働供給が大きいことが必要である。条件(i)がみたされなければ、雇い主は労働者がすでに習得済みの技能を探索することになる。条件(ii)がみたされなければ、そもそも「仕事待ち行列」が生じない。したがって条件(i)と(ii)の両方がみたされないと「仕事競争」モデルや訓練費用理論は成立しない。日本の大企業の新規大卒労働市場こそまさに「仕事競争」モデルを成立させる条件を満たすものである。大企業においては技能が企業特殊的であり、訓練が内部化している。そして雇い入れ口（port of entry）は職務階梯の下位の職種である（条件(i)の適合）。しかも多くの新規大卒者は大企業に偏在する報酬と威信を誘因としたエントリー競争をおこなっている（条件(ii)の適合）。こうして「仕事競争」モデルにもとづく訓練費用理論は日本の新規大卒労働市場の適切な説明原理になる。

しかしこういう説明には重大な欠陥が含まれている。大企業就職率の統計的結果が偏差値上位大学優位となっているのだから、当然採用は偏差値という物差しでおこなわれているはずだという論理構成であるが、それは「結果」を「意図」によって説明しているにすぎない。結果や関連の指摘それ自体はなんら因果的説明ではない。そこでわれわれは第二章で指摘した選抜システムのありかたに能力の立ち挙がりの秘密があるとする能力の社会的構成理論を導きの糸に考察したい。

すでに述べたように、従来の研究は大企業就職率の大学間格差をみようとしたので、表4・1のように統計をもっぱら大学側から眺めた。しかし表4・1はあくまで結果である。企業の採用意図をみるには、企業がどのようなタイプの大学からどのような割合で採用しているかを大学の側からではなく企業の側からみる必要がある。大企業就職率と大学歴についてのデータは表4・1のような形で普及しているので、大企業は一部有名大学出身者によって占拠されているかの印象を与えてしまう。表4・1はたしかに旧帝大をはじめとする一部銘柄大学が大企業の就職に圧倒的に有利であることを示す。しかし、旧帝大の学生数は少なく私立大学の学生数は多いのだから、大企業の側からみれば、採用実数は旧帝大に偏っているわけではないことが推測される。しかし、表4・1から企業規模別就職者の大学別分布を計算することができない。そこで本章は、大学別就職の大量統計データを作成し、さらに特定の企業の採用システムの事例研究をおこない、この問題にアプローチしていくことにする。まず本章で使用する大量データと事例調査について説明する。

二　データと調査

基礎資料は「一九八七年三月卒大学別就職先しらべ」（リクルート・リサーチ）と「就職企業別ランキング」（『サンデー毎日』一九八八年九月八日号）である。いずれも一九八七年三月大卒者についての就職資料である。前者（以下資料Iと呼ぶ）は四年制大学二七一校、七二六学部の卒業生について、大学学部ごとに就職先の記載がある。後者（以下資料IIと呼ぶ）は、一四五社について、それぞれの企業からみた大学別採用状況が記載されている。資料Iと資料IIは逆方向から集計した資料である。資料Iは大学（学部）ごとに就職者を記載しているのに対し、資料IIは企業からみた記載方式をとっている。資料Iが四年制大学のすべてを網羅していれば、資料IIは資料Iから計算可能だから必要がない。しかし、資料Iは四年制大学（学部）の半分程度の捕捉率でしかない。資料Iに掲載されてある大学（学部）からどのような規模、業種の企業に就職したかはわかるが、その反対に企業からみてたとえばY社はどのような大学から採用しているかとなると、資料Iに掲載されている大学（学部）についてのみ判明するにすぎない。したがって資料Iの欠陥を補うために資料IIが必要となる。しかし、資料IIの調査企業数は資料Iからみるとはるかに少ない。とくに資料IIの利点である採用者全員の大学名が掲載されている企業になると六二社（マスコミを除外）に減ってしまう。しかし資料IIは六二社については採用大学を網羅しているという利点がある。そこで資料Iと資料IIのそれぞれの利点をいかすようにして使っていく。

ただし資料Iの掲載大学、資料IIの掲載企業は、母集団の雛型になるようなサンプリングによっているわけではない。掲載大学と掲載企業に歪みがある。そこで、資料Iについては偏差値群（学部）ごとに捕捉率がどの程度かをみた。表4・2がその結果である。しかしこの捕捉率は、偏差値下位大学については厳密さを欠く。われわれが使用した資料V――すぐあとに説明する――には、偏差値下位グループ大学の掲載がない場合があるからだ。したがって、実際の捕捉率はとくに偏差値下位大学では表4・2の数字よりもさらに少ないとみなければならない。また、資料IIについては大卒採用数の多い大企業が選ばれているが、企業選定はアドホックである。資料IIについては、従業員数（一〇〇〇人以上―五〇〇〇人未満、五〇〇〇人以上）によって企業選定をおこない補正した。

表4・2　資料I捕捉率（学部）

偏差値	掲載率(%)
70-75	100.0
64-69	91.8
58-63	82.1
52-57	67.1
46-51	43.5
40-45	22.5
37-39	9.3
計	54.1

注：ただし法・経・文・教育・外・理・工・農・薬学部のみ集計.

資料Ⅰと資料Ⅱにはこのような欠点があるが、得られる資料としてはもっとも網羅的なものだから、いま述べたような欠点に注意しながらそれぞれの資料としての長所をいかしながら集計し、解釈していくことにしたい。資料Ⅲは「帝国データバンク調査」、資料Ⅳは「ダイヤモンド会社要覧」（ダイヤモンド社）である。資料Ⅲ、Ⅳによって企業規模（従業員数）が判明する。そこで、資料Ⅰは資料Ⅲによって、資料Ⅱは資料Ⅳによって規模の変数を挿入した。資料Ⅴは「一九八三年全国大学合格難易ランキング」（旺文社）である。資料Ⅴによって、資料Ⅰ、Ⅱの大卒者の入学時の偏差値が判明する。そこで資料Ⅴを資料ⅠとⅡに変数として挿入した。資料Ⅰは大学学部別に記載されているので、資料Ⅴから偏差値を学部別にして変数として挿入した。資料Ⅱは大学名のみの記載で学部名がないので、資料Ⅴから大学ごとの平均偏差値（当該大学のすべての学部の偏差値平均）を変数として挿入した。資料Ⅰに資料Ⅲ、Ⅴを接合したものを以下データⅠとし、資料Ⅱに資料Ⅳ、Ⅴを接合したものをデータⅡと呼ぶ。

以上の大量データの他に本章では事例調査を使う。事例調査企業（以下A社と呼ぶ）の特性については匿名性を確保するために詳しくはふれられないが、創業は明治時代に遡る大手金融保険会社である。従業員数は約五〇〇〇人（内勤者のみ）である。採用は四年制大卒を例年七〇－一一〇人採用している。そのほとんどは男子で、女子は若干名の採用である。一九八七年度採用者の場合は女子は二名だった。また若干名のみが理系であり、採用のほとんどは文系である。その意味で本章は四年制男子文系の民間企業の新卒労働市場を中心にした研究である。本章で一九八七年度採用者というのは、一九八七年三月卒業で同年四月に入社したものである。人事課長や総務課長など採用人事担当者の面接調査は、一九八六年七月から同年一一月にかけておこなった。

なおA社では、大卒の採用活動は本社だけでなく、大阪本部など全国にある八つの本部でもおこなっている。ただし、大阪本部以外は、実際は本社の採用人事担当者が出張して採用活動をおこなっている。それぞれの地方本部

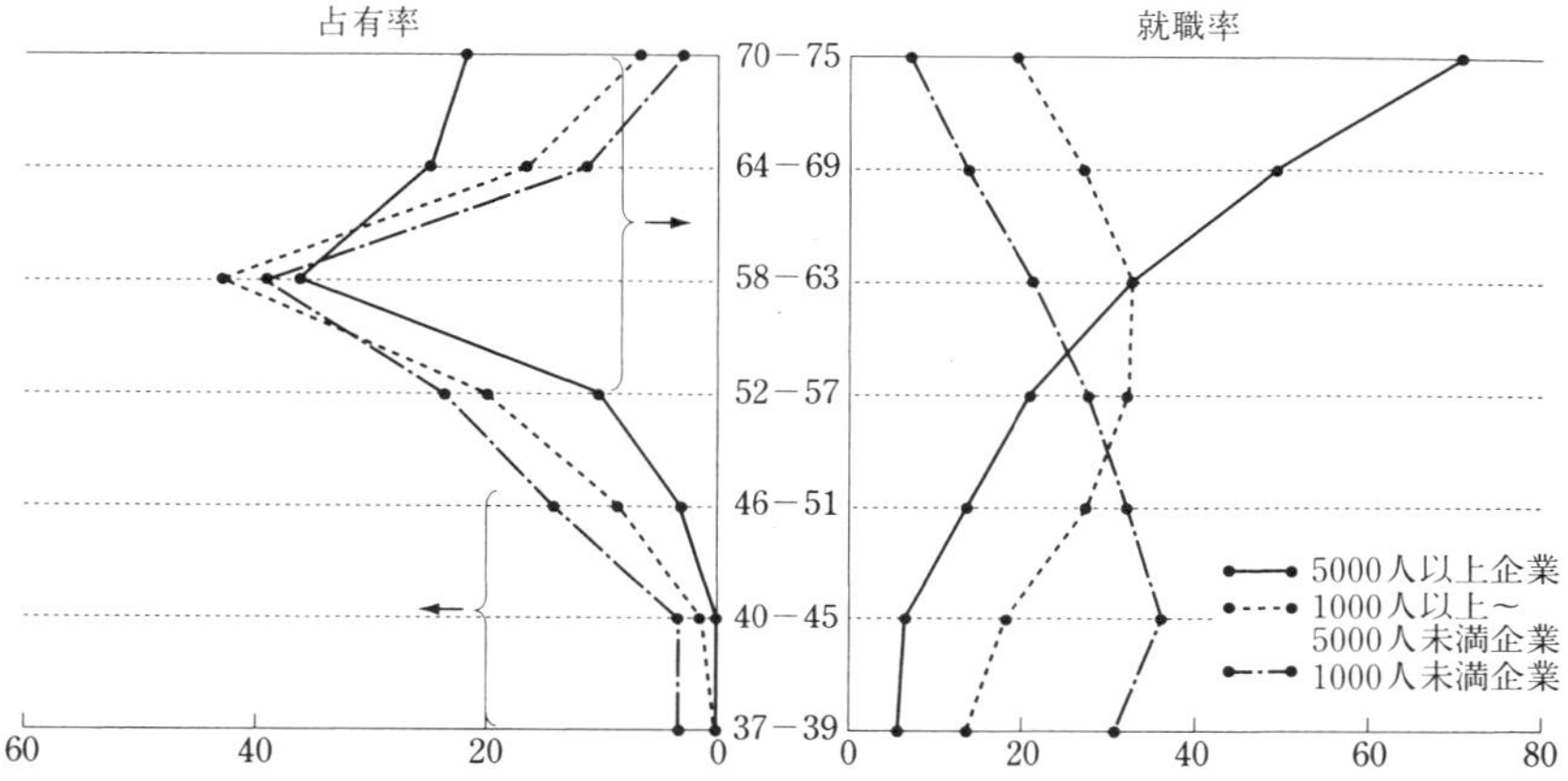

図4・1　偏差値（文系）と就職企業規模

出所：データI.

所属の職員が採用活動をおこなっているわけではない。大阪本部のみが例外で、総務課が採用事務を担当している。大卒の採用人事は以前は本社に応募者を集めておこなっていたのだが、一九七〇年代から大卒採用の企業が多くなり、各社が競争状態となったことと、短期間に採用決定をしなければならないことなどから本社の人事担当者が大学所在地に近い各本部に出張して採用活動をおこなうようになった。また大阪本部が近畿、中国、四国地方に所在する大学生の採用人事を直接担当するようになった。

以上のデータをもとにわれわれが最初に提起した疑問をパラフレーズするためにデータIより図4・1を作成した。女子大学、偏差値不明大学、官公庁就職者等を除外した文系民間企業就職者で計算した結果である。

図4・1の右グラフは（学部）偏差値群別に就職者の企業規模比率をみたものである。偏差値七〇—七五の学部学生は、民間企業に就職したもののうち七一・四%が従業員数五〇〇〇人以上の大企業に就職している。これに対して、偏差値三七—三九の学部の学生は五・七%しかこうした大企業に就職していないことがわかる。偏差値が七〇—七五になると大企業就職率が急激に大きくなる。図4・

1の右グラフは、偏差値が上位であればあるほど大企業就職率がたかいという従来のデータ（表4・1）と基本的には同じことを示す。こんどは逆に、企業規模別採用者中の偏差値群別比率をみた。同じ図4・1の左グラフがそれである。企業からみれば、決して大企業が偏差値トップ校群によって占有されているわけではないことがわかる。従業員数五〇〇〇人以上大企業における偏差値七〇—七五大学（学部）の占有率は二二・九%で、偏差値六四—六九（二五・二%）、五八—六三（三七・〇%）大学（学部）の占有率よりも低い。大企業の就職者の占有率がもっとも大きいのは、偏差値五八—六三の学部学生である。すでに述べたようにデータIの捕捉率は偏差値上位校（学部）に大きく、偏差値下位校（学部）に小さい。したがって、図4・1の左グラフにおいて偏差値上位校はもう少し比率が減ることつまり右側にシフトし、偏差値下位校の場合はもう少し比率が多くなることつまり左側にシフトすることが予想される。それにしても、大企業の採用者占有率では、偏差値五八—六三の偏差値中上位大学群がもっとも大きいのである。同じことをデータIIによってみたものが図4・2である。企業からみれば、採用者の多数を占めるのは偏差値五八—六三の大学群であることがここでも確認できる。

このことは極めて重要である。これまでの就職と学歴の研究はあまりにも表4・1のような大学類型あるいは、図4・1の右グラフからみてきたからである。企業からみれば、決して大企業が偏差値トップ校群によって占有さ

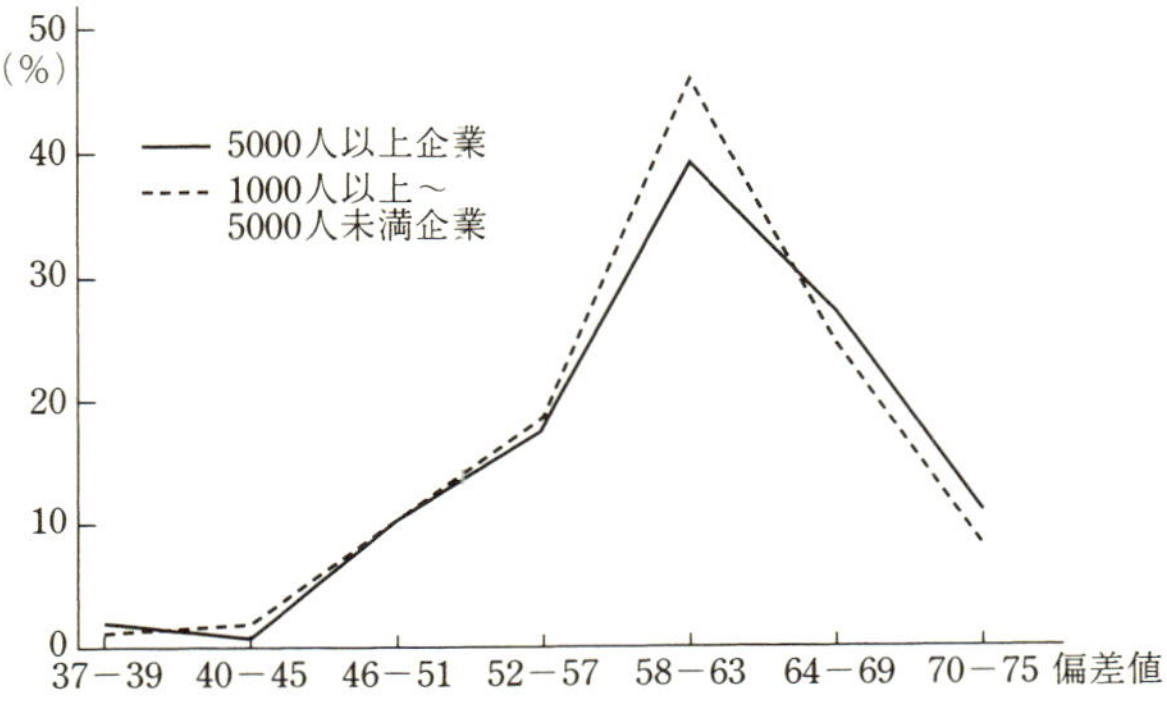

図4・2　企業規模別採用者中の偏差値別比率（占有率）

出所：データII.

れているわけではないことを図４・１の左グラフや図４・２が示している。つまり、実際は図４・１の左グラフや図４・２のような採用がおこなわれているにもかかわらず、個々の大学の就職率としてみると図４・１の右グラフや表４・１のようになってしまう。図４・１の左グラフから右グラフになってしまうのは何故だろうか、ということこそ説明すべき問題なのである。

三　新規大卒者の採用方式

Ａ社は、既に述べたように、四年制大卒者を例年一〇〇人前後採用している。公には指定校制をとっていない。しかしわれわれの聞き取り調査と内部資料によれば採用大学とそれぞれの大学からの採用目標数があらかじめ決定されている。表４・３の＊印の欄がこれである。一九八七年度においては四九校が採用目標大学である。この四九校が実質的な指定校に該当する。そして四九のそれぞれの大学ごとに採用目標人数が事前に決定されていることにも注目したい。ただし採用目標大学の学部は特定されていない。学部が特定されていないことが企業特殊訓練の内部化を象徴的に物語る。一九八七年度でみると、一大学から平均二・〇人の採用目標数がたてられている。最も多く採用目標数が割り当てられている大学は七人、大学数は二校である。最も採用目標数の少ない大学は一人、大学数二三校である。

このような個別大学ごとの採用目標数が決定されるプロセスは、次のようなものである。長期（五カ年）の要員計画があり、それにもとづいて各年度の四年制大卒者や短大卒者などの採用人数が決定される。そして、採用年度の当初に表４・３の＊印の欄のように具体的な大学ごとの採用目標数のわりふりが、本社の人事部でつくられる。

そのとき、採用対象大学となるのは基本的に例年入社実績がある大学が選ばれる。それぞれの採用目標人数についても原則的にはこれまでの採用実績数が踏襲されるが、それは採用可能性を考慮してのことである。したがって、四年制大卒採用総数が前年度より増加する場合には、これまで二人採用していた大学を三人に増やす方法と、前年度に入社実績がない大学を採用校にする場合とがある。A企業の内部資料（表4・3）によって一九八六年度採用実績と一九八七年度採用目標でこれをみよう。

八七年度は八六年度採用実績よりも一七人多い採用目標が立てられているが、そのために、前年度採用実績のある大学の採用目標人数を前年度採用実績より増やした大学が九大学で、前年度採用実績がない大学つまり新たに採

表4·3　A社の採用実績

	'82	'83	'84	'85	'86	'87	＊
小樽商大	2	3	1	2	3	3	3
ＡＢ大	0	3	2	1	1	2	3
ＢＡ大	0	2	1	2	1	6	3
ＢＢ大	2	0	0	0	0	0	0
ＢＣ大	0	0	1	0	0	0	0
ＣＡ大	2	0	0	0	0	2	1
ＣＢ大	0	0	0	0	1	0	0
ＣＣ大	0	0	0	0	0	1	1
ＤＡ大	0	1	0	0	0	0	0
ＤＢ大	0	0	1	0	1	0	1
ＤＣ大	1	0	1	1	2	2	1
ＤＤ大	2	1	1	4	1	1	3
ＤＥ大	1	1	6	3	2	4	3
ＤＦ大	0	2	4	2	4	3	3
ＤＧ大	0	1	0	0	0	1	1
ＤＨ大	0	1	2	2	1	2	1
ＤＩ大	0	1	0	0	0	0	1
ＤＪ大	0	0	0	0	1	1	1
ＤＫ大	0	0	0	0	1	0	1
ＥＡ大	3	5	7	7	6	11	7
ＥＢ大	5	4	7	6	8	9	7
ＥＣ大	4	3	4	4	2	5	2
ＥＤ大	1	1	1	1	3	2	2
ＥＥ大	1	3	3	2	2	2	2
ＥＦ大	3	2	2	3	3	5	2
ＥＧ大	2	2	2	2	3	4	2
ＥＨ大	2	3	1	1	1	1	1
ＥＩ大	0	0	1	3	3	3	3
ＥＪ大	0	0	0	0	0	1	1
ＥＫ大	0	0	0	0	0	0	1
ＥＬ大	1	1	0	0	0	0	
ＥＭ大	2	0	0	0	0	0	
ＥＮ大	0	0	0	0	0	0	1
ＥＯ大	0	0	1	0	0	1	
ＥＰ大	0	0	1	0	0	0	
ＦＡ大	1	2	0	3	1	0	3
ＦＢ大	2	1	1	0	0	1	1
ＧＡ大	1	1	2	1	2	3	2
ＧＢ大	3	2	2	1	1	2	3
ＧＣ大	2	3	4	2	2	1	3
ＧＤ大	1	2	2	1	1	1	1
ＧＥ大	2	2	1	1	2	3	1
ＧＦ大	2	1	1	1	1	1	1
ＧＧ大	3	2	2	1	0	1	2
ＧＨ大	0	0	0	0	0	0	1
ＧＩ大	1	1	1	1	0	1	1
ＪＡ大	6	3	3	3	3	4	3
ＪＢ大	4	2	4	3	4	3	3
ＪＣ大	5	4	5	3	4	2	3
ＪＤ大	5	2	2	1	4	3	3
ＫＡ大	0	1	1	1	0	1	2
ＫＢ大	2	0	1	0	1	3	2
ＫＣ大	2	1	0	1	0	1	1
ＫＤ大	2	1	1	2	2	1	1
ＫＥ大	0	1	0	0	0	0	0
ＬＡ大	3	3	2	3	3	5	3
ＬＢ大	0	1	1	1	2	2	1
長崎大	0	1	0	0	0	1	1
計	81	77	86	76	83	112	100
大学数	34	40	39	35	36	43	49

＊　1987年の採用目標.

用目標大学にリストされた大学が一九大学ある。しかし後者の一九大学のうち一九八二年以来入社実績がない大学は五大学のみであり、あとの一四大学は過去五年間に入社実績のある大学である。したがって、入社実績のある大学ということが採用目標校決定の基本方針になっていることが読み取れる。

なおA社の一九八七年度採用において当初の採用目標大学にリストされていなかった大学からの実際の採用はまったくない。目標と実績があまりにも整合的である。採用目標校はあくまでも内部の枠だから、採用目標校以外の大学からの応募もあるはずである。そして、面接をするとかなりよい人材とおもわれる学生がいることも考えられる。このような可能性について、A社の採用担当者は否定しなかった。ではどうしてそのような大学から採用しないのかというわれわれの質問に対しての採用担当者の説明を要約し、解釈すれば次のようになる。もし採用目標校以外の大学からの採用をすれば、当初の計画を変更して最初の目標校からの採用を減らさなければならない（「他の大学の枠を削らなければならない」）。また目標校ではないのだから、採用担当者は上司とも通常以上の交渉をしなければならない（「エネルギーがいる」）。このような交渉が成功してかりに採用しても、採用者のその後の社内での評判はよくてあたりまえ、具合がわるいことが生じれば、採用者に責任がかかってくる懸念もある（「責任も……」）。こういうことから、目標校以外から採用されるということはあまりないことになる。ここには採用が合理的選抜理論が前提とする能力主義だけを基準として動いているわけではないことの一端が露呈している。

さて一九八七年度採用目標のところに戻ろう。一九八七年度の採用目標数がもっとも多いのは七人の大学であり、もっとも少ないのは一人の大学であった。前者のふたつの大学は東京に所在する私立有名大学であり、後者の二三の大学のうち一六大学が地方国立大学と公立大学である。この採用目標数の七人（最大）と一人（最小）という人数の違いは、前者の東京に所在する私立有名大学は例年多く採用していること、大学の学生数も多く、応募者も多いからである。これに対して、後者の地方国立大学、公立大学、その他の大学の場合は、例年の採用数が一人、多くても二人程度であったり、またいままで採用実績がなかったり、あっても年度によって間歇的な採用実績しかない大学である。とくに地方国立大学や公立大学は学生数も都会の私立大学から比べれば少なく応募者も少ないからである。とはいっても、このような採用目標数は必ずしも厳密に遵守されるわけではない。たとえば、採用目標は二人であるのに、実際は一人しか採用にならなかったというように採用目標数と実際の採用数がずれる大学は八七年度についていては、二九校である。これは、表4・3にみることができるように、採用目標数はやや低めにたてられており、実際は全体で初期の採用目標よりも一二%多くの人数が採用されたことにもよる。採用の実際の数字でみると、一つの大学から平均二・六人採用されている。採用者数が最も多い大学は一一人であり、採用者数が最も少ない大学は一人である。

ここでA社の採用方式を整理しよう。採用は二段階によっておこなわれる。採用について補充原理と選抜原理との区別をする必要がある。補充原理は、選抜に先立っての候補者の境界設定である。選抜原理は、補充原理で境界設定されたあとの選抜方法である。補充原理は開放性と閉鎖性にわけられる。開放性は四年制大卒者ならどの大学出身者でも候補になる。閉鎖性はある種の集団成員であることによってまず境界が設定される。指定校制がこれに該当する。A社は表4・3の＊印の欄が示すように大学を事前決定しているから実質的に指定校制である。指定校制は補充原理における閉鎖性である。A社の採用目標大学のうちもっとも偏差値の低い大学は五六である。偏差値五六以上の大学は採用目標校になっているのに、偏差値五六未満の大学は採用目標大学にリストされていない。とはいってもA社が採用大学を決定するときに偏差値という尺度をつかっているわけではない。もっと漠然とした世間的大学評価にもとづいているのだが、入学難易が採用目標大学の決定に作用していることは否定できない。偏差値五、六を指定校の下限にしている限り、これまでの研究がしばしば指摘したような訓練可能性を出身大学によってみているという説明は正鵠をえている。たとえば天野郁夫は次のようにいう。「わが国の企業は職務の遂行に必要な知識や技術を採用後に、企業内の教育訓練を通じて身につけさせる。したがって、大学卒のホワイトカラーに要求されるのは、入社後、そうした教育訓練をうけて職務に必要な知識・技術を身につけていく能力——『訓練可能性』(トレイナビリティ)だということになる。その訓練可能性を具体的にどのようにとらえられるかについて、企業は客観化された方法をもっているわけではない。しかし企業はそれが出身大学によって違っていることを経験的に知っている(あるいは知っていると考えている)」(6)。しかし急いでいっておかなければならないが、それは補充原理のところにおいて、そのところでのみ妥当性をもっているにしかすぎない。指定校に入っていれば自動的に採用されるわけではないからである。

では指定校のなかに入った者はそのあとはどのような選抜原理が働くのだろうか。論理的にはふたつの類型が可能である。ひとつは、補充原理(指定校)に入っていれば、あとは非分断的(学校歴と無関係)に選抜される場合である。これを選抜原理における普遍主義とする。しかし普遍主義はA社の採用方式の実情にあわない。表4・3の＊印の欄にみることができるように、採用目標は厳密に遵守されるわけではないが、大学ごとに一応の目標人数が事前決定されているからである。普遍主義的選抜というよりも分断化された選抜である。普遍主義的選抜はいったん補充原理を通過した者(指定校に入った者)は、そのあとは平等な競争をする。その場合は、大学別採用者人数は結果現象ということになる。現実はそうではない。競争は学校歴ごとに分断化している。Q大学生は応募者全体と普遍主義的競争をしているのではなく、あくまでQ大学生との間で競争していることになる。Q大学の採用目標数が事前に決まっているのだから、いくら優秀とされてもQ大学から初期の採用目標数の何倍もとるわけにはい

		選抜原理	
		普遍主義	分断主義
補充原理	開放性	I	II
	閉鎖性	III	IV

図4・3　採用の類型

かない。もしそのようなことをすれば、他の大学からの採用数を減らさなければならないからである。これは、普遍主義的選抜ではなく分断的選抜である。四年制大学が四九の大学ごとに分断されそれぞれの枠内で採用されるのだから、これを選抜原理におけるバルカン化(balkanization)(7)と呼ぶことができる。このようなバルカン化に対応した採用手続きが出身大学ごとのOB・OG面接やリクルーター制である。

とはいっても大学ごとの分断選抜が完全に厳密におこなわれるわけではない。バルカン化は偏差値上位校においてリジッドに、私立大学においては相対的にルースではある。比較的タイプが近接する私立X大学、Y大学などでは実際の採用数はある程度互換的である。つまりX大学、Y大学の採用目標がそれぞれ二人であっても応募者の中で優秀とみられる者がX大学には三人、Y大学には一人のときには、初期の採用目標数からずれるが、実際の採用はX大学三人、Y大学一人となり、総計で採用目標数が合わされる場合もある。こうして選抜原理は普遍主義と分断主義に区別できる。この区別にさきに示した補充原理における開放性と閉鎖性との区別を交差させると採用方式の四つの類型ができる。A社の採用方式は、図4・3のⅣとなる。

このような分断化された選抜は図4・4のA社大阪本部の採用活動のチャートにも確認されるだろう。大学によって採用の仕組みがかなり異なっている。京都大学と大阪大学、神戸大学生については早い時期に個別呼び出しがなされているのに対し、その他の大学では全部を呼び出して集団的に説明会をし、その後に面接をしている。とくに京都、大阪、神戸大学生については、呼び出すと同時に面接・選考をしているのが注目される。なお個別呼び出しというのは、リクルートや日本経済新聞社などから出版された就職ガイドブックによって、A社に関心があると

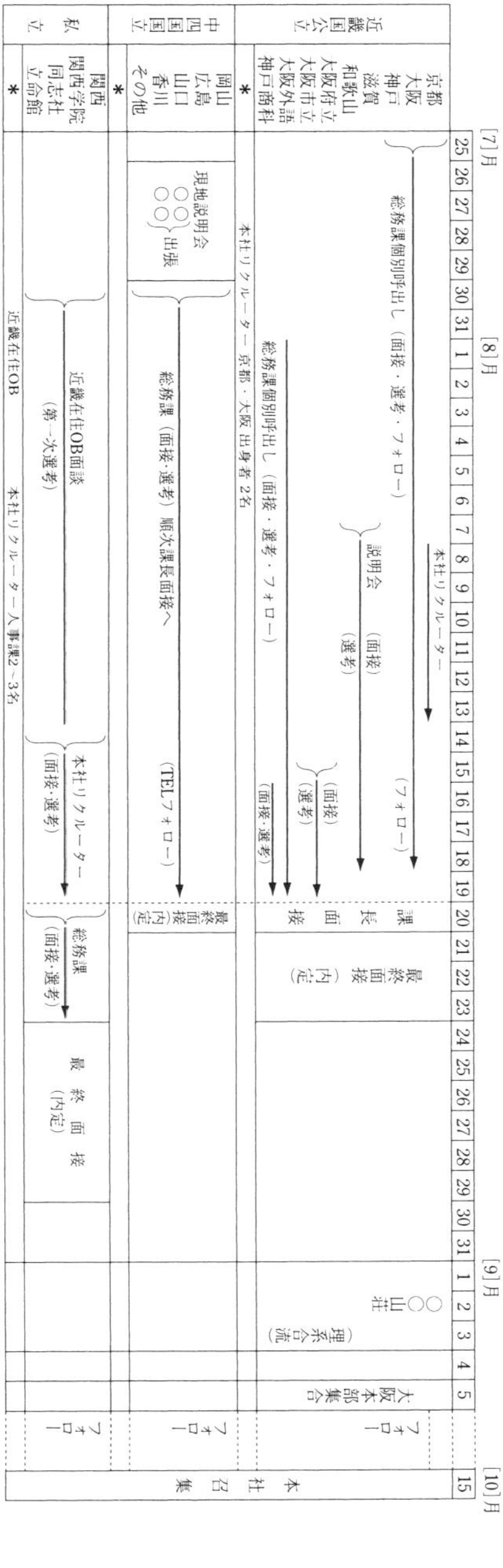

図4·4　某年度のA社大阪本部の採用活動計画

いう葉書を寄せた学生をA社が呼び出すことである。フォローというのは、内定を決めてからときどき接触し学生が他の企業にいかないようにすることであるが、京都、大阪、神戸大学生については早い段階でフォローがなされている。

四　正規分布効果と楔型クォーター率効果

すでに述べたように、A社は補充原理のところで偏差値五六を下限として設定している。しかし採用目標大学は四九校もあり、いろいろな大学から採用しようとしていることも読み取れる。採用（目標と実績）大学を偏差値に直してA社の全体に占めるそれぞれの割合をみたものが図4・5である。偏差値六五以下学校歴者のほうが偏差値六六以上学校歴者よりも採用目標、実績とも実数が多い。このことは、図4・1の左グラフの大企業採用者の全体的傾向（占有率）とも合致している。大企業がこのように、実数では非銘柄大学出身者を多く採用することについてのありうる考え方はつぎの三つになる。(i)大企業はもともと入試難易度の高い大学から順に採用したいのだが、不可能なので代替的に非銘柄大学を採用する。(ii)入試難易度のもっとも高い大学といっても学生の潜在能力の分散が大きいので、次のグループの上位者をとろうとする。(iii)ある程度の入試難易度であれば、あとは均等に採用しようとしている(8)。

A社の採用がこのいずれに該当するかは、採用実績だけをみていてもわからない。採用実績は結果だからだ。幸いなことにわれわれが調査したA社には採用目標大学人数がある。図4・5の目標構成比をみればよい。ここから(iii)説に該当するとみなすことができる。しかし、採用目標といっても実現可能性を考慮しているのだから、(iii)説に近いとはいえないという反論もあるだろう。そこで、われわれは面接で人事担当者に少し挑戦的な質問もおこなった。「営業であれば、業績は数字ではっきりでるが、いったい今年の採用が良かったとかわるかったというのは、どういうことで反省したり評価したりするのか」と。こういうわれわれの質問に対して、かれらの説明は、「今年は去年よりもいろいろな大学から採用できたというのが重要な評価基準である」と説明している。入試難易度の高い大学の代替としてその他大学から採用するというのではなく、採用大学数を増やそうとするのは積極的意図である。

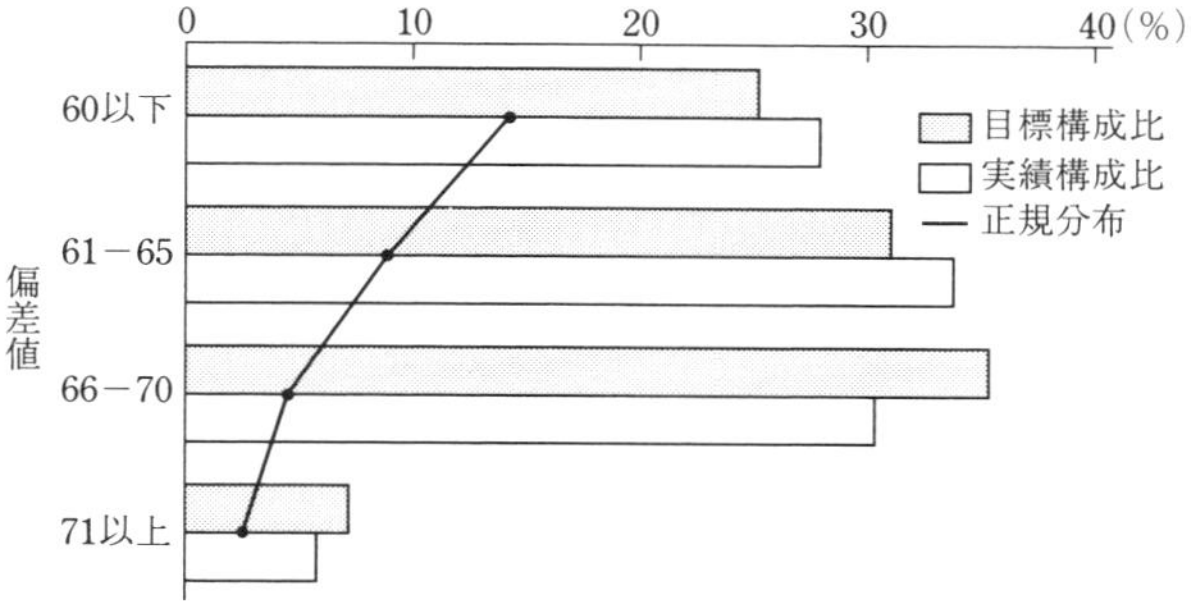

図4•5　A社採用（目標・実績）者の偏差値分布

それは次のようなことによる。ひとつは、つなぎ説である。指定校が公開されなくとも、隠れた指定校制が学生によく知られている状況にあっては前年度にどのような大学から採用したかは、企業からみれば採用の「つなぎ」の意味があり、学生からみれば採用可能性の「キュー」である。前年度にどのような大学から採用したかは、補充原理のシグナルなのである。このシグナルによって企業は採用コストを、学生は応募活動コストを軽減することができる。だが、こういうシグナルは別のコストの台頭を伴っている。前年度の採用実績をシグナルとして学生のほうも過去に自分の大学からの採用実績がなければ、あまり応募してこないということが生じる。A社の採用人事担当者によれば、採用目標大学になっていても、前年度採用実績がない大学からの応募者は「激変」すると述べている。したがって企業側からすれば、いったんある大学から採用しなくなると次の年からその大学からの応募者が激変するので、採用のとぎれがないようにすることで、一層大学別のバランスがとれた採用が遵守されることにもなる。このようなつなぎ

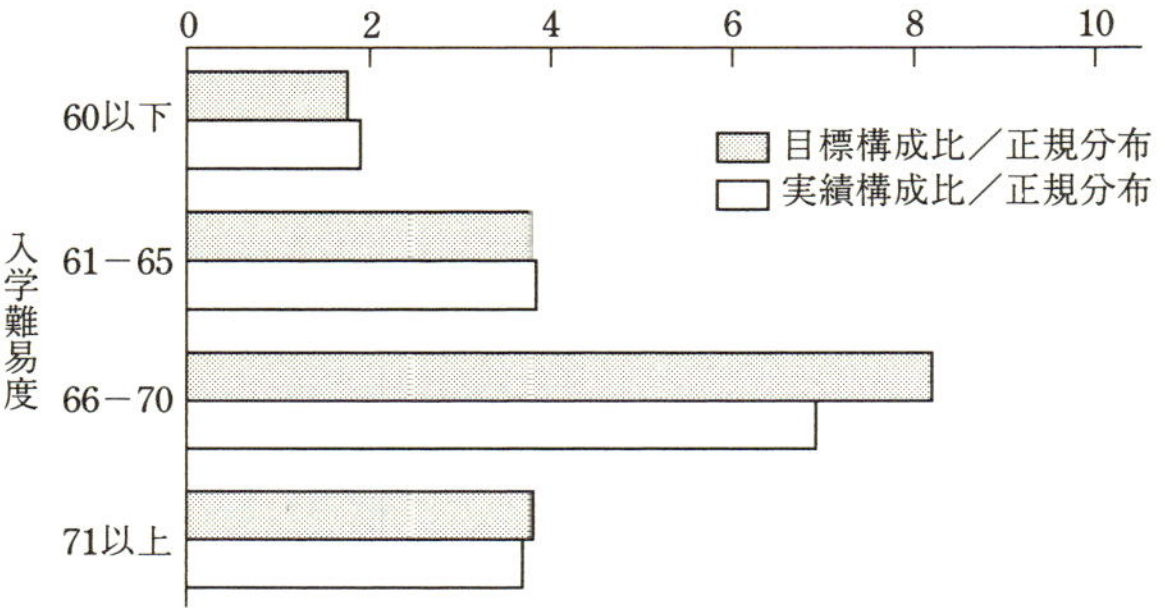

図4・6　偏差値正規分布からみたA社採用（目標・実績）者の割合

の実態は前にみたA社の過去の大学別採用実績表（表4・3）にみることができる。

できるだけ多くの大学から採用したいという背景要因の第二は能力の危険分散である。学歴は訓練可能性や能力シグナルのひとつの要因にしかすぎなく、能力測定は不確実である。職務に必要とされる能力を事前判定するのが困難なだけでなく、将来どのような職務が生じるかも不確実である。こうなれば、いろいろの能力、タイプを採用しておくのがよい。大学類型は能力やタイプのひとつの手掛りだから、できるだけ採用大学数を増やしておくということになる。第三には社会関係資本（social capital）の取り込みである。社会関係資本とは、同窓とかクラブとかで集団的に所有された資本であり、所属成員がコネとかつてによって利用可能な資本である(9)。ブルデューは、社会関係資本を「エリート校の同窓グループ」「上流クラブ」「貴族」に限定しているが、社会関係資本は上流階層やエリート校だけが所有しているわけではない。労働組合の成員であることや地域住民であることによる人脈などもそうである。ノン・エリートであってもさまざまな社会関係資本をもち、エリートと同じようにその運用が可能である(10)。A社の採用人事担当者は、全国に営業所や支社がある企業であり、その土地に詳しいものが支社や営業所にいることが必要であり、地方国立大学から多く採用するのだと述べている。採用大学数を多くすることによってさまざまな社会関係資本を取り込む戦略と解することができる。

しかしこうして仮に企業が実数として非銘柄大学を多く採用しても、バランス主義的採用を意図しても、個々の企業の行動が合成されると偏差値上位大学の就職率が極めて高くなる。これは思わざる合成効果(11)である。その意図せざる隠れたメカニズムについて説明しよう。

そのために、正規分布率は大学生の近似的母集団である(12)ことに着目しよう。図4・6は正規分布率を分母にA社における採用（目標、実績）の偏差値別構成比を分子にし、倍率を計算したものである。すべての巨大企業がA社と同じ採用行動をするという論理的仮構を設定すれば、図4・6の倍率が高い学校歴ほど売手市場となる。これを売手市場率と呼ぶ。偏差値七一以上大学を除いて偏差値が高くなればなるほど売手市場率が増加する。偏差値六六以上大学では売手市場率がかなり増加することがわかる。採用目標でみれば、偏差値六六—七〇大学の売手市場率は、偏差値六〇以下大学の四倍以上、偏差値六一—六五大学の二倍以上になっている。偏差値六六—七〇大学と六一—六五大学は採用の実数でみれば（図4・5）それほど変わらない。しかし売手市場率でみる図4・6では大きな格差が生じていることに注意されたい。つまり採用担当者たちの主観的意図は決して偏差値上位者に偏在していなく均等主義的採用を意図していても母集団の正規分布と重なると需給関係が傾斜してしまう。これは、正規分布による思わざる効果である。

しかしA社の偏差値七一以上大学については正規分布の割合からいうとそれほど高くない。正規分布による思わざる効果では説明できない。そこで表4・4を

表4·4　5000人以上企業（23社）の偏差値別採用状況

偏差値	1企業の平均採用人数＊	採用企業数＊
71以上	2.5	15.0
66-70	3.1	12.4
61-65	2.8	9.4
56-60	1.9	5.3
51-55	1.4	2.7
46-50	1.4	2.4
41-45	1.0	1.0
40以下・不明	1.0	1.1

＊　いずれも偏差値群に含まれる大学の平均である．

表4・5　A社の採用クォーター率

偏差値群	クォーター率(%)
70-74	100
65-69	92
60-64	86
55-59	52

みよう。表4・4はもうひとつの思わざる合成効果の秘密を開示する。表4・4は、五〇〇〇人以上企業二三社について偏差値群ごとの一大学あたり採用平均人数（採用総人数÷採用総企業数）と一大学あたり採用平均企業数とを計算したものである。この表から読み取れることは、一大学あたり平均採用人数は偏差値によって大きく変わるわけではない。異なっているのは偏差値群による採用企業数である。偏差値七一以上の大学は二三社中一五社に採用されているが、偏差値が下がると採用企業数が逓減する。偏差値上位大学はほとんどの大企業によって採用されているのに偏差値が下がれば下がるほど採用されていない企業が存在するということである。偏差値最上位大学は非代替的であるときに、偏差値が下がれば下がるほど代替的である。偏差値最上位大学は、一つの企業が大量に採用するというよりも、多くの大企業がとにかく頭数を確保したいということによる需給関係の傾斜をもたらすことがわかる。

A社の採用にもこのような傾向があるだろうか。A社においては、偏差値五六よりも上の大学が四九校選ばれ、図4・4にみるように偏差値群によってバランスがとれているようにみえるが、これだけをもって偏差値上位校も中位校も同じクォーター率になっているのかどうかはわからない。偏差値上位群の大学数は少なく偏差値中位群の大学数は多い。偏差値群によって大学数が異なっている。そこでA社の採用大学のクォーター率を計算してみよう。クォーター率はそれぞれの偏差値群における大学数を母集団にし、A社の採用目標になっている大学数を分子にして得られる。ただしA社の採用のほとんどは文系なので、母集団にあたる大学数は偏差値によって機械的に決めるのではなく、理系単科大学を除外して計算した。偏差値七〇—七五の大学数（文系）は四校あり、A社の採用目標数も四大学だからクォーター率一〇〇％になる。以下このようにして計算した結果が表4・5である。偏差値によってクォーター率に差があることがわかる。偏差値上位群ほどクォーター率は高く、偏差値が低くなるとクォーター率も低くなっている。楔型クォーター制が確認できる。

偏差値七一以上の大学については、A社の採用にしめる割合が小さくても楔型クォーター率の頭にある大学だから、ほとんどの大企業が採用しようとする。したがってA社だけでみた売手市場率（図4・6）がそれほど高くなくても、あらゆる企業の行動が合成されれば採用企業数が多くなり偏差値七一以上大学は結果的に売手市場率が大きくなる。これは楔型クォーター率効果である。企業の人事担当者が実数において非銘柄大学を多く採用しても、また均等主義で採用するという主観的意図にもかかわらず、正規分布効果と楔型クォーター率効果によって需給バランスが傾斜してくる。本章冒頭の図4・1の左グラフが右グラフのようになってしまうことについてのわれわれの仮説がこれである。

五　魅惑戦略と選抜戦略

これまでは客観的就職機会格差についてみてきたが、主観的就職機会格差についても立ち入ろう。すでに述べたように労働市場は供給側と需要側のマッチング過程である。つまり選ぶのは需要側だけでなく、供給側も選んでいる。また選ばれるのは供給側だけでなく、需要側も選ばれている。したがって、需要側からみた「仕事行列」に対して、供給側の「企業行列」(13)の対応概念が必要である。仕事行列は企業からみた求職者の行列であり、企業行列は求職者からみた企業の行列である。ここで需要側（企業）と供給側（学生）の双方から二つの戦略が行使される。魅惑戦略と選抜戦略である。魅惑戦略は需要側にとっては仕事行列を長くすることであり、供給側にとっては仕事

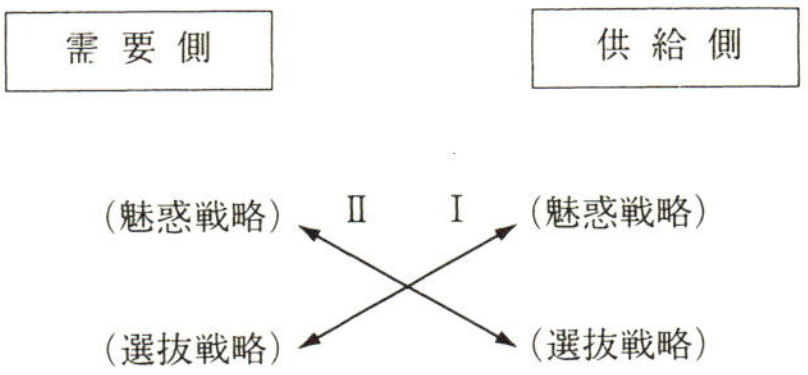

図4・7　戦略の相補性

行列で採用領域にはいることである。選抜戦略は需要側にとっては仕事行列の整序であり、需要側にとっては企業行列の整序である。したがって、需要側と供給側の戦略は図4・7のような相補性をなしている。

相補性Iにおいては、供給側が魅惑戦略を行使する。この場合は供給側から虚飾の呈示や隠し立ての人材演技というかたちで機会主義があらわれる。機会主義とは単に私益を追求するというだけでなく、欺瞞的言動や悪賢いやり方で私益を追求することである[14]。相補性IIにおいては、需要側が仕事行列を長くするための魅惑戦略は、供給側の企業行列の整序のための選抜戦略と対応している。相補性IIでは機会主義は需要側から生じやすい。ジョブ・マッチングにおける相補性がIになるか、IIになるかは学歴別仕事行列による。A社にみられるような分断化された選抜原理は仕事行列を図4・8のように複線化するからである。図4・8のA、B大学についてはそもそも仕事行列が短いから需要側の選抜戦略が成り立ちにくい。もちろん図4・8のA、B大学とC以下の大学群の境界は上方ないし下方に伸縮する。新規大卒労働需要が大きいときには、仕事行列が短い大学はC大学まで伸びる。不況で新規大卒労働需要が減れば、B大学の仕事行列も長くなる。また企業の魅力によってたとえA大学であっても仕事行列が長いところもあるし、あまり魅力がない企業であれば、C大学までもが仕事行列が短くなる。そういう伸縮はあるが、モデルとして図4・8をみていただきたい。

仕事行列の短いA大学生については厳しい選抜基準で企業が選ぶことができない。そういう選抜基準を使えば、A大学から採用できなくなってしまうことも生じる。また、そもそも仕事待ち行列が生じない場合も懸念される。

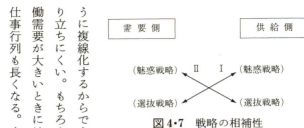

したがって仕事待ち行列の短い大学群に対してはアトラクティブな職種や、会社の将来の可能性を説き、「くどか」なければならない。魅惑戦略が需要側から行使される。こうして一部有名大学の学生は「就職貴族」といわれる対応がなされる。それに対して、C大学以下には選抜戦略が行使される。A社の採用人事担当者は「くどく」(魅惑)大学と「えらぶ」(選抜)大学という区別をしている。実際、A社採用人事担当者もいう。「A大やB大からの応募に甘くなり、一般の私立大学からの応募に辛くなるのは、私立からの応募はたとえば、E大の採用の目標が三人のときに百人以上くる。それにたいし、A大からはそもそも応募も少ないし、こちらで採用する気になっても逃げられる可能性が高いからですよ」。

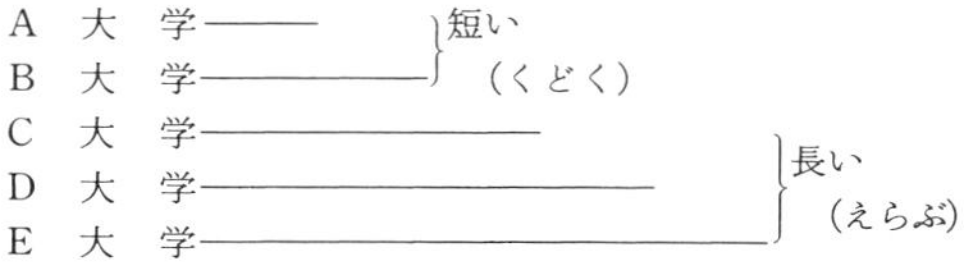

図4・8　仕事行列の差異

需要側の魅惑戦略も機会主義をともなう。それは、A社においては具体的にどのようなかたちであらわれているだろうか。

A社においては分断化された選抜原理を採用していても学校歴によって入社後のキャリアが決定されるわけではない。したがって、「汎用性がある」とか「ベースがいい」とか「足腰がつよい」とかの普遍的採用基準がたてまえになる。どのような職種でもやっていけるということが大事なのである。その点について採用人事担当者はつぎのようにいう。「私と同期のFが国際投資部門にいるが、Fに聞くんだよ。どんな人材をとったらいいかって。国際投資関係のいい人材をとるには、学生時代に経済学や金融論などの専門的な勉強をしてきたヤツがいいのか、ときくのだが、専門的な能力よりも営業もちゃんとやれる足腰のつよいヤツでないとだめだとかれもいうんだ」。「汎用性がある」とか「ベースがいい」あるいは「足腰がつよい」というのがA社における訓練可能性の具体的内容である。訓練可能性の指標は補充原理の次元と選抜原理の次元で区別しなければならない。A社の訓練可能性は、補充原理のところでは、すでにみたように学校歴を指標としているが、選抜原理では訓練可能性の具体的内容は「汎用性がある」とか「ベースがいい」「足腰がつよい」ということである。他者と協調性がなく、ただ有名大学出身だというものには「学究」型とされ、敬遠される。サロー自身、訓練費用を教育（学歴）でみることが過度に強調されすぎているといい、「人柄」などの他の要因を確定することが重要と次のように述べている。「どのような特定の個人的特性が経済的能力に貢献するのか――訓練費用を低下させるのか――という質問は、まったく仕事競争モデルにおける要の質問の一つである。それだけでなく、他の多くの分配理論においても適切な質問である。測定の容易さゆえに、教育とIQが経済的能力をうみ出すものとして、おそらくは過度に強調されてきた。しかしながら、身体的な器用さ、人柄、あるいはその他の特性が、最終的には、われわれが典型的と考えているものよりも重要な個人的背景をあらわす変数だ、と証明されるかもしれない」(15)、と。A社の採用を補充原理と選抜原理の二段階の選抜としてみれば、A社の採用においては訓練可能性の指標が学歴要因と非学歴要因とで見事なほどうまくつかわれている。

ところがである。実際の採用活動になると、こうした初期の意図が捩れてくる。A、B大学の面接になると、営業の話は少なめにして、国際投資や企画の仕事の話をしてしまう。主観的就職期待が良好なかれらに対しては、大企業だけでは誘因にならない。企画や国際投資などのアトラクティブな職種の可能性を提示しなければならない。また、売手市場にあるこれらの大学生を採用するためには、少々の「粗悪品」でも我慢しなければならない。「足腰」が多少よわくても、企画などのための要員だからということで採用の合理化や正統化をなすことができる。機会主義は採用当事者にも隠蔽されて作動する。統計学の第一種のエラー（企業に向いている学生を不採用にしてしまう誤り）と第二種のエラー（企業に不向きな学生を採用してしまう誤り）の用語でいえば、偏差値上位大学生には第二種のエラーつまり「人材」でない者を採用してしまう誤りがおきやすい。分断的選抜によって選別度が学校歴ごとに異なってくるわけである。偏差値上位大学生は入社のときは、「くどかれ」大学でありながら、入社後は「学校の勉強はできるが、仕事はだめ」などとなにかと否定的に評価されやすいという矛盾を解く鍵はここ——入社時点での学校歴による選別度の差異——にある。

われわれが事例調査したA社の属する業種では学校歴による分断的選抜が一般的であるが、あらゆる企業がA社にみられるような分断的選抜をおこなっているわけではない。A社とは別にわれわれは異なった業種のB社についても採用担当者の面接調査をしたが、B社では採用数の多い三つの大学についてのみ事前に人数を決めている。ただし、残りの大学については採用大学や人数の事前決定はおこなわれていないが、一つの大学から採用が多くならないこと、大学数をできるだけ増やすことは配慮されている。特定の大学に人数が偏らない採用を意図しているところに広い意味での分断的選抜をみることは可能である。B社では、文系四年制大卒採用の場合一次面接は、OBを中心にした若手社員がする。そして評価はA—Eの五段階でなされる。Aがもっともすぐれており、Cが普通である。DやEの評価をうけたときには二次面接にすすめないが、問題はC評価のときである。C評価でも二次面接にすすめる大学とすすめない大学がある。応募者が多いK大学の場合はC評価のときは二次面接にすすむことができない。できるだけ人数を絞りこまなければならないからである。ところが、応募者が少ないT大学の場合は、二次面接にすすめる。T大学からも何人かは採用したいからC評価でも二次面接におくりこむことになる。個人に内在した能力ではなく、分断的選抜から能力なるものが構成されることをこの事例も示している。

六　類別主義に埋め込まれた新規大卒労働市場

採用市場のクォーター制や分断化はすでにみてきたような、学校歴の差異による需給バランスの差異を生む。学校歴の市場能力の立ち挙がりは、ここにあるのだが、反省規定においては学校歴それ自体があたかも市場能力をもたらす有意味な属性であるかのように、能力実在説として解釈されるというまさに誤認（misrecognition）による認証（recognition）が生じる。したがって市場能力を学校歴として実体化するような議論は誤認による認証の物語を反復しているにすぎない。企業の主観的意図よりもこうした合成効果を主犯とみるのが本章の結論である。

最後にこの事例研究から浮かびあがった興味深いインプリケーションにもふれておきたい。事例研究にみられる分断的選抜原理は一定の機能をもっている。大学別採用目標数は採用活動をやりやすくする。われわれの面接でも人事担当者は、「仕事というのはなんでも、キッチリした目標があって活動できるものですよ。採用の仕事も同じですから」と述べている。大学別採用目標があることによって採用活動がスムーズに展開することはたしかである。類型化は、対象を同定し、解釈し、行為を円滑にさせる地図である。しかし、A社の採用担当者たちの学歴別類型化は類型の創出ではない。既存の類型の取り込みである。分断的選抜原理やOB・OG面接にみることができるような労働市場における学校歴による類型化と学校歴ネットワークの深層は面接調査を超えた解読が必要である。

それは日本社会における類別主義的編成の開示である。類別主義的編成の説明のためには類別主義からはじめなければならない。類別主義という用語は対馬貞夫によって生まれた(16)。対馬は日本社会における派閥を説明するときにそれは、普遍主義ではないことはもちろんであるが、そうかといって「友人・知己・縁故などの情実的態度」

である個別主義でもない、派閥は地縁や学歴などによって特定のカテゴリーの成員に格別の配慮をするものだから、個人的庇護や情実とは異なっている、類別主義ともいうべき特有の志向によって形成される、とした。われわれは対馬のいう類別主義を閥のレベルを超えた日本社会の編成原理としてみたい(17)。類別主義を一般化すれば、成員性を共有することによる類的認知パターン、類的ネットワークが存在することになる。個人主義と間人主義(18)の二項の先には類人主義が存在する。だから、日本社会における個別主義や普遍主義は類をユニットとして顕現する。ユニットを類に転移すれば、類別主義をただちに閥的行為とみる必要はない。類別主義それ自体がただちに派閥の壟断を帰結するわけではないからである。派閥による壟断は類／個別主義である。派閥均衡人事は類／普遍主義に近い。第二節で述べた大学別のバランス主義的採用は日本型普遍主義＝類／普遍主義の顕現にほかならない。新規大卒労働市場における分断的選抜原理やＯＢ・ＯＧ面接はこのような類人主義という文脈で生じ、採用活動の認知図と計画性を付与したり、人的媒体による非定型情報の交換(19)などの合理的な経済機能をはたすことをつうじて、さらに類別主義的編成を強化し再生産するという循環構造を描いている。まことに経済行為は社会関係に埋め込まれている(20)。新規大卒労働市場もこのような類別主義という既存の社会関係に埋め込まれている。

とすると、日本社会における教育システムと組織体との関係について次のような展開が可能である。教育システムは学校歴を産出することによって、日本社会の編成に類を備給する。かくて組織体は類的編成に引照し、取り込むことができる。類別主義的編成こそが深層構成ルールである。類別主義的編成はジョン・マイヤーのいう制度的ルール(21)と一見相同である。楔型クォーター率によって巨大企業が一部有名大学卒業生をとにかく採用したがることを示したが、それはＭＢＡ（経営学修士）を効果はともかく採用したがる傾向と相同である。アメリカの企業がＭＢＡを積極的に雇用するのは専門技能（人的資本論）でも潜在能力（スクリーニング理論）でもエリート文化

（葛藤理論）によるのでもない。ＭＢＡによる人事管理、商品開発、経営戦略の作成が非ＭＢＡの個人的な技や勘によってなされることよりも優れているということや、ＭＢＡを雇用していない企業はいかがわしい企業とされることが検証されることなく、自明視されているからだ。そしてＭＢＡや有名大学卒業生の取り込みが実際どのような効能をもっているかの「査察や評価を回避」し、「脱連結」(decoupling, 構造が技術的活動と切り離され、技術的活動は成果と切り離される）し、取り込んだ制度的ルールはみかけどおりであり、本来どおりのことをやっているのだという「信頼の論理」によって組織の存立が保たれる点でも両者は相同である。組織内部におけるデカップリング（脱連結）によって制度的環境とのカップリング（連結）が維持される。実際、採用人事担当者と面接をするとかれらはしばしばこんなホンネをもらす。「どうしても東大などの一部有名大学から採用しなければならないとはおもわないのだが。いざ採用になると東大卒の頭数にこだわってしまう」と。そこで「だったらどうしてでしょう？」とさらに追及すると、「……今年は東大からは一人も採用できなかったとなると重役会で報告するときに文句がでるからですよ」という答えがかえってくる。たしかに、例年東大卒を三人採用した企業が今年は一人も採用できなかったとしたら、「人事の怠慢として」重役会で非難されるかもしれない。しかし、それではそういう非難をする重役会のメンバーが東大卒をとらないと企業の存続と成長に損傷をきたすというように考えているかとなると、かなり疑問だ。かれらもまた採用人事担当者と同じく「どうしても東大卒を採用しなければならないとはおもわないのだが。……いざ会議になるとそういう発言になってしまう」というはずである。企業の成長と学歴構成の高さの関係は多くの場合、キャデラック現象であるはずなのだが。つまり、富裕（大企業）だからキャデラック（高学歴者の雇用）に乗るのであって、キャデラックに乗れば富裕になるわけではないはずなのに。ＭＢＡや有名大学生を採用しようとする熱意溢れる活動にくらべて企業の成長要因として学歴構成が取り沙汰されることはないし、調査されることもない。企業の成長に貢献しているということは証明の必要のないことである。稀に、貢献していない[22]という知見があらわれたとしても充分実証されてはいないとして無視される。

しかし、マイヤーのいう制度的ルールは合理的知識の神話である。そのかぎり教育システムこそが深層構成ルールである。教育システムが備給するのは、数理経済学やＭＢＡである。類別主義的編成社会においては教育システムの備給はエコノミストやＭＢＡではない。○○大学という類である。組織体の取り込みがＭＢＡであるか、○○大であるかという差異は教育システムが寄生項であるか、中心項であるかの重要な差異をも示唆している。日本社会の学校歴問題は教育システムが社会編成原理に横領されて顕現している。日本の学校歴問題は教育システムの陰謀だけでは解けないのである。

（1）Hopper, E., 1968, 天野郁夫訳「教育システムの類型学」前掲邦訳書（潮木・天野・藤田編訳）、三頁。
（2）Granovetter, M., "Toward a Sociological Theory of Income Differences," in Berg, I., ed., *Sociological Perspectives on Labor Markets*, Academic Press, 1981.
（3）岩田龍子「検討領域拡大の必要はないか」『教育社会学研究』三八集（一九八三年）など。
（4）Thurow, L., 前掲邦訳書。
（5）Hirsch, F., 1976, 都留重人監訳『成長の社会的限界』日本経済新聞社、一九八〇年、八三頁。
（6）天野郁夫「就職」慶伊富長編『大学評価の研究』東京大学出版会、一九八四年、一七一頁。
（7）元来はカーの用語で、同じ職種でも企業によって多くの仕事に分かれ労働市場が小国分立状態になること（Kerr, C., "The Balkanization of Labor Markets," in Bakke, E., *et al.* eds., *Labor Mobility and Economic Opportunity*, M. I. T. Press, 1954).

(8) 渡辺行郎「学校歴による人材選別の経済効果」市川昭午編『教育の効果』有信堂、一九八七年、五〇頁。

(9) Bourdieu, P., 1980, 福井憲彦訳「社会資本とは何か」『アクト』一号（一九八六年）。

(10) Dale, R. with Pires, E., "Linking People and Jobs: The Indeterminate Place of Educational Credentials," in Broadfoot, P., ed., *op. cit.*, p. 86.

(11) Boudon, R., *The Unintended Consequence of Social Action*, St. Martin's Press, 1977, p. 5.

(12) 偏差値分布は大学受験者の分布であって大学生の分布ではない。また大学生のすべてが民間企業に就職するわけではない。したがって偏差値分布を民間企業就職者の分布とすることは厳密さを欠くが、大学別民間企業就職者の正確なデータがないので、近似的母集団分布としている。

(13) 小林雅之「労働市場の構造と選抜理論――Job Competition Model と新規学卒労働市場モデル」『高等教育研究紀要』四号（一九八四年）、六六―六八頁。

(14) Williamson, O., 1975, 浅沼萬里・岩崎晃訳『市場と企業組織』日本評論社、一九八〇年、四四―四六頁。

(15) Thurow, L., 前掲邦訳書、一五五頁。

(16) 対馬貞夫「組織体における閥の問題――試論的考察」新明正道博士還暦記念論文集『社会学の問題と方法』有斐閣、一九五九年。

(17) 竹内　洋・木村洋二「日本社会の『類別主義』的編成――日本文化の生成構造」『第五六回日本社会学会大会報告集』一九八三年、三〇―三一頁。

(18) 浜口恵俊『「日本らしさ」の再発見』日本経済新聞社、一九七七年。

(19) OB・OG訪問や面接は労働供給側（学生）からみれば、企業や職務についての公式情報のふくみや内幕情報などを得る機会であり、OB・OGにとっては、採用担当者や評価する者の立場になる（役割ゲーム）ことによって、所属組織への愛着やコミットメントをます機会になる。

(20) Granovetter, M., "Economic Action and Social Structure: The Problem of Embeddedness," *American Journal*

of Sociology, 91 (1985). 苅谷剛彦他「先輩後輩関係に〝埋め込まれた〟大卒就職」『東京大学教育学部紀要』第三二巻、一九九二年。

(21) Meyer, J., "The Effects of Education as an Institution," *American Journal of Sociology*, 83 (1977). 補章「学歴社会をめぐる伝統的アプローチと制度論的アプローチ」参照。

(22) 貴重な経験的研究によれば、入学難易度の高い大学からの採用割合が大きい企業に生産性上昇率が大きいという事実は見出されない。むしろ反対の傾向さえみえる。「学校システムによる人材選別の効率は疑わしい」(渡辺行郎、前掲論文)。

第五章　昇進と選抜

一　地位達成モデルとキャリア・モデル

社会移動についての通常科学化した計量モデルはピーター・ブラウとオーティス・ダンカンによって開発された地位達成モデル(1)である。地位達成モデルは現代社会における社会移動を大量データにもとづいて一挙に把握するという利点がある。しかし、重要な問題も孕んでいる。地位達成モデルにおける地位が職業の移動であることだ。いまや大半の人は生涯同じ職業についている。にもかかわらず、同一の職業内部でキャリアの梯子が存在している。したがって現実には地位の移動は職業間移動ではなく、職業内あるいは組織内移動である。クリストファ・ジェンクスなどによれば、職業を四三五に分類しても所得の分散の六六%は同一職業カテゴリー内にある(2)。それ故、職業間移動に関心の焦点を合わせる地位達成モデルでは次のような奇妙なことも生じる。同一の製造業会社に勤める化学技術者が、上級管理職に「昇進」しても統計的には「下降」移動になってしまう。管理職の職業威信得点は化学技術者の職業威信得点よりも低いからである(3)。

デビッド・ジェイコブスも次のようにいう。いまやわれわれは組織社会に生きており、社会移動とそれにともなうさまざまな報酬は公式組織内部の過程によって決定されている。ところが、社会移動と社会成層についての研究のほとんどは「組織内移動のシステムについて閑却してきた」(4)。これが地位達成モデルをめぐる第一の問題である。

第二の問題は、地位達成モデルは過程なき投入・産出モデルであることだ。地位達成モデルにおける説明変数は、父学歴、父職業、本人学歴など労働市場に入る前の要因によって本人の現職を説明するように設定されている。労働市場参入後の変数はわずかに本人初職のみである。したがって、このようなパラダイムにおいては、知能や学歴、父親の社会経済的地位などの労働市場に参加する以前の属性がのちの職業的地位、あるいは所得に及ぼす影響力の測定に集中する。「職業間の結合についてはほとんど考慮されていない」。つまり「職業的地位は凝集性のある職業経歴の経路の一部分である、というようには考えられていなかったのである」(5)。世代間移動ではなく世代内移動を考察するときには、組織内地位移動であるキャリア移動をこそ分析の俎上にのせなければならない。

日本企業におけるキャリア移動に関する研究は、ブラディマ・プーチック(6)や花田光世(7)、若林満(8)などによって先鞭がつけられている。プーチックは職歴の初期で低いランクのグループにいれられた人にとっての「〃回復〃のチャンスは比較的薄い」とし、ローゼンバウムのトーナメント移動が日本の企業にも妥当することを示唆している。花田は人事記録にもとづきながら各社のキャリア・ツリーを描き、日本の大企業の人事制度とくに昇進・昇格においては、安定雇用・年功昇進の通説とは異なる激しい競争原理が相当以前から働いていたとする。若林の研究は質問紙調査も加えたユニークな研究であるが、「キャリア発達の早期（三年目）決定説」を結論し、やはりトーナメント型を支持している。これらはいずれも貴重な研究成果であるが、日本企業のキャリア移動をトーナメント型であるかそうでないかの二者択一的モデルでみても仕方がない。第三章で述べたように、地位階層がピラミッド的で、継続的に選抜がおこなわれれば、構造的にトーナメント型に帰結するからである。したがってトーナメント型からの微妙な偏差を発見することが課題にならなければならない。そしてこの微妙な偏差の型に日本型選抜構造の特徴があり、同時にそこに日本型加熱・冷却の構造的背景がある。

二　新規学卒同時採用と「ともぞろえ」昇進

調査企業は第四章の事例調査と同じ大手金融保険会社A社である。A社従業員の人事カードが基礎資料である。われわれが入手できた人事カードは、一九六六年と一九七五年に入社し調査時点（一九八八年）で勤続している大卒者についてのものである。以下それぞれを六六年入社、七五年入社と略記する。カードには個人ごとに学歴、勤務地、所属、地位、資格（職階級）、異動年月日などについての入社以来の人事情報が記載されている。プライバシーを守るためカード入手以前に氏名欄を削除してもらった。他方で、人事カード記載の全員と六八年入社、八五年入社の大卒者の質問紙調査を一九八九年二月におこなった。質問紙調査郵送数は二六七。回収は一六五（回収率六一・八％）である。またA社社員（六五年入社）一名と中途退職者（六六年入社）一名について面接調査した。本調査に協力してもらう過程でA社人事部スタッフの聞き取り調査も数回にわたっておこなった。

A社大卒従業員のキャリア・ツリーを描くまえに、六六年と七五年入社の調査時点での資格（職階級）による構成比をみておこう。A社の資格は課長職IIを除いて職位と対応している。したがって課長職IIを除いて誰がどの資格かは組織成員に認知されている。ただし、課長職IIは職位においては課長あるいは調査役などの課長相当職であるから、当人以外の組織成員がある人の資格について課長職Ⅰであるか Ⅱであるかを正確に認知することは不可能である。A社人事担当者の用語でいえば、課長職Ⅱは「ブラインド」である。なお、以下ではA社の職階級の名称については一部変更している。

六六年入社は調査時点で入社以来二二年経過している。昇進の最高は次長職（四人）で、最低は課長代理職（一二人）である。多くの者（五一人）は課長職Ⅰないし課長職Ⅱにある。七五年入社は調査時点で一三年しか経過していない。したがって、六六年入社の四段階の分化にたいして、七五年入社は三段階の分化にとどまっている。昇進の最高は課長職Ⅰ（一五人）で、最低は係長職（一人）である。多くの者（五〇人）は課長代理職である。六六年と七五年入社を調査時の資格（職階級）でみたものが表5・1である。なおそれぞれの職階級には、A―Eまでの等級がある。ある職階に昇進したときがEであり、その後DからAにすすんでいく。

表5・1　職階構成（%）

	1966年	1975年
係長職	0	2
課長代理職	18	76
課長職Ⅰ	43	23
課長職Ⅱ	33	0
次長職	6	0

表5・1はいずれも現在の資格による構成比であるが、これらの人が入社後どのようなキャリア軌跡を描いたかを過去に遡ってみよう。六六年入社で現在まで勤務している六七名についてのキャリア・ツリーを基礎資料の人事カードから作成したのが図5・1である。

図の読み方はつぎのようである。上の段は職階級である。カッコ内は入社後何年目に当該の職階級に到達したかをあらわす。四角の内部の数字がその到達人数である。たとえば、図の左側でみると、入社五年後に係長職に昇進した者は六六人で六年後に係長職になったものが一人ということである。六六人から放射している矢印は、つぎの職階へこの六六人がどのように枝分れしていったかを示している。六六人中五六人はその三年後（入社から数えると八年後）に課長代理職についているが、九人はその四年後（入社から数えると九年後）、一人はその五年後（入社

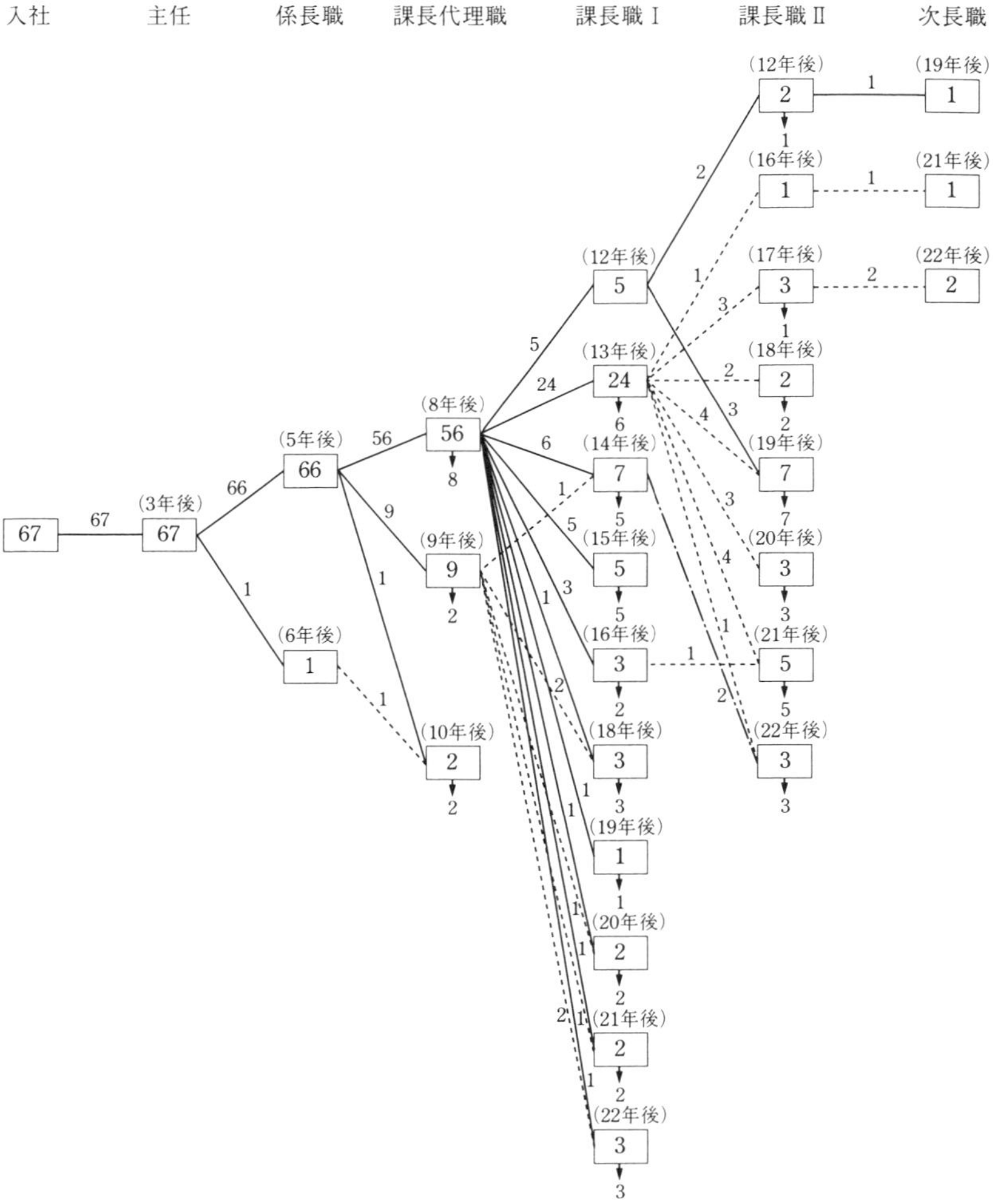

	入社	主任	係長職	課長代理職	課長職Ⅰ	課長職Ⅱ	次長職
昇進時間	0	1	2	10	8	3	
昇進比率	100	100	100	82	39	6	

図5･1　キャリア・ツリー（1966年入社）

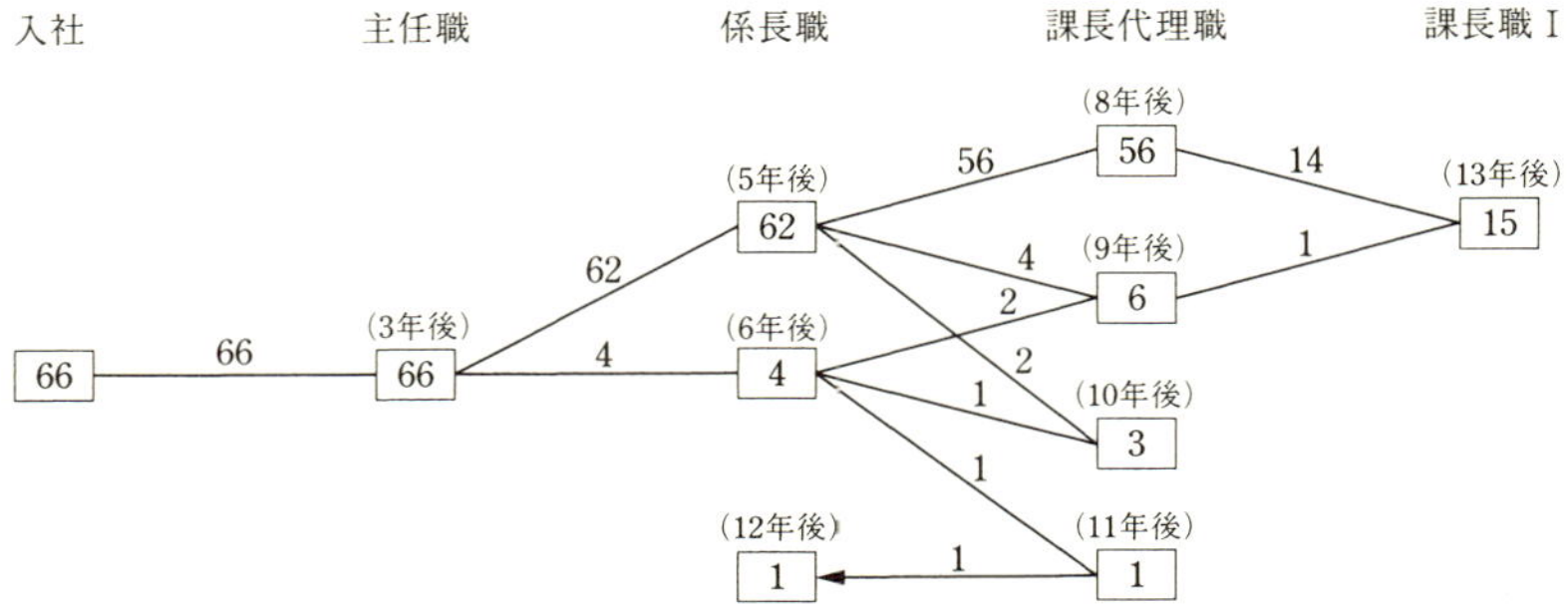

図5•2　キャリア・ツリー（1975年入社）

から数えると一〇年後）に課長代理職についている。以下このようにして図を読んでもらいたい。七五年入社について同様なキャリア・ツリーを書いたものが図5・2である。この場合は入社から一三年間しか経過していないので六六年入社と比較すると、キャリア・ツリーは相対的にシンプルで分化が少ない。

ここで第二章で紹介したローゼンバウムによって作成されたアメリカ企業のキャリア・ツリー（図2・1、五三頁）をもう一度参照してほしい。しかしローゼンバウムのキャリア・ツリーをわれわれの調査企業のキャリア・ツリーと単純に比較にできない。ローゼンバウムのキャリア・ツリーは入社時点ではそろえてあるが、学歴については大卒だけでなく高卒も入っているからである。また人事異動の調査ポイントは三年ごと（一九六五年と一九六九年の間は四年間隔）である。リアルタイムでプロットしているわれわれの調査と単純に比較できない。しかし、ABCO会社の場合三年目までにフォアマン以上に選抜された者は一〇％にすぎない。この点をわれわれの調査企業のA社でみると、ABCO社とはかなり異なっていることがわかる。A社では三年目に主任職の資格ができる。六六年入社、七五年入社いずれも全員が同時期に主任職になっている。主任職は実質的に無選抜である。選ばれない者がでるという意味での選抜は入社五年目の係長職の段階で生じている。し

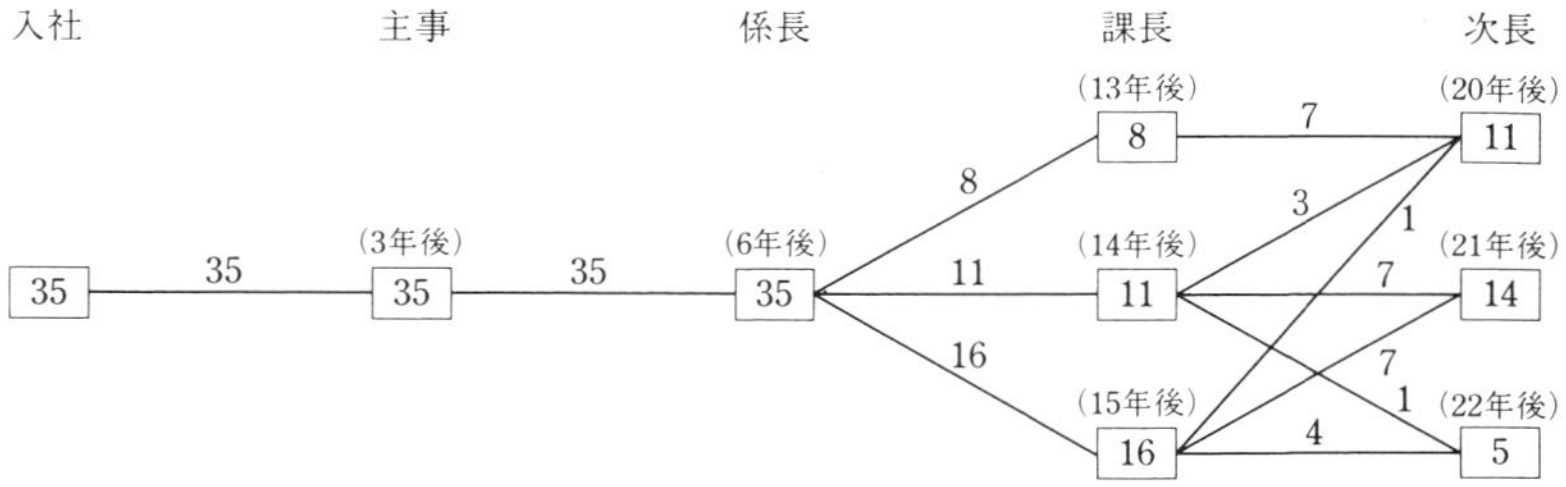

図5･3　B社のキャリア・ツリー（1966年入社）

かし、六六年入社でみると六七人中六六人が同時期に係長職になっており、一人だけが例外である。しかもその一人は翌年係長職に昇進している。七五年入社の場合は六六人中六二人が同時期に係長職に昇進し、四人が翌年昇進している。ABCO社のような一〇%の選抜とは異なっている。A社の係長職では九九%（六六年入社）、九四%（七五年入社）の者が同時期に昇進しているのだから係長職も主任職と同じく選抜というよりも、実質上は同時昇進=無選抜とみるべきであろう。課長代理職になると、同時期に昇進しない者が一一人（六六年入社）、一〇人（七五年入社）になるが、それでも同期の八四%（六六年入社）、八五%（七五年入社）は同時に昇進しているのだから選抜とは必ずしもいいがたい。すぐれた者を選抜するより能力や実績がかなり劣る者を落としているとみるべきである。図5・3はA社と異なった業種のB社の六六年入社（大卒）のキャリア・ツリーを描いたものである。B社においても入社一三年目の課長選抜においてはじめて差が生じている。このような長期間にわたる同期同時昇進は、同期入社の昇進・昇格についての日本労働研究機構の調査にもみることができる。

　日本の大企業の多くは、入社して一定の期間は、同期入社の者にほとんど差をつけない（表5・2）。ヒラ社員のときに差をつけないだけではない。主任、係長もほとんど同じ年度に昇進していく。配属する部署も異なり、人事考課もされているが、入社後五―八年は昇進差がほとんどない（表5・3）というのが、多く

表5・2　企業規模別同一年次同時昇進の有無

		合計	入社後一定期間は差をつけない	最初から差をつける	不明
合　計		100 (640)	64.5	34.7	0.8
正規従業員数	999人以下	100 (44)	59.1	38.6	2.3
	1,000人-2,999人	100 (418)	63.6	35.4	1.0
	3,000人-4,999人	100 (69)	62.3	37.7	—
	5,000人以上	100 (109)	71.6	28.4	—

出所：日本労働研究機構『大企業ホワイトカラーの異動と昇進』1993年．
注：単位は%，カッコ内は実数．

の日本の企業の人事の仕組みである。日本企業は相当長期にわたってすぐれた者を選ぶという意味での選抜をやらないというように一般化できる。日本企業においてはかなり長期間にわたって同期つまり入社年次を同じくする者が一斉に昇進する「ともぞろえ方式」(9)なのだが、どうしてもともぞろえできない者を例外的に一年ないし二年昇進を遅らせている。

そこで、小池和男はこのような日本の企業の昇進競争様式を「将棋の駒」型競争とネーミング(10)する。将棋の駒の底が入社である。将棋の肩あたりまでは選抜が厳しくない。つまり入社年を同じくする者のほとんどは、同じ年度に主任や係長になっていく。だが、将棋の肩を過ぎるあたりつまり課長代理や課長のあたりから競争が厳しくなる。平等処遇の期間がながい日本企業の人事システムを直感的に理解するのにすぐれたメタファである。

「ともぞろえ方式」も「将棋の駒」型競争も日本の企業における新規学卒同時期採用という採用慣行に帰因している。新規学卒同時期採用とは当該年度卒業予定者を対象に一斉に採用活動をおこない、同時（四月一日）に入社させるという採用慣行(11)である。その起源は一八九五年（明治二八年）にまで遡れる。当時のビッグビジネスの日本郵船と三井が大学卒を定期的に採用するようになったのがはじまりである(12)。新規学卒者の定期採用が財閥企業を中心に一般化するのは明治三〇年代後半(13)からである。第一次

表5・3　企業規模別同一年次同時昇進の期間

		合計	入社後5年程度	入社後7－8年程度	入社後10年程度	入社後12－13年程度	入社後15年程度	入社後15年以上	不明
合　計		100 (413)	62.7	21.1	10.2	3.6	1.9	—	0.5
正規従業員数	999人以下	100 (26)	69.2	26.9	—	—	3.8	—	—
	1,000人-2,999人	100 (266)	64.7	18.8	10.2	4.1	1.5	—	0.8
	3,000人-4,999人	100 (43)	55.8	25.6	14.0	2.3	2.3	—	—
	5,000人以上	100 (78)	57.7	24.4	11.5	3.8	2.6	—	—

出所：表5・2に同じ.

世界大戦のころには、中規模の企業までもがこうした新規学卒採用方式をとりはじめる(14)。新規学卒同時期採用は、特定の職務に欠員ができたときにそれに応じて採用するというのではない。将来の必要人員を想定して若年労働力を一括して採用する雇用慣行であるが、そのことによって入社年度を同じくする者の間に同期という集団意識をもたらす。学校を卒業したばかりのほぼ同じ年齢の者が四月一日に同時入社し、同じ研修をうけ、しばしば寮生活を共にしていくからだ。A社の若手社員は大卒募集のための入社案内パンフレットのなかでA社の同期意識の強さについて次のように書いている。「A社には新入職員の六カ月間にわたる集合研修があります。毎年入社する新入職員はこの研修を通じて、A社の職員としての知識と技術を習得し、各職場に配属されていきます。この研修中全く違った環境で育ってきた同期の間に不思議な結束が生まれてきます。この結束こそが、私が最も大切にしているものであり、企業を動かす力の源となるものです。……」と。

しかし同期はこうした仲間集団の面だけにとどまらない。同期は昇進の比較準拠集団にもなる。「辞令がでたときまず目がいくのが同期のゆくえである」と、直截にかたる人もいる。A社の同じ入社案内パンフレットで別の若手社員は次のように書いている。「A社の研修期間は六カ月。〇〇の勉強を一からみっちりたたき込まれます。また同期の人の名前も性格もお互いに知り合える期間です。一〇月からみんなそれぞれ職場に配属されますが、どこに誰がいるかよくわかります。……いずれは支社に出て、フロンティアスピリッツを発揮したいとおもっています。社内に限らず、他の会社の人でも同期入社した人には負けたくないですね」。「社内に限らず」とは述べているが、社内の同期は、「負けたくない」仲間であることは前提となっている。新規学卒同時期採用慣行のもとにおける会社員の意識を象徴したものである。同期集団は、昇進差の微細な違いを認知可能にさせる比較集団である。年齢や入社年がバラバラな採用方式であれば、自分の昇進がどの程度のものかを測定する基準集団がみつかりにくい。しかし、新規学卒同時期採用の場合は、入社年と年齢の条件を同等にするから、わずかな昇進差をも可視化させ、過敏な反応をもたらす。それだけに日本企業の人事はかなり気をつかうものになる。「ともぞろえ」昇進や「将棋の駒」型競争はこうした気遣い人事のあらわれとみることができる。

しかしこうした新規学卒同時期採用に規定された競争方式を「将棋の駒」型競争というだけでは直感的なメタファにとどまる。「将棋の駒」型競争をもっと明細化することにしよう。

三　昇進パターン

A社は課長代理職までは実質的な選抜があまり行われていない。明らかな選抜がはじまるのが課長職Iのところである。課長の昇進年次には大きな差が出ている。図5・1でみることができるように六六年入社では一〇選抜までである。同期のなかである役職にもっとも早く昇進したグループを一選抜といい、以下二選抜、三選抜という。したがって課長昇進には一〇選抜まであり、課長昇進をめぐって同期入社に時間にして一〇年間の幅ができている。

にもかかわらず、第一選抜で課長職Ⅰになった者がでてから一〇年後には同期入社の八二％もの者が課長職Ⅰになっているという点にも注意したい。課長職Ⅰは同期同時昇進ではないが、同期時間差昇進ではある。

ローゼンバウムの調査したＡＢＣＯ会社の人事記録はさきに述べたように、大卒だけではないので単純に比較できないが、入社後一三年間たっても平社員に留まっている者は降格二名を含んで実に四〇〇名、全体の六〇％である。ＡＢＣＯ会社の一九六二年における年齢別学歴別にみた職位占有数をみると、三五―三九歳においても大卒の平社員が一二・一％、四〇―四四歳で二〇・七％もいる(15)。ここらあたりはやはり日米の企業ではかなり異なっている。

Ａ社の六六年入社のキャリア・ツリー（図５・１）からさらに次のようなことも読むことができる。一選抜で課長職Ⅰになった者は入社一二年後である。同期のなかで昇進のもっとも遅い者が課長代理職になったのが入社一〇年後である。第一選抜で課長職になる者も同期のもっとも遅い昇進の者が課長代理職になってからのちに課長職に昇進している。同期の間に一階級以上昇進格差をつけないことが配慮されているわけである。七五年入社で、もっとも早く課長職Ⅰになった者は入社一三年後である。同期のなかで昇進のもっとも遅い者が課長代理職になったのは、入社一一年後である（ただしこの者は翌年に降格している）。七五年入社の場合も、全員が課長代理職に昇進してからのちに、一選抜の課長昇進がなされている。入社一二、三年ぐらいまでつまり課長昇進ぐらいまでは同期の間にあまり大きな差をつけないということがわかる。つまり昇進はエレベータ式ではなく、エスカレーターに乗りながら競歩しているのだが、それぞれのフロアーにはトップ・ランナー（high flyer）ともっとも遅れた者との間に大きな差がつかないようにする待機所（踊り場）(16)がしつらえてある。しかし、図５・１と図５・２の課長職Ⅰのところにみられるように入社一二、三年くらいから昇進分化が著しくなりはじめる。課長職Ⅰは同期入社の間の昇進分化だけでなく、他年度入社との競争の時期でもある。

図5・1と図5・2をみればわかるように、A社の職階級の一選抜は係長が五年目、課長代理が八年目、課長職Iが一二年目（六六年入社）、一三年目（七五年入社）である。また、次長は一九年目である。部長については図5・1からは読み取れないが、われわれの聞き取り調査では二三年目である。ということはこれらの職階級に一選抜で昇進する者は絶対に次年度入社者に追い越されないということである。だから、同期のほとんどが一選抜である課長代理職までは、次年度入社の者による追越しがほとんど生じない。次年度入社者が同じ競争になだれ込むのは第一選抜の割合が減る課長職Iのときからである。六六年入社でみると係長職の第一選抜は九八・五％、課長代理職は八三・六％、課長I職は七・五％である。むろん他年度入社の各職階による第一選抜の割合はこれとまったく同じではないが、課長職Iで第一選抜の割合が激変する傾向は同じである。課長代理職までは同期のほとんどは第一選抜であるから、課長職Iから他年度入社者との競争がはじまるということになる。つまり課長職Iから同期入社の間の競争にとどまらず、入社年次が遅い者や早い者との競争になってくる。

表5・4　現在のライバル（％）

	中＋遅	早
古い年次	17.3	46.7
同　　期	32.7	20.0
若 い 人	13.5	6.7
い な い	36.5	26.7

それを質問紙調査にみよう。現在の職位で全体を昇進「早」、「中」、「遅」の三つのカテゴリーにわけた。六六年入社はすでに述べたように昇進分化が大きいのでほぼ均等に三つのカテゴリーにわけることができたが、七五年入社は六六年入社ほど昇進分化がすすんでいない。そこで課長職Iになっている集団を「早」、課長職I未満、課長代理C級までを「中」、それより下の職階級を「遅」とした。七五年入社の場合は、やや「中」の割合が多くなっている。このようなカテゴリーわけをして「早」、「中」＋「遅」の二つのカテゴリーにし、現在のライバルとクロスした

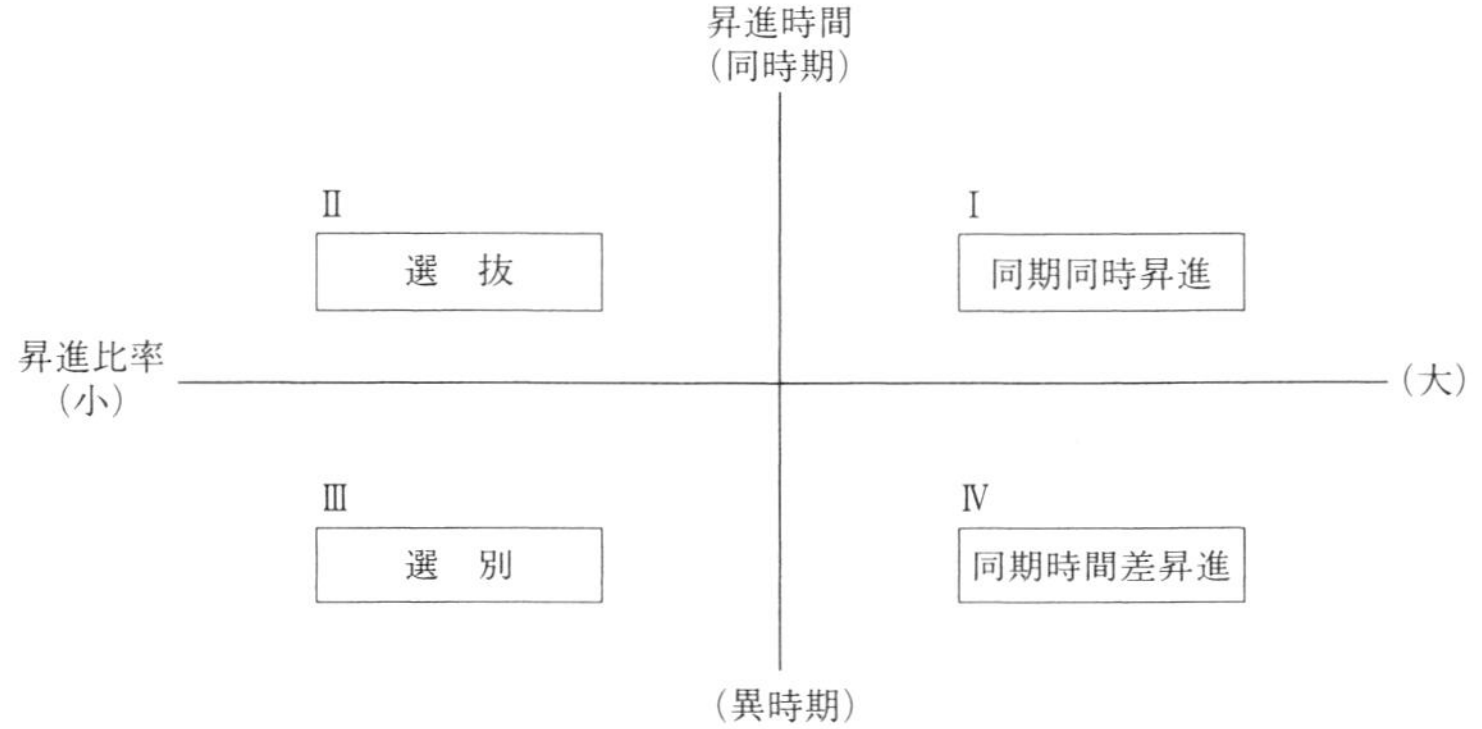

図5･4　昇進パターンの類型

ものが表5・4である。現在のライバルといったときにはライバルの意味はひろいが、昇進上のライバルが大きな部分を占めることは否定できないだろう。昇進の早い者は古い年次をライバルとし、「中」や「遅」は同期と遅い年次の者をライバルとしている。早い者は同期間競争ではなく年長の者との昇進競争になり、「中」や「遅」は同期あるいはより年次の若い者との競争になっているからである。

焦点を同期に移すと、すでにみたように第一選抜で課長職Iになった者がでてから一〇年後には同期入社の八二%が課長になっている。昇進の分化が起こっているが、一〇年後には同期のほぼ全員が課長職Iというゴールに到達している。その点で課長職IIの選抜は課長職Iと異なった選抜パターンになる。六六年入社においては調査時点で選抜されているものは三九%である。課長職Iにみられるような同期時間差昇進とは異なっている。しかしこの三九%という割合はあくまでわれわれの調査時点のものだから、最終的(定年時)にはもう少し多くなる。とすれば課長職IIも課長職Iほどではないにしても、同期時間差昇進の型にもっと近づくことになる。

これまでのA社のキャリア・ツリーの分析から昇進パターンを次のように類型化することができる。ひとつは、ある職階に昇進するとき

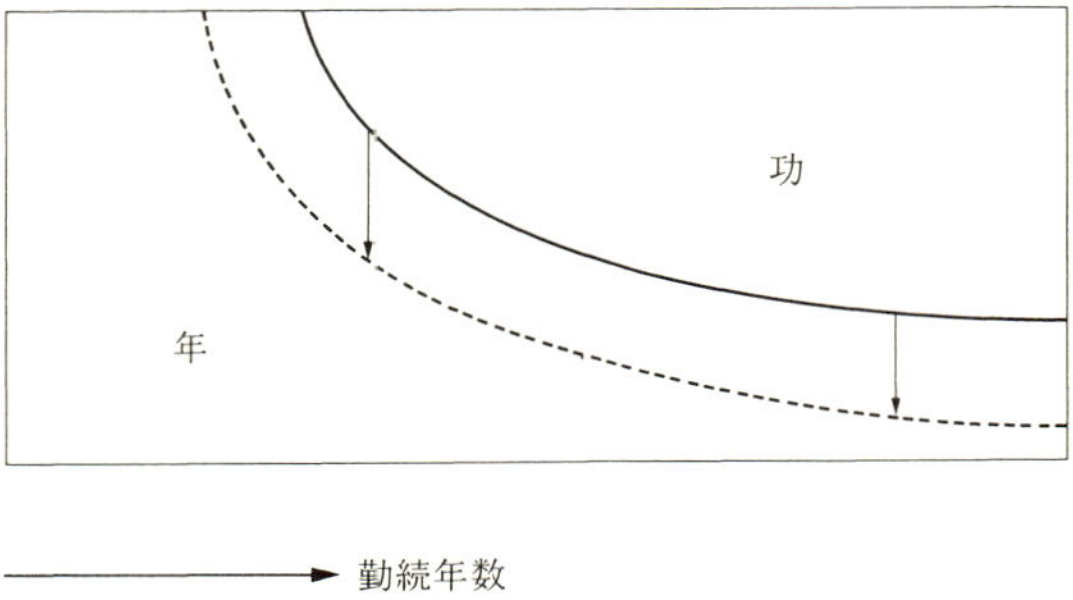

図5・5　年功昇進

に同時昇進するか、時間差があるかである。もうひとつは、最終的にある職階に多数が昇進するか、一部のものしか昇進しないかである。前者は選抜時間差の有無である。後者は昇進率の大小である。この二つの軸を交差させることによって、昇進の四つの類型がえられる。図5・4の同期同時昇進、同期時間差昇進、選抜、選別がこれである。Ⅰは同じ時期に全員を昇進させるのだから「同期同時昇進」である。実質的には選抜ではない。Ⅳは昇進期を一年あるいは半年刻みでおこなうが、最終的に同期のほとんどが昇進する場合である。選抜ではあるが、最終的にはほぼ全員が昇進するのだから「同期時間差昇進」である。厳密な選抜は図5・4の左側つまりⅡ、Ⅲである。Ⅱは少数のものを同時期に昇進させる。「選抜」である。Ⅲは少数のものを第一選抜、第二選抜というように、昇進年の差をつけて昇進させる「選別」である。

図5・4の二つの軸によって六六年入社のそれぞれの職階級への選抜率と時間差を計算した結果が図5・1の下欄に示してある。ここで時間というのは、該当職階級に第一選抜で選ばれた人から最後に選抜された人までの経過年数である。ここから明らかなように、A社の主任職や係長職はⅠの同時昇進に、課長職Ⅰは時間差昇進に該当する。課長代理職は時間差昇進ともよめるが、全体の八三・六％（六六年入社）、八四・八％（七五年入社）が第一選抜で昇進しているのだから、時間差昇進というよりも同時昇進に近い。このようにみてくるとA社の昇進のパターンはⅠ→Ⅳ→Ⅱ／Ⅲと移っていくことがわかる。「将棋の駒」型競争の内実はこのようなものである。

ここで日本企業における年功昇進を次のように明細化することが可能になる。年功昇進は「勤続年数」（年の功）説と「勤続年数＋業績主義」（年と功）説(17)がある。「勤続年数」（年の功）説は業績主義の要素を極小化したものとみれば、年功昇進は勤続年数（年）と業績（功）の割合の問題になる。A社においては入社一二、三年まではほとんど同期同時昇進だから、「年の功」昇進である。しかし、この場合も功の部分がないわけではない。業績がかなり落ちるものは次年度入社の者あるいは二年入社年度が遅い者と肩をならべることになる。功の部分はあるのだがウエイトが極めて小さいということである。課長になるころには、功の部分がウエイトをましてくるが、それでも、第一選抜のものが次年度の者に抜かれるということはない。そのかぎり「年」の部分が残っている。課長以前と課長以後では昇進基準に占める年と功の割合が逆転する。このようにみれば、日本企業の年功昇進は、勤続年数か、勤続年数＋業績主義かの二者択一ではなく、図5・5のように時間（勤続年数）によって年と功のバランスが変化していくものとして理解されなければならない。

近年の年功昇進の変化は、図5・5の点線のように、勤続年数よりも業績のほうにバランスが傾斜することである。従来の年功昇進では、勤続年数のウエイトが大きかったから、業績で十分とはいえない者も勤続年数によって業績をカバーすることが可能であったが、そういうことが困難になりはじめたということである。その結果、同期同時昇進や同期時間差昇進の職位が前倒しになってきているということになる。

四　リターン・マッチと加熱

では、日本企業の選抜の特徴は長期にわたる同期同時昇進のあとはトーナメント型になるのだろうか。そういいきれないところに日本型選抜構造の特徴がある。これをA社のキャリア移動にみよう。六六年入社をみると、たしかに課長代理職で第二選抜までに入らない者は以後の昇進がない。また課長職Ⅰで第三選抜までに入らない者も以後の昇進が閉ざされている（第五選抜の者一人だけが例外的に課長職Ⅱに昇進している）。これらの者には敗者復活がない。第三選抜（課長代理）、第四選抜（課長職Ⅰ）以下の者にとってはトーナメントである。しかしすでに述べたように、同一制度内部で選抜が複数回おこなわれれば、移動はトーナメント型になる構造的必然性をもっている。トーナメント移動は構造化されている。その意味で図5・1にみられるように、第二、三選抜までならトーナメントではないつまりリターン・マッチが可能だということにこだわるべきである。

トーナメント移動には敗者復活の欠如の他にもうひとつの特徴がある。第三章でも述べたようにトーナメントでは勝者にたいしては能力の底を定義し、敗者に対しては能力の天井を定義する。敗者に対する能力の天井の定義が、敗者復活の欠如になる。もうひとつは勝者に対しては、能力の底を定義することである。選抜に選ばれた者は選ばれなかった者よりもより上位の職位の底（higher career floor）をもつことを意味する。ある段階の選抜に選ばれたものは、後に選ばれた者に後になって、大きく追い越されたりはしない最低保証があるということである。純粋トーナメントでは第三回戦で敗れたものは第二回戦で敗れた者と地位は逆転しない。ただし企業の昇進競争をスポーツのトーナメントに比喩できない部分がある。勝者は昇進して敗者は昇進しないということではないからだ。前者は昇進スピードが後者に比べて早いということである。勝者と敗者は、昇進スピードの相対的速度によって決まる。とくに日本企業における昇進競争の場合は、すでにみたように入社年次の配慮が働いている年功的昇進であるから、このこと（昇進スピード競争）は充分注意されるべきである。

いま述べた観点から、A社のキャリア・ツリーをみるとトーナメントとずれる部分がかなり発見される。そこで、ある職階において第何番目の選抜で選ばれたかと、それらの者が次の昇進で第何番目の選抜で選ばれたかのクロス表を作成した。それが表5・5である。

表5・5aの縦欄は課長代理のときの選抜順序、横欄は課長職Iの選抜順序である。したがって課長代理のときの第一選抜者が課長Iではどのような選抜順序にあったかは、横欄をみればよい。なおA—Eはつぎの段階にすすめず同じ職階にとどまった者の職級である。Aが最上位の職級でEが最下位職級である。表5・5bは職階を一ランク上げて同じように作成してある。

表5･5　a. 課長代理職→課長職I

	昇進										残留			計
	1	2	3	4	5	6	7	8	9	10	A	B	C	
1 選抜	5	24	6	5	3	1	1	1	1	1	6	2		56
2 選抜			1			2		1	1	2	2			9
3 選抜												1	1	2

b. 課長職I→課長職II

	昇進								残留					計
	1	2	3	4	5	6	7	8	A	B	C	D	E	
1 選抜	2				3									5
2 選抜		1	3	2	4	3	4	1	1	5				24
3 選抜								2		4	1			7
4 選抜										4			1	5
5 選抜							1			1	1			3
6 選抜												2	1	3
7 選抜													1	1
8 選抜													2	2
9 選抜													2	2
10 選抜													3	3

課長代理職でも、課長職Iにおいても第一選抜者たちの職階の底が必ずしも定義されているとはいいがたい。表5・5aをみると課長代理職の第一選抜五六人のうち三五人つまり六二・五%が課長職Iの選抜においては第三選抜までに入っている。しかし、一三人つまり二三・二%は第四選抜以下で課長職Iになっている。八人つまり一四・三%は、結局課長職Iに到達していない。課長代理職の第二選抜九人のうち課長職Iになるのは七人、七七・八%である。

つぎに表5・5bで課長職Ⅰをみよう。課長職Ⅰで第一選抜に入った者のうち二人は課長職Ⅱでも第一選抜である。しかし残りの三人つまり半数以上は課長職Ⅱの選抜では第五選抜である。これらの者は課長職Ⅰの第二選抜の六人に追い抜かれ、さらに次長職でもっとつきはなされている。課長職Ⅰの第一選抜のうち三人は結局調査時点では次長職になっていない。課長職Ⅰの第一選抜と第二選抜の次長輩出率は、それぞれ二〇%、一二・五%である。課長職Ⅱの第一選抜は簡単なので表は省いたが、キャリア・ツリー（図5・1）をみればわかるように課長職Ⅱの第一選抜二人のうち一人は次長職に第一選抜であるが、他の一人は課長職Ⅱの第二選抜と第三選抜に追い抜かれている。

七五年入社についても同じような視点からみることができる。課長代理職の第二選抜というのは、同期入社六六人中五七位以下、そのかぎり遅い昇進になるのだが、そのうち一人は課長職Ⅰで第一選抜になっている。図5・3の異なった業種の場合でも課長の第二選抜と第三選抜から次長第一選抜になっている者がいる。逆に課長第一選抜のうち一人は同期三五人のうち三〇人が次長になっているときに次長に昇進していない。

ここまでの知見は、(i)それぞれの職階で早く選抜されることがその後の昇進に必要ではある。しかし(ii)一、二年の遅れ（第二、三選抜）の場合はかなりリターン・マッチがある。(iii)第一選抜にえらばれたからといって昇進の最低保障があるわけではない、ということである。(i)がトーナメントの適合性を、(ii)と(iii)がトーナメントからのズレを示すものである。敗者復活がないという意味でのトーナメントは第三選抜以下の者についていえるのであって、第二選抜ぐらいまでの者にとってはトーナメントとはいえない。選抜様式は集団によって分節化している。上位者集団ではかなり入れ替えがあり、しかも職位（能力）の底が定義されていない。他方、下位者集団にとっては敗者復活がないからトーナメントである。教育的選抜がそうだったように、日本の職業的選抜がトーナメントから逸脱するという傾向を読み取ることができる。

このことをA社従業員の質問紙調査にみたものが表5・6である。昇進別にみたリターン・マッチの可能性を聞いたものである。A社では課長になるときなどに同期の者より遅れてもそれ以後の昇進で挽回することが可能だとおもうか、という問いの結果である。昇進遅滞者にほとんど不可能という者がおおいことは当然としても、それでも半数以上は、ある程度可能や十分可能としている。

このようなことは、日本労働研究機構がおこなった「ホワイトカラーの選抜・昇進・キャリア形成に関する調査」（表5・7）にも確認できる。この調査は企業調査（人事担当者）と個人調査（ホワイトカラー）から成っている。まず大卒ホワイトカラーの昇進において以前の昇進には後から昇進した者が次のポストへの昇進では先に昇進することについては「一般的にある」とした企業が七二・四％、「例外的にしかない」二五・五％、「ない」二・一％である。多くの企業が「ある」と答えている。しかもこうした追い越しは低位の職階においてだけでなく、中位や上位の職階でもあると答えている。個人調査をみても同じようなことが確認できる。昇進が同期から比べてもっとも早いと答えている者のうち三〇・七％が、こんごは平均的なところになっていくと答えている。そして同期から比べて昇進が遅れていると答えている者のうち三二・七％が将来平均以上になれるとおもっている。

日本の企業にみられるようなトーナメントからのズレは次のようなことに求められる。第一選抜と第二選抜ではわずか一年の昇進差にすぎない。また、ほぼ全員がゆっくりと昇進していく。この二つの選抜の特徴がリターン・マッチを可能にさせ、また第一選抜に選ばれた者がエリートとして庇護されないことをもたらす。その意味で日本企業のトーナメント移動とのズレは、小刻みなかつゆっくりとした選抜方式に刻印されている。逆にいえば、選抜が早期に大きな格差をと

表5・6　リターン・マッチの可能性（％）

	遅	中	早
十分可能	28.6	28.1	36.7
ある程度可能	23.8	46.9	46.7
ほとんど不可能	47.6	25.0	16.7

表5·7　同時入社者の間での相対的位置づけ（%）

相対的に進んでいると思う	33.1
だいたい平均なところだと思う	52.1
相対的に遅れていると思う	14.8

「相対的に進んでいると思う」……今後は

今後は	
だいたい現状維持	55.8
平均的なところへ	30.7
他においこされる	—
わからない	13.4

「相対的に遅れていると思う」……

最も進んでいる人に追いつく可能性もある	5.8
平均的な線に追いつくことはできると思う	26.9
ほぼ現状のままだと思う	59.6
わからない	7.7

出所：日本労働研究機構『ホワイトカラーの人事管理』1995.

もなっておこなわれればおこなわれるほど、トーナメントになりやすい。

しかし第三章の「受験と選抜」のところでふれたと同じように小刻みな選抜様式がただちにトーナメントからの逸脱を帰結するわけではない。第三章においてはその制度的要因を過去の経歴や達成のシグナル要因を排除する大学入学者選抜にみたが、内部労働市場の場合は同一組織内の経歴移動であり、客観的試験のようなものはほとんど使用されない。だとすると、何故日本企業のキャリア移動はトーナメントから逸脱するのだろうか。第三章でみた受験と選抜とは異なった要因を探索しなければならない。

客観的な能力主義的選抜方法がなく同一組織内の選抜であるときには過去の経歴や達成がシグナルとして作動しやすいが、必ずそうなるというわけではない。シグナリング過程が作動するかどうかは背後仮説（能力観）に依存している。ローゼンバウムも企業のなかに「栴檀は双葉より芳し」(Cream rises to the top.) という格言があり、それがシグナリング過程の正統化となると述べている(18)。能力観がシグナリング過程の作動や抑止にかかわっている。

日本企業の能力観は「栴檀は双葉より芳し」とは異なっている。われわれの面接でA社人事担当者は「学校のときの能力と職場では違う」「係長のときは優秀でも課長となるとまたちがうから」「誰でも出番はあるものですよ」と述べている。これは個人の能力差は認めるが、それが状況によって異なっているとする能力観である。これを状況的能力観と呼ぶことができる。状況的能力観とは、状況Aによって証明された能力観が別の状況Bに無条件に転移することは正統ではないという能力観である。状況的能力観は、必要とされる能力は状況ごとに異なっているという柔らかい能力観である。われわれが能力主義という言葉を避け、実力主義という言葉を好むのは固定した能力観ではなく、状況ごとに必要な能力は異なっている（実力）という考えがあるからである。実力主義を能力主義というコードに変換したものが状況的能力観である。状況的能力観は過去の経歴や達成の利点蓄積を解除しようとする純化した能力主義である。

こうした日本社会の能力観を考えるときに、徳岡秀雄のいう日本人の「矯正可能」説が示唆的である。徳岡はモルデカイ・ローテンバーグ(19)のカルヴィニズム的人間観に依拠しながら、西洋の人間観をつぎのようにいう。カルヴィニズムに代表されるように、生来的に神に選ばれた民と呪われた民という厳密な二分法がある。これは運命決定論的であって誰にも救いはない、という悲観主義的人間観である。それに対して、日本人はいったん逸脱者のレッテルを貼られた人に対しても、人間は立直ることができるという見方によってレッテル効果を無効化する傾向があることを摘出する。それが「矯正可能」的人間観である。ラベルを貼ることそれ自体が問題ではなく、ラベルは貼られたら、「変更不可能なものか、いつでも柔軟に貼り変えられる可能性があるのか」ということだ。そして、日本においてはラベリングの前提にある人間不変説と異なって「矯正可能性の信頼感が強い」(20)という。徳岡は逸脱行動をめぐっての日本人の背後仮説として「矯正可能性」を析出した。「矯正可能説」は能力観ではなく逸脱観であるが、逸脱の社会学は能力の社会学と対をなしている。キャリア（経歴）の社会学としてみれば同根である(21)。「ラベル」は「選抜」に、「矯正可能性」は「状況的能力観」に対応している。逸脱に対し日本社会の「許す」

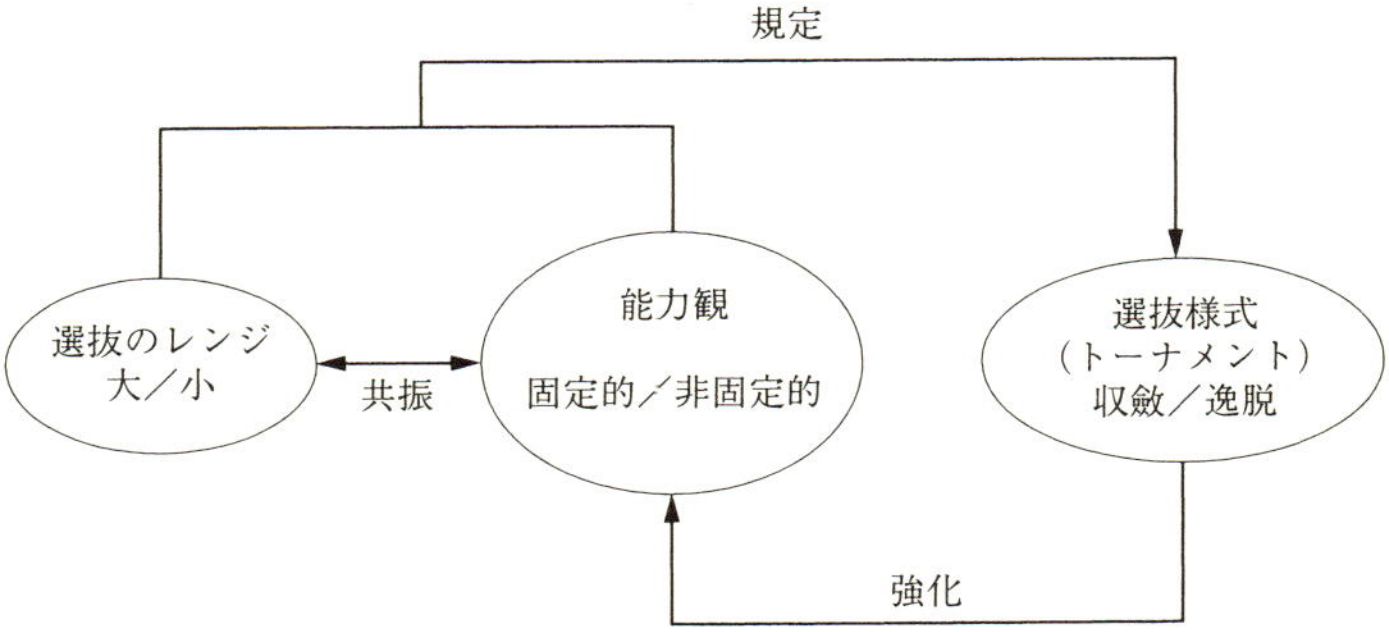

図5•6　選抜様式と能力観

（「水に流す」）は、能力についても「御破算」（「水に流す」）にするのである。

もちろんこうした状況的能力観が直接的にトーナメントからの逸脱をもたらすわけではない。状況的能力観も大きな選抜目盛りの文脈のなかにあればリアルなものとなりにくい。内部労働市場の選抜においてはこうした状況的能力観は小刻みな選抜に媒介されながら、トーナメントからの逸脱を生み、同時にそういう逸脱が状況的能力観を再生産するという円環をなしている。ローゼンバウムは能力実体説に反発し、選抜システムによって能力観が構成される面を強調した。しかし、このままではローゼンバウムもまた単一要因帰属論の罠にはまってしまっている。能力観→選抜様式（通念）あるいは選抜様式→能力観（ローゼンバウム）とみるべきではない。選抜システム→能力観→評価→選抜システムの循環構造にこそ選抜システムと能力観の再生産と正統化の構造をみなければならない。

以上を要約しよう。日本企業のキャリア移動がトーナメントから逸脱することは選抜レンジ（幅）と能力観と選抜様式の三項関係（図5・6）によって説明できる。日本企業の選抜は小刻みな選抜レンジと状況的能力観が共振し、内部労働市場におけるキャリア移動をトーナメント型から逸脱させる。そしてトーナメント移動からの逸脱という経歴構造が状況的能力観を強化するという循環構造をなしている。ローゼンバウムの調査企業においては大きな選抜レンジと能力固定観を強化するという循環構造を読むことができる。

このようにみてくると、日本社会で「学歴主義」という言葉が悪玉として使用されることがはっきりするだろう。それは状況Ａ（学校）で証明された能力を状況Ｂ（職場）において汎化し能力判定と地位決定の指標にすることへの批判なのである。日本社会で学歴主義という言葉で批判が生まれるのは、必ずしも学歴が地位決定に過剰に介在しているからではない。状況的能力観によれば、学歴という代理指標による能力主義はそもそも正統ではないからである。だから学歴と社会的地位に少しでも関係があれば、批判の対象となる。このことをわれわれの質問紙調査でみよう。表５・８は「昇進・昇格などの基準として学歴は考慮されるべきか」という質問の結果である。強く考慮するのが望ましいとした者は一人もいない。八一％は考慮しないのが望ましいとしている。

表５・８　昇進に学歴は考慮されるべきか（％）（全体）

強く考慮するのが望ましい	0
どちらかといえば考慮するのが望ましい	18.9
どちらかといえば考慮しないのが望ましい	41.5
まったく考慮しないのが望ましい	39.6

そこで、現実に昇進に学歴がどの程度関与しているかをみるために、Ａ社の六六年入社のキャリアについてパス解析をおこなった。その結果が図５・７である。

「出身大学難易度」は、該当者入学時の大学学部の難易度を旺文社資料によって算出した。「研修後配属」は六六年入社の時代には事務と営業のコース別採用がおこなわれており、事務系は研修後に本社配属、営業系は研修後本社、支社、営業所にわかれて配属された。そこで事務、営業＝本社、営業＝支社、営業＝営業所についてそれぞれスコアを四、三、二、一とあたえた。係長職以後の選抜スコアはつぎのようにしてあたえた。課長職Ⅰは図５・１にみることができるように、第一選抜から第一〇選抜までである。期間は一〇年である。そこで調査時点で課長職Ⅰに昇進していない者のスコアを一とした。したがって第一〇選抜のスコアは二である。以下同様にして第一選抜のスコアは一一となる。他の職階についても同じように選抜順序によってスコアをあた

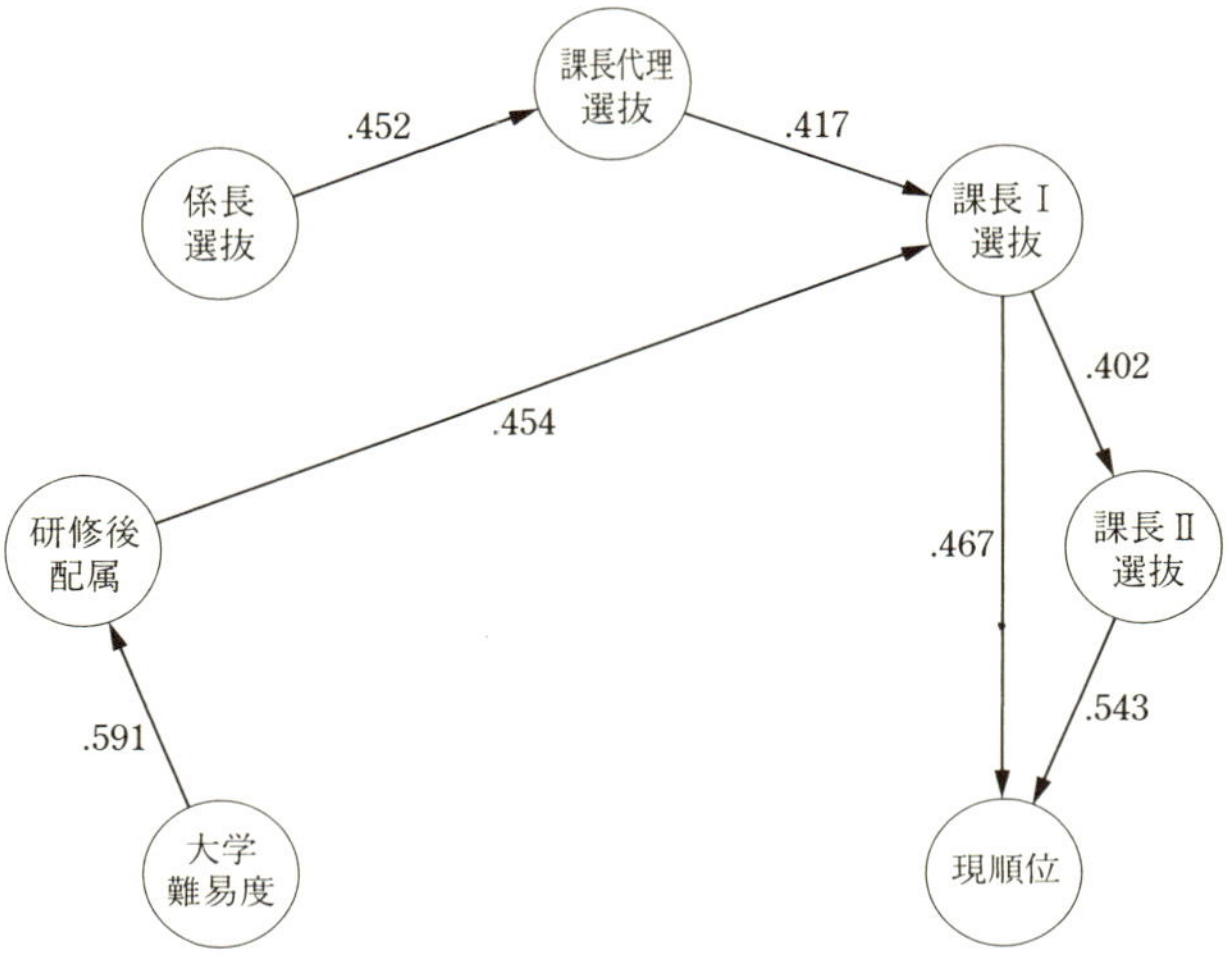

図5•7　選抜のパス解析（1966年入社）

注：標準化回帰係数は，0.3以上のみ記載．

えた。現在の職位は、全員の序列をつくりスコアとした。

図5・7をみると、それぞれの職階級への昇進は直前の職階への選抜によってかなり規定されていることがわかる。たとえば、課長代理職に対する係長職選抜の直接効果は・四五二、課長職Ⅰに対する課長代理職選抜の直接効果は・四一七、課長職Ⅱに対する課長職Ⅰ選抜の直接効果は・四〇二と極めて大きい。大学難易度は研修後配属先については大きな効果をもつこともわかる。さらに研修後配属先は課長職Ⅰの選抜に対してはかなりの直接効果をもつこともわかる。研修後配属の直接効果の大きさは二つの解釈が可能である。研修後の配属決定がかなり正確に本人の能力を判定しているという研修後能力判定真正説がひとつの可能な解釈である。もうひとつは、この時期の配属が社会化と訓練効果を媒介にして、本人のその後の能力を決定するという自己成就効果説である。しかしいずれにしても、学歴効果は研修後配属にもっとも効果があるが、その後の直接効果はネグリジブルである。学歴が初期の選抜にのみ効果があるというのは、異なった企業を分析したプーチックなどの知見[22]とも共通する。学歴資本は限定された時間内に「できる人」や「優秀」などの能力シグナルあるいは、地位（早期の昇進）に変換されないと、学歴資本の自己拡大運動はおこらない。組織内移動における学歴資本

は期限つき資本である。

こういう学歴と昇進をめぐる客観的実態はA社従業員の意識にどのように反映しているだろうか。われわれの質問はA社では昇進において学歴はどの程度考慮されているとおもうか、というものである。ただし六六年入社と六八年入社とは合併した。その結果が表5・9である。

表5•9　学歴は昇進に考慮されているか（%）

	'66年＋'68年	1985年
かなり考慮されている	5.0	40.9
どちらかといえば考慮されている	47.5	36.4
どちらかといえば考慮されていない	37.5	22.7
まったく考慮されていない	10.0	0.0

八五年入社の者が昇進の基準に学歴がかなり考慮されているとみているのは、先の選抜のパス解析（図5・7）で明らかになったように配属のときには、かなり学歴が関係しているからであろう。もっと古い年次（六六年入社や六八年入社）になると「どちらかといえば考慮されていない」や「まったく考慮されていない」が多くなる。学歴＝初期効果説を反映した意識といえる。

このようにみてくると、日本企業の選抜様式は、加熱にも再加熱にも巧妙な装置である。たしかにすでにみたように日本企業は長期にわたって決定的な選抜をしない。同期同時昇進や時間差昇進にみられたように昇進の数年の早い遅いなどの差である。このような僅少な差は従業員に正確に認知されなければ、加熱の誘因にならない。ところが、日本企業の雇用慣行は新規大卒同時期採用方式だから、同じ時期に入社した者は同期集団をなし、すでに述べたように同期集団が比較準拠集団となる。このことが僅少な昇進差の正確な認知を可能にさせる。そのためには仮に日本の企業が新規大卒同時期採用方式でなかった場合を想定してみればよいだろう。その場合は自分の昇進が早いか遅いかの比較準拠集団が定まらないから、微妙な昇進差についての誤認の可能性が生まれる。同期集団を作る日本企業においては誤認や幻想の余地が少ない。わずかな差による加熱が構造化されている。しかもこうした差は昇進におけるたかだか数年差であるから取りかえしもつく。加熱と同時に再加熱が構造化されている。

日本のホワイトカラーをみていて，不思議なのは，長期間にわたって，ほぼ全員に競争意欲があることだ。平等処遇が長いといってもある時点から昇進差がつけられる。だから，三〇代後半から四〇代になれば，定年までのおおよその自己の昇進予測ができる。ところがノン・エリート・ホワイトカラーも降りてしまって，「オアシスに憩う」というわけでもない。ノン・エリートにもかなりの競争意欲があり，頑張るのが特徴である。その仕掛けが図5・1にみることができる。課長職Ⅰに五選抜でなった人々を想定してみればよい。かれより先に課長職Ⅰになった人は四一人もいる。この人々（五選抜集団）は次の段階でかなり上位で選抜されるとはおもわないだろう。しかし，課長職Ⅰで三選抜になった人や四選抜になった人とはわずかな差でしかないから，つぎのポスト（課長職Ⅱ）で肩を並べることは不可能ではないと考えるだろう。

たしかにノン・エリートは，エリート競争を諦めてはいる。しかし，これまでみてきたような選抜システムは，課長になるかならないかの競争ではない。一年刻みあるいは半年刻みの昇進スピード競争だから，ノン・エリートも長期間にわたって細かな選抜の網の目のなかで差異化される。ノン・エリートとして鎮められるのではなく，却って焚きつけられるのである。日本企業の選抜システムはノン・エリートへの煽りの構造でもある。したがって，ノン・エリート・ホワイトカラーはいう。「わたしの昇進は，同期入社からすればふつうというところでしょう。しかし，ライバルはいますよ。課長にもふつう……ふつうよりちょっと早いくらいにはなりたいですね」。ここらあたりは日本の受験生が自分の成績や偏差値を知らされることによって，難関大学や難関高校はあきらめても，自分の学力の範囲内で頑張ることに仕掛けられることとまことによく似ている。諦めさせながら焚きつける偏差値受験システムのテクノロジーと相似している。それは，細かな選別の網の目によって相対的位置を可視化する仕掛けの相似性に帰因している。

では一選抜のエリート・ホワイトカラーのほうはどうだろう。「あなたはこの会社のエリートですよね」という。「わたしなんか。エリートなんかではありませんよ」と判で捺したような答えがかえってくる。そこで、「でも、一緒に入社した人のなかでは、もっとも早い昇進をしているのだから、やっぱりエリートでしょう」と質問をさらにしてみる。「たしかに、同期の中ではもっとも早く昇進しましたよ。しかしまあ将来のことはなんともいえませんな。……会社には逆転というのはよくあることですから。仕事は苦になりませんから、一生懸命やるだけです」。日本の一選抜のホワイトカラー「エリート」は、「エリート」といわれても、たかだか数年早く課長になっただけ。間もなく他の人も課長になる。僅差の昇進スピード競争にすぎないから、「逆転」があるかもしれない。

ノン・エリートにも競争意欲を持続させ、「エリート」に不安をもたせ競争を焚きつける。相対的エリート競争やエリートなきエリート競争を仕掛けている。これが日本企業の焚きつけのテクノロジーである。

五　高学歴ノン・エリートの冷却

これまでホワイトカラーに作動する加熱の面をみてきたので、冷却メカニズムについても触れておきたい。冷却は第二章で述べたように幻滅のあとの所作である。自分の置かれている状態と和解し、満足しようとする過程である。ではこういう冷却を必要とされる者は誰なのだろうか。そのために次のような仮説から出発しよう。日本社会では学歴が能力アイデンティティをもたらす(23)という仮説である。この仮説が正しければ、ホワイトカラーの冷却問題は入試難易度の高い大学出身者が昇進しなかったときに、かれらがどのように冷却されていくかという問題

表5・10　自己の能力（中の上以上，%）

	高学歴ノン・エリート	並学歴エリート
入社	70.5	55.6
主任	82.4	61.1
係長	70.5	66.7
課長	60.0	88.9
現在	52.9	83.3

注：課長以上になっているもののみが答えている．

になる。そこで最初に学歴＝能力アイデンティティ仮説をわれわれの質問紙調査でみよう。

それぞれの職階で同期の者に比べて自分の能力がどの程度であったかという質問を設定した。学歴と能力自己評価の関係をみるために、六六年入社と七五年入社のそれぞれについて入学難易で二分した。それぞれの年次で学歴難易上位三分の一を難易学歴集団＝「高」とし、それ以下をその他学歴集団＝「並」とした。そしてすでにおこなったように、現在の職位で全体を昇進「早」、「中」、「遅」の三カテゴリーにわけた。こうして六六年入社と七五年入社を合併し、昇進が「中」ないし「遅」く学歴が「高」であるカテゴリーと、昇進が「早」く学歴が「並」であるカテゴリーをつくった。前者は高学歴ノン・エリート層であり、後者は並学歴エリート層である。それぞれの職階で同期の者に比べて自己能力が「中の上以上」（だった）と答えた者の割合をこの二つのカテゴリーで比較したものが表5・10である。表の七〇・五という数字は、高学歴ノン・エリートの者の七〇・五%は入社時に自己の能力は同期の者に比べて中の上以上と答えているということである。

高学歴ノン・エリートの自己能力評価は、選抜がない主任段階まではかなり高い自己評価をしているが、選抜がはじまる係長職の段階に下がりはじめ、課長職や現在で著しく下降する。これと逆の軌跡を描くのが昇進が早く学歴が並の者つまり並学歴エリートである。入社時は同期と比べて自己能力をそれほど高く評価していないが、次第に自己能力評価が高くなる。選抜がはじまる課長職のころにそれがピークに達する。表5・10から入社時は自己の能力を出身大学の難易度によってみる傾向があるが、入社後の選抜がおこなわれると社内の評価によって自己能力

表5・11　自己能力評価（重回帰分析）

	入社	主任	係長	課長	現在
出身大学難易度	0.25890	0.22727	0.08748	0.16018	0.11360
入社後配属	−0.13329	−0.22566	0.04184	0.43062	0.35189
課長代理選抜	−0.02587	0.05911	0.06993	0.20997	−0.15081
課長職I選抜	−0.30932	−0.09673	0.29893	0.61548	0.48002
課長職II選抜	−0.00202	0.04980	0.17830	0.29935	0.00275
次長選抜	−0.21461	−0.00515	−0.04200	0.16683	0.22469
現在の職位	0.61181	0.21328	−0.00157	−0.21670	0.27057
R^2	0.34675	0.32212	0.22326	0.57175	0.43865

を考えるという傾向が読み取れる。

そこで、能力自己評価は学歴によるのか、選抜順序（会社の評価）によるのかを詳しくみるために重回帰分析をした。この場合は六六年入社と七五年入社を合併した分析はできないから、六六年入社についてのみ分析した。被説明変数は回答者の「自己能力評価」である。説明変数は「出身大学難易度」「入社後配属」「課長代理選抜」「課長職I選抜」「課長職II選抜」「次長選抜」「現職位」である。変数のスコアのあたえかたは図5・7のパス解析のときにおこなったやりかたと同じである。表5・11がその結果である。

われわれの調査は回顧的なものだから、当然現在（の昇進順位）からのバイアスがかかっているが、入社時から主任時までの自己能力評価については、出身大学難易度がかなり規定していることがわかる。出身大学難易度の規定力が弱くなるのは係長職のときである。係長職のときには課長職Iの選抜順位がもっとも大きな規定力をもち、課長職Iのときには、課長職Iの選抜順位がさらにおおきな規定力をもつ。能力の自己評価は最初は出身大学難易度だったのが次第に会社での評価を反映するようになることが確認される。

では、高学歴ノン・エリートは社内での評価を受け入れ、初期の学歴↓自己能力観をスムースにキャンセルしていくのだろうか。そこで冷却を必要とされる者として昇進が遅く学歴が高いカテゴリーの者を選んで、かれらの再適応過程を追跡してみよう。

というのは、かれらこそ認知的不協和にあるからだ。認知的不協和とは認知要素Xと認知要素Yだけを考えたときにXが非Yを帰結し、XとYとが両立しえない関係にあることをいう(24)。昇進が遅く学歴が高い者は学歴＝高から「能力高い」が、昇進＝遅から「能力低い」が帰結する。そのままでは認知的不協和がおきる。この解決にふたつの方法がある。どちらかに統一することである。ひとつは、学歴＝高から帰結する「能力あり」を救済するためには、社内評価は能力主義ではなく、情実や要領のよさなどで決まるという認知による解決である。もうひとつは社内評価こそ真の能力であるとし、学歴＝高による能力観を棄却することである。しかし、これらはいずれも一方の棄却をともなうだけに、現実には困難である。

レオン・フェスティンガーは、認知的不協和の低減の第三の方法について次のように述べている。それは、新しい認知要素を付加することによって不協和な二つの要素を「和解」(25)させる方法である。とすると、学歴→能力と企業（評価）→能力を「能力多元論」によって両立させる和解戦略が可能である。第二章でみたように、クラークも冷却の方法の一つとして、能力にはいろいろあり、それぞれに価値があるという基準の複数化を示唆している。しかもこういう能力多元論は高学歴ノン・エリートの主観的現実観にとどまらず、社内の他の人々によっても支持されている。すでに述べた状況的能力観は「時間」軸（係長のときと課長ではちがう）にそってと同様に「空間」軸（もちばもちばによってちがう）にそっても存在する。われわれの面接調査においてある人は、こうした高学歴ノン・エリートについて次のようにかたっている。「同期にT大出がいる。レポートをかかせたり社内論文をかかせたりすると抜群。しかし、われわれのようなキッタハッタの会社（営業などをいう――引用者）では、やっぱりあいう頭のよさだけではちょっと無理なんだ。存在感のようなものが必要なんだな」。

ここでは、能力多元観＝状況的能力観（「頭のよさ」と「存在感」）によって学歴から帰結する能力も救済されていることに注意されたい。高学歴ノン・エリートの和解には客観的支持の場が存在する。とすれば、かれらは、昇進は遅くともその「能力」に着目したスタッフ的な仕事をあたえられ、かれらはそうした仕事によって満足感を得ているという仮説がたてられる。そこでわれわれの調査で昇進が遅く学歴が高い者の現在の仕事の種類についてみた。このカテゴリーの者は少ないが、表5・12にみることができるように、五人中三人がスタッフ職種であり二人は営業職種である。さらにアンケート調査の回答をした四人について仕事上の満足と役職上の満足についてみると、このカテゴリーの者が少ないから断定は避けなければならないが、役職上の昇進には満足しなくても、仕事に満足している傾向がみえる。とくにスタッフ職にあるものは役職上の不満を仕事の質で和解させている。さらに四名のうち三名がA社で昇進の早い人はふさわしい人がおおい、と会社による評価の正統性を受容している。冷却の成功のための条件のひとつは時間稼ぎであるが、高学歴で昇進しない者の冷却の成功も日本企業の時間をかけた小刻みな選抜というシステムに刻みこまれている。

しかし、このような和解戦略の影にこのカテゴリーの者が他のカテゴリーと著しく異なった特徴をもっていることも発見される。それは、表5・13にみられるような同期意識である。日本企業は新規学卒同時期採用だから同期意識は強いが、A社も例外ではない。「同期入社の人を自分の仲間だとおもうか」という質問に対して九五・一％が「そう思う」と答えている。「あなたは自分の同期から社長などの経営トップ層が

表5・12　高学歴ノン・エリートの満足と不満

仕事の種類	昇進満足	仕事満足
営業所	○	○
本社スタッフ	×	◎
支社スタッフ	××	○
営業所	××	×
本社スタッフ	回答なし	回答なし

注：◎＝肯定（かなり）　○＝肯定（どちらかといえば）
　××＝否定（かなり）　×＝否定（どちらかといえば）

表5・13　同期意識（%）

	高学歴ノン・エリート	並学歴ノン・エリート	平均
自分の仲間	50 0	94.1	95.1
他の同期へのライバル意識	0 0	52.9	44.6
同期から経営トップがでてほしい	0 0	82.3	63.4
同期全体が悪く言われると気になる	25 0	76.5	79.6

でてほしいとおもいますか」については、六三・四%の者が「そう思う」と答えている。

ところが昇進が遅く学歴が高である者は同期入社の者を仲間だとおもう者は少ない。平均が九五・一%のとき五〇%である。自分の同期全体がわるくいわれると気になるは、平均が七九・六%であるときに、二五・〇%である。同期から経営トップがでることについては全員が関心がない。同期意識が低いというよりも、同期意識そのものがほとんど無いといってよい。昇進が遅く学歴が高の者は企業人としての共同幻想に生きていない。それと対極の位置を占めるのが昇進が遅く学歴が並である者つまり並学歴ノン・エリートの同期意識である。かれらの同期意識は極めて高い。たとえば、同期から経営トップ層がでたらいいと思う、という項目においては、八二・三%もが「そう思う」と答えている。並学歴ノン・エリートは同期意識という日本企業の共同幻想にコミットメントすることによって冷却がおこなわれている。ところが、高学歴ノン・エリートは同期意識の共同幻想からデタッチメントすることで冷却がおこなわれている。

何故この差異が生じるのだろうか。同期意識は「協同」という冷却装置であると同時に「競争」の加熱装置[26]である。並学歴ノン・エリートは、アスピラントでないぶん同期意識の競争=加熱を切断し、「協同」の麗しさ幻想だけを取り込むことが可能である。ところが高学歴ノン・エリートは、学歴=能力アイデンティティから同期意識の競争=加熱の罠に陥りやすい。したがって、高学歴ノン・エリートの冷却は、同期という「協同」の麗しさ幻想を切断することによって加熱の罠からも免がれる。こうして高学歴ノン・エリートと並学歴ノン・エリートの冷却におけるリアリティ変換は、同期意識をめぐって対極の位置にくる。前者は同期意識による変換、後者は同期意識からの変換である。

六　気遣い人事のゆくえ

しかしこれまでみてきた気遣い人事も近年、その底礎の構造が揺らぎはじめている。ひとつは、地位ポスト確保の揺らぎである。同期同時昇進や時間差昇進などのためには地位ポストが十分存在しなければならない。これまでは、つぎのような方法によって可能だった。学歴（高卒と大卒）や性（女性と大卒男子）などの企業内二重労働市場の存在によって後者（大卒男性）のポストが確保されてきた。また持続的成長による企業規模の拡大によって地位ポストの拡大がなされてきた。しかし高学歴化（新入社員のほとんどが大卒という企業も珍しくはない）と総合職制度による女性の進出や企業規模の拡大の困難性によって、ポスト確保の条件が揺らいでいる(27)。もうひとつの揺らぎは、内部労働市場と外部労働市場の融解である。本章の最初に述べたように、気遣い人事は新規学卒採用慣行に代表される内部労働市場と外部労働市場の峻別の上に展開してきた。しかし、出向や派遣などによって内部労働市場が外部化し、中途採用やスカウトなどによって外部労働市場が内部化しはじめている。入社年次別人事管理の条件も揺らいでいる。

こうした構造的揺らぎの波及はつぎのようである。同期同時昇進の期間がしだいに前だおしになっている。さらに、ポスト不足から役職につく者の割合は少ないが、抜擢の実施がふえている。同期の間の昇進格差が従来より開いている、という傾向だ(28)。将棋の駒の肩がしだいに下にさがってきている。日本型人事が再編の方向にあることは否めない。エリート・ホワイトカラーとノン・エリート・ホワイトカラーはこれまでよりもはやい時期に分化する傾向がすすむだろう。それにともないあらたな企業内労働市場の二重化が台頭する。しかし、このことによってこれまで述べてきた気遣い人事が一挙に終焉するとは断定しにくい。おそらく、エリート・トラックとノン・エリート・トラックのそれぞれの内部で、気遣い人事は存続していくだろう。気遣い人事の崩壊ではなく、気遣い人事の二重化が予想される近未来像である。

（1）Blau, P. & Duncan, O., *op. cit.*
（2）Jencks, C., *et al.*, 前掲邦訳書、三四三頁。
（3）Rosenbaum, J., *op. cit.* (1984), p. 5.
（4）Jacobs, D., "Toward a Theory of Mobility and Behavior in Organizations : An Inquiry into the Consequences of Some Relationships Between Individual Performance and Organizational Success," *American Journal of Sociology*, 87 (1981), p. 684.
（5）Spilerman, S., 1977, 平田周一訳「職業経歴、労働市場の構造と社会経済的地位」『職業社会学の動向』職業研究所、一九八一年、四三頁。
（6）Pucik, V., 1981, 中岡望訳「〝日本的経営論〟への挑戦――中間管理層昇進パターンの実証分析」『週刊東洋経済』臨時増刊一九八一年、夏、五七号。
（7）花田光世「人事制度における競争原理の実態――昇進・昇格のシステムからみた日本企業の人事戦略」『組織科学』二一巻二号（一九八七年）。
（8）若林　満「管理職へのキャリア発達――入社一三年目のフォローアップ」『経営行動科学』二巻一号（一九八七

年）。

(9) 伊藤大一『現代日本官僚制の分析』東京大学出版会、一九八〇年、五六頁。

(10) 小池和男『日本の熟練』有斐閣、一九八一年、二九―三〇頁。

(11) 田中博秀『現代雇用論』日本労働協会、一九八〇年。

(12) 「帝国大学卒業生は如何なる動機経路によりて実業界に出でたるか（二）」『実業之日本』一二巻二号（一九〇九年）二五頁。

(13) 天野郁夫『学歴の社会史――教育と日本の近代』新潮社、一九九二年、二五九―二六三頁。

(14) Yonekawa, S., 1984, "University Graduates in Japanese Enterprises Before the Second World War," *Business History*, 26 (1984).

(15) Rosenbaum, J., "Organizational Career Mobility : Promotion Chances In a Corporation During Periods of Growth and Contraction," *American Journal of Sociology*, 85 (1979), p. 31.

(16) 今田幸子・平田周一『ホワイトカラーの昇進構造』日本労働研究機構、一九九五年、四八―四九頁。

(17) 間　宏『経営社会学』有斐閣、一九八九年、二〇五―二〇七頁。

(18) Rosenbaum, J., *op. cit.* (1986), p. 149.

(19) Rotenberg, M., 1978, 川村邦光訳『逸脱のアルケオロジー』平凡社、一九八六年。

(20) 徳岡秀雄『社会病理の分析視角』東京大学出版会、一九八七年、一六三頁。

(21) Collins, R., *op. cit.* (1975), p. 460.

(22) Pucik, V., 前掲邦訳論文。

(23) 岩田龍子『学歴主義の発展構造』日本評論社、一九八一年、一一七―一四五頁。

(24) Festinger, L., 1957, 末永俊郎監訳『認知的不協和の理論』誠信書房、一九六五年。

(25) 同邦訳書、二一二―二一四頁。

(26) 竹内　洋「〈同期の桜〉と日本的経営」前掲書（一九八八年）所収。
(27) 八代充史「企業内昇進における〈効率〉と〈動機づけ〉」『三田商学研究』三〇巻二号（一九八七年）。
(28) 人事測定研究所『昇進・昇格実態調査一九九一』一九九一年、一八頁。

第六章　学歴ノン・エリートと冷却

これまでわれわれは、日本の選抜システムがどのようにして人々のアスピレーションを焚きつけるかをみてきた。日本の選抜システムは多くの人を競争に巻き込むが、一方ではそうした競争から早々に撤退していく者がいることも否めない。日本のメリトクラシーを考えるときに学歴ノン・エリートの撤退について目配りしておくことも重要である。本章はこうした学歴ノン・エリートの冷却を学校内過程からアプローチする。そのために生徒文化を戦略的考察の場にする。

一　文化葛藤論と地位不満論

生徒文化が向学校下位文化と反学校下位文化に分化する説明理論には、文化葛藤説と地位不満説がある。向学校生徒文化とは、学校や教師の価値や規範に同調する生徒文化であり、反学校生徒文化とは学校や教師の価値や規範から逸脱する生徒文化である。

文化葛藤説は生徒の出身階級文化と教師の中間階級文化が適合するか、しないかによって、生徒文化が向学校文化下位文化と反学校下位文化とに分化する、とみる(1)。アルバート・コーエンの反動形成説も文化葛藤説に含めることができる。労働者階級の子供は学校の中間階級的価値への社会化に失敗しやすい。そこで単に中間階級的価値を拒絶するだけでなく復讐心をもって倒錯し、倒錯した価値にコミットするというものである。中間階級的価値とは、美徳としての野心、個人的責任の倫理、技能の開発と獲得、世俗的禁欲主義、合理性、礼儀作法、品のよさ、肉体的攻撃と暴力の抑制、有益なレクリエーション、財産の尊重などである(2)。

コーエン説は生徒の側からみた「文化葛藤」説になるが、ハワード・ベッカーは、同じことを教師の側からみている。「理想的なクライアント」(“ideal” client) という媒介変数を使って教師と生徒の文化葛藤を展開する。教師であれ医者であれ専門職業は、「理想的なクライアント」像というものをもっている。現実のクライアントがそういう理想的クライアントに近づけば、クライアント問題がおこらないが、現実のクライアントが理想的なクライアント像から離れれば離れるほどクライアント問題が生じる。すなわち専門職業従事者が望んでいるようにクライアントがその役割を演じなければ、専門職業従事者とクライアントに葛藤がおこり、専門職業従事者は仕事遂行に困難を覚えることになる。生徒が生徒らしくなければ、あるいは、患者が患者らしくなければ、教師や医者は職務遂行に困難をかかえることになる。そしてクライアントの特性が何であるかにかかわるもっとおおきな要因のひとつがクライアントの出身階級文化だ、とされる。だから教師たちが、生徒を類型化するときに、階級という用語 (class terms) をよく使うのだ、とベッカーはいう。スラム地域の学校の場合は、生徒をまっすぐ並ばせるだけでひと仕事である。学科を教えることなどは二の次になってしまう。中間階級出身の生徒からなっている学校の場合は、生徒が従順で躾に問題がないぶん教師が教育活動をしやすい。したがって教師は下層階級の子弟から成る学校から逃げ出したがる。これらの学校は経験の浅い教師によって占められ教育効果はさらに下がってしまうという悪循環に陥る(3)、とベッカーはいう。

一方地位不満説は、デビッド・ハーグリーブスやコリン・レイシーなどの研究に代表される。イギリスのセカンダリー・モダン・スクールを調査したハーグリーブスは、上位ストリームの生徒は地位を付与されるのに対し、下位ストリームの生徒は地位を剥奪されるとして次のようにいう。上位ストリームの生徒は勉学で成功した者とみなされるし、級長（prefect）などの特権も与えられる。しかし下位ストリームの生徒は学校の価値基準から低くみられ、職業アスピレーションも損なわれる。このような地位不満の結果、下位ストリームの生徒の間に反学校下位文化が形成される(4)、という。ハーグリーブスの地位不満論は「分化—極化理論」（differentiation-polarization theory）(5)である。生徒を学力基準にもとづいてストリーミングなどで「分化」させると、生徒の学校の価値や規範に対する態度や行動は対照的に「極化」するという命題である。

ハーグリーブスやレイシー、スティーパン・ボールの研究はこのような分化—極化理論に基づいたものである。三者の関係はハーグリーブスの調査校ラムレイ校はセカンダリー・モダン・スクールであるから、分化—極化理論命題がもっとも適用されそうな学校での発見である。それに対しレイシーの調査校ハイタウン・グラマー校は、グラマー・スクールである。生徒の多くは初等学校ではアカデミックな価値にコミットしていたはずである。そういうグラマー・スクールでさえもストリーミングが施行されると生徒文化の分化が生じる(6)ということで分化—極化命題が証明される。ボールの調査校ビーチサイド校（総合制中等学校）は、調査を始める前には「バンディング」（banding）(7)が施行されていたが、かれが調査をしている間に能力混合クラス分けが導入された。つまり分化が少なくなったのだが、それに応じて極化も減っていることが発見された(8)。ハーグリーブス、レイシー、ボールはともに同じ理論命題（分化—極化理論）を検証し発展させようとしたものである。ハーグリーブスは調査校の第四学年級のストリームがそれぞれ異なった価値や規範構造をもつことを次のように述べている。

４Ａ：学力をたかめるための努力が中心規範。欠席が少ない。時間をきちんと守る。服装がきちんとしており、衛生観念もある。カンニングや暴力沙汰などはよくないこととされている。

４Ｂ：騒いで、楽しむことが中心規範。学力向上が全面的に拒否されているわけではない。だから反学業的(anti-academic)ではなく非学業的(non-academic)。騒ぐことは勉強の置換ではなく、気晴らし。

４Ｃ：学業価値を全面的に放棄する反学業が中心規範。だから騒動は気晴らしではなく、置換である。欠席、ずる休みが多い。

４Ｄ：４Ｃ以上の反学業が中心規範。欠席、ずる休みはあたりまえになる(9)。

ストリームの下位にいけばいくほどフォーマルな学校の価値や規範から離脱してゆく。４Ａのようにストリームの上位にある者はフォーマルな学校の価値や規範にコミットすることによって、報酬がえられるが、４Ｃや４Ｄなどでは、報酬がえられないからである。だからかれらは学校で教えられ指示される価値や規範、生徒役割に背を向け、仲間文化に向かう。ハーグリーブスは４Ｃや４Ｄの生徒は中等教育証書(Certificate of Secondary Education)などの学外試験を実質的にはうけられないので、勉強熱心になるはずがない、という。中等教育証書は下級ホワイトカラーなどになる場合に必要なのだが、教師はしばしば４Ｃや４Ｄの生徒が受験しようとしても受験させたがらない。学校の評価は合格率で判定されているから、校長も教師も下位のストリームの生徒が受験することによって合格率を低めたくないからである。試験が馬を走らせる人参ならば、人参がなくなってしまったときに馬が動かなくなってしまってもなんら驚くに値しない。４Ｃや４Ｄの生徒が勉強に不熱心なのは勉学にたいする目にみえる報酬がないからである(10)、と。

このような研究とくに地位不満説はイギリスの学校の内部化したストリーミングを準拠したものであるが、日本の研究者によって日本の外部化したストリーミングつまり高校階層構造に適用された。すなわち、高校階層構造の頂点（ハーグリーブスの調査校における４Ａに該当する）ほど学校や教師の呈示する目標や価値に同調する勉強・まじめの向学校下位文化が生じ、階層構造の「底辺校」（ハーグリーブスの調査校における４Ｃや４Ｄに該当）にいけばいくほど反学校下位文化ないし脱学校下位文化となる、というものである。たとえば、日本の高校社会学の代表的なリーディングスにもトラッキングと生徒の下位文化の関係は図６・１のように示されている。また、おなじ学校でも学業成績が劣る生徒ほど反学校下位文化を形成しやすい、ともされている。つまり、学校によって、あるいは学校内部で地位を低くされる生徒には、地位不満が生じるからだ、とされる。

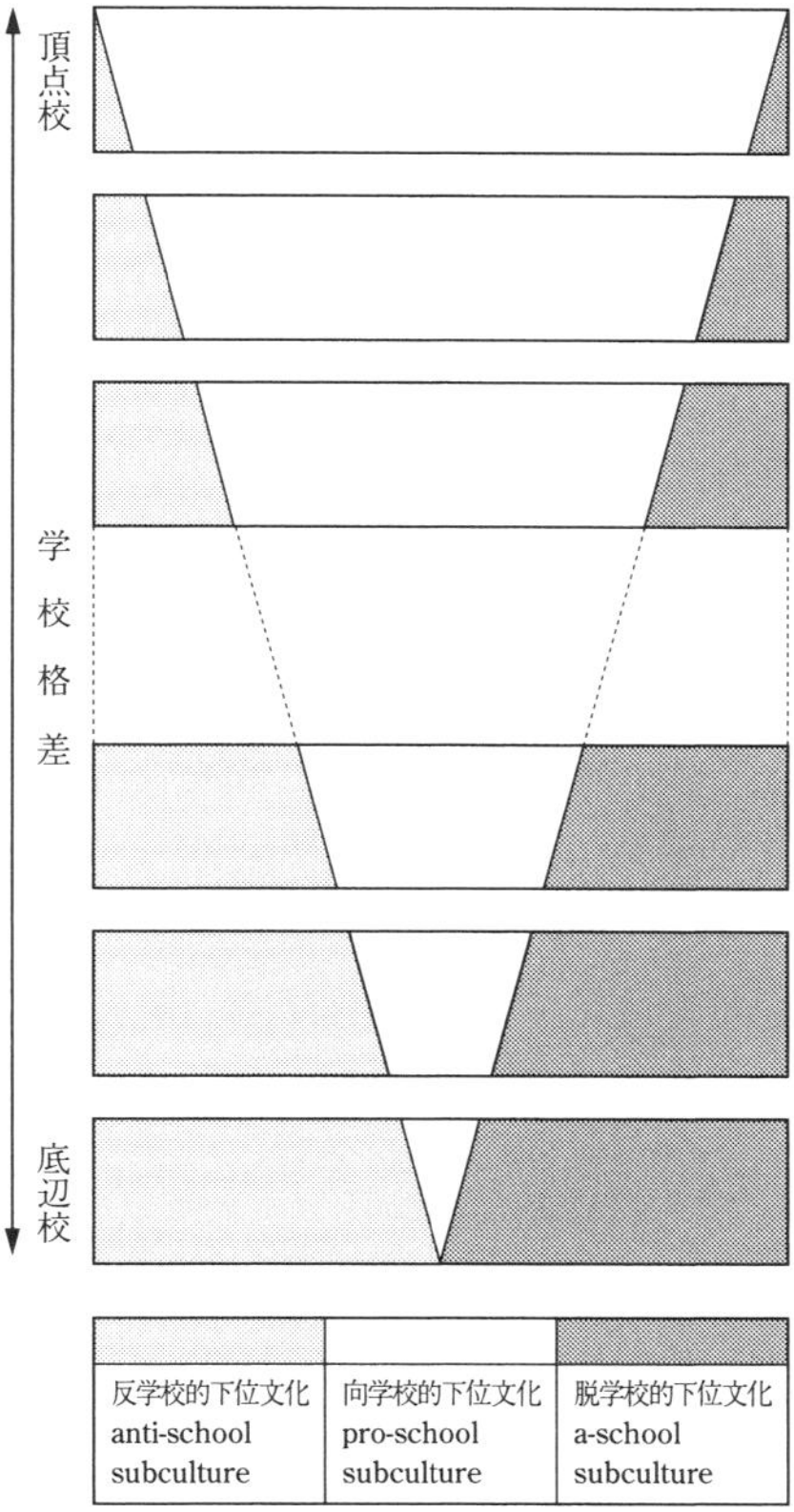

図６•１　トラッキングと生徒の下位文化

出所：岩木秀夫・耳塚寛明編『現代のエスプリ 195　高校生』至文堂，1983 年，11 頁．

文化葛藤説も高校階層構造との関係で次のように適用される。高校階層構造の上位校は中間階級の生徒が

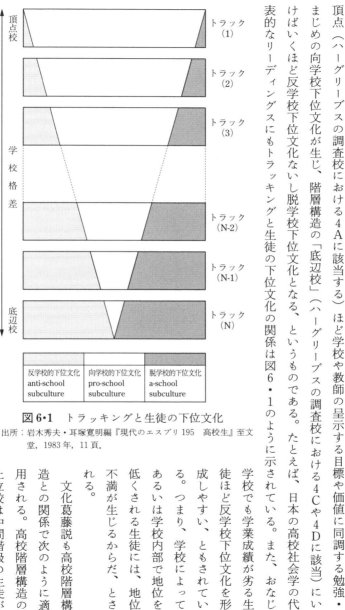

多いから、教師＝中間階級と文化葛藤をおこさないが、下位校には労働者階級の生徒が多いから教師の中間階級文化と生徒の労働者階級文化とが摩擦をおこし、反学校下位文化が形成されやすいということになる。

地位不満説、文化葛藤説いずれでみても、低学力で経済的にも豊かでない生徒が多く高校階層構造で下位にある高校は、反学校下位文化、学校不適応の土壌とされる。はたしてそうだろうか。

二　調査校の特徴

われわれの経験データは一九八五年七月から同年一二月にかけておこなったX職業高校調査である。教師・生徒の悉皆質問紙調査、面接調査、授業観察、就職先の人事担当者、卒業生、中学校教師面接調査、同市内に事業所のある企業への質問紙調査(11)から成っている。X職業高校の比較集団として、同市内のY普通科高校についても教師(悉皆)、生徒(各学年一クラスずつ)の質問紙調査をおこなった。調査校の匿名性を保つために、X職業高校について詳しくふれられないが、X職業高校はZ市立高校である。Z市は戦前からの工業都市でとくに南部地域は、中小企業の労働者が多く、低所得階層の割合が高い。X校生徒の七〇%はZ市の南部居住者である。

周辺都市との比較でZ市の高卒者の大学進学率と就職率をみると、Z市全体の高卒者の大学進学率（短大を含む）は約二九%（一九八四年）で周辺都市から比べて一〇―一三%低い。高卒者の就職率でみると、Z市全体で約四〇%である。周辺都市から比べて一二―一三五%高い。X校教師たちは生徒の地域、家庭環境についてたとえば次のように述べている。「家庭訪問とかしてみますとね、かれらの住んでいる環境ですけどね。まず想像できないとおもいますが、家がなかなかみつからない。というのは番地の中にまた家がいりくんでいて、……そういう風な子が多くてじっさいそこにいってみますとね……家族が多くて、ふた間、少なければひと間、なんぎな生活してるわけでしょ……」。

このことをわれわれのX校調査でみると「奨学金や授業料免除を受けている」者二七・九%、「いまは受けてないが、家庭の経済状態を考えると、受けたい」者一二・九%であわせると四〇・八%になる。X高校の入学理由で「公立でお金がかからないから」を選んだ生徒は五三・三%である。X職業高校の学科は商業一科と工業二科の計三学科である。生徒数は三学年全体で約一〇〇〇名（商業約七〇%、工業約三〇%）、教職員約一〇〇名である。卒業後の進路は約八三%が就職、進学は約九%（大学進学者は全体の四%）である。

職業高校が普通高校との序列化に組み込まれることが顕著になってきたのは一九七〇年代後半からである(12)が、X職業高校も例外ではない。ある教師は次のようにいう。「昭和四〇年ころまでは、比較的学力も高く、生徒も将来の展望をもっていた。しかし四〇年ころから、この地域に普通科高校が三年に一度くらいの割合で増設され、そのたびに、新入生の学力がガタンと下がった。生徒も『きたくはなかったが、普通科はむりだからきた』というのが、ふえた」「この時期に工業高校が一つ増えたこともある。少ないパイ（職業高校希望者）を大勢でわけることになった」。したがっていまでは「X校にも入れないのか」（Z市居住者）といわれるように、低学力校というイメージが一般である。事実、入学試験学力テストや内申点の受験者平均点や最低点は、市内全日制普通高校に比べてかなり低い。

しかし、入学試験学力テストや内申点を検討すると、点数からいえば市内の全日制普通高校に入学できる者が二〇%程度いることもわかる。われわれのX校調査によれば、生徒の自己申告成績ではあるが、中三時の成績がクラスで「中の上」以上だったと答えた者が二〇%いるが、これは上記の事実と符合している。ただし中三時の成績は

表6・1　入学理由

入学理由	%
就職のため	67.3
公立でお金がかからないから	53.3
専門の資格をとるため	28.3
自分の成績で入れるから	25.2
入学して楽だから	18.5
家に近いから	18.4
中学校の先生にすすめられて	12.6
親にすすめられたから	7.2
友達がいくので	5.4
クラブ活動にひかれて	5.2

あくまで相対的評価である。Ｚ市の学力水準が周辺地域、全県から比べてかなり低いことは注意したい。したがってＸ校教師からみれば中三時の成績中の上以上の生徒といってもせいぜい中程度の学力にしかみえない。そういう注意は必要ではあるが、職業高校入学者＝低学力という通念はいくぶん訂正されるべきではあろう。たしかに入学者の平均学力は低い。その点では通念は実像なのだが、必ずしも低学力ではない生徒が二〇％程度は入学してくるのはなぜか、を考えることのほうが重要である。

その理由に、労働者階級に特徴的な技術機能理論的学歴観が介在している。ここでいう技術機能理論的学歴観とは、第一章でみたメリトクラシーについての技術機能理論的説明理論の大衆版である。それは、(i)就職時にもとめられるのは技術や技能であり、(ii)そのような技術、技能は学校教育によってあたえられる、という考えかたの合成からなっている。たしかに現代社会では大学進学で学部をとわずとにかく有名大学へ進学する傾向にみられるように、技術機能理論的学歴観は大きく衰退している。高校進学についてもこのような傾向の増大（とにかく普通高校へ）はさきほど示したように一九七〇年代以降につよまっているが、経済的に豊かでない労働者階級には技術機能理論的学歴観念が残存している。理論的で純粋な科目が結局は威信の高い職業に到達できるというアイロニーを充分理解しているのは、中・上層階級の親であり、下層階級の親はそういう「アイロニー」の理解に失敗しやすい(13)からである。

この点をＸ校の場合でみよう。表6・1はＸ校への入学理由である。「就職のため」「公立でお金がかからないから」「専門の資格をとるため」が上位三項目である。「自分の成績で入れるから」は第四位である。表6・1をみるかぎり、必ずしも職業高校入学者＝不本意入学とみるわけにはいかない。もっともこの種の回顧的質問では生徒の側に合理化がはたらくから、表6・1をそのまま解釈することは注意を要する。そこで少し見方を変えて、中三時の成績と入学理由とをクロスさせてみる（表6・2）。入学理由に「就職のため」「専門の資格をえるため」のどちらかあるいは両方を選択した者と、どちらも選択しなかった者とを中三時の成績でクロスしたものである。中三時の成績がよい者に有意に「就職のため」「専門の資格をえるため」が選ばれている。中三時の成績がよい者が職業高校に進学する場合に「就職のため」や「専門の資格をえるため」であることは当然予想されることであるからそのこと自体は問題ではない。問題はそういう生徒の全体に占める割合である。その割合が小さければ、例外的現象となるからである。表6・2から中三時の成績が中の上で「就職のため」や「専門の資格をえるため」ということでX校に入学した者が在校生全体の一六・五％であることがわかる。これは例外的少数とはいえない割合である。

表6・2　入学理由と中3時の成績　　　（　）内％

入学理由	中3成績			
	中の上以上	中	中の下以下	計
就職や専門の資格習得のため	170 (16.5)	405 (39.2)	202 (19.6)	777 (75.2)
上記以外	39 (3.8)	122 (11.8)	95 (9.2)	256 (24.8)

p＝0.0013.

Z市の経済的に豊かでない階層の技術機能理論的学歴観を示すものと解釈できる。市内中学校教師も「Y校（普通科高校）に十分入学できる子でも高校で就職するのだからといって、X校を選ぶ生徒もかなりいますよ」と述べている。X校は、すでに述べたように、経済的に貧しい地域にあり、生徒の二八％は奨学金や授業料免除者である。しかしそのことによって、かならずしも低学力ではない生徒が一定程度進学することになっている。もっともこのような「期待」はあとにみるように裏切られるのだが……。

三　生徒文化

すでにみてきたようにX校は高校階層構造で低位にあり、労働者階級の生徒が多いのだから、地位不満説や文化葛藤説を機械的に適用すれば、X校にはかなりの反学校下位文化、学校不適応が存在することになる。しかし、ハーグリーブスが下位ストリームの特徴として指摘したようなずる休み、授業妨害、教師への反抗などはX校にはほとんどみられなかった。遅刻は少ないといえないが、退学率は二％強にとどまっている。欠席率は二％前後であるが、このなかには家事や小さな子供の世話をしなければならないなどやむをえない家庭の事情なども含まれている。「つっぱりや暴走族にあこがれる」者は、五・八％でしかない。現在の高校生活について「楽しくやっている」とした者は五二・三％もおり、「あてはまらない」と答えた者は、「ややあてはまらない」を選択した者をいれても一五・二％である。「先生に親しみを感じる」とした者は全体では一五・五％であったが、学年ごとにみると、九・一％（一年）、一一・三％（二年）、二七・〇％（三年）と上昇している。近隣の普通科高校に比べた本校の特徴に「明るい」と答えた者は六〇・七％にもなる。また、「現在の気持ち」で「どうでもよい」というなげやりな回答を選んだ者は四・六％でしかない。

とはいってもこれはあくまで全体の大まかな傾向である。これだけをもってX校生徒に反学校下位文化が存在しないと断定はできない。反学校は単に向学校的でない（学校不適応）ということではなく、教師や学校を否定的準拠集団（negative reference group）にするものだからである。そのために、数量化3類によってX校生徒の類型化をおこなった。数量化3類は測定対象（回答者）と変量（回答）の相関を最大にするという基準によって測定対象と変量を空間内に布置させ、それらを類型化する分析モデルである。手続きはつぎのようにしておこなわれた。生徒調査の質問項目のなかから生徒の価値観や行動特性を示す一四項目を選び、そのうち八項目については「どちらともいえない」の態度保留を削除し肯定と否定に再コードした。残り六項目については肯定ないし否定の回答のみ

表6・3a　1軸　カテゴリーウエイト

高校生活を楽しくやっていない	−2.160
HRの活動には積極的に参加しない	−1.375
自分を理解してくれる先生がいない	−1.229
クラブ活動には積極的に参加しない	−1.074
生徒会の活動には積極的に参加しない	−0.966
尊敬できる先生がいない	−0.963
遅刻をよくする	−0.745
いやな先生が多い	−0.418
学校に通う目的——専門の知識や技術を身につけるため	0.086
つっぱりや暴走族にあこがれない	0.112
友だちといっしょにいることは楽しい	0.132
クラス内で特定の友人グループにはいっている	0.149
学校に通う目的——一般的な教養を身につけるため	0.276
学校に通う目的——友だちとつきあうため	0.348
いやな先生が多くない	0.418
遅刻しない	0.530
高校生活を楽しくやっている	1.062
クラブ活動には積極的に参加する	1.675
尊敬できる先生がいる	1.809
HRの活動には積極的に参加する	2.197
自分を理解してくれる先生がいる	2.278
生徒会の活動には積極的に参加する	2.477

表6・3b　2軸　カテゴリーウエイト

遅刻をよくする	−2.715
生徒会の活動には積極的に参加する	−2.685
HRの活動には積極的に参加する	−1.613
いやな先生が多い	−0.887
高校生活を楽しくやっていない	−0.806
尊敬できる先生がいない	−0.679
学校に通う目的——友だちとつきあうため	−0.571
自分を理解してくれる先生がいない	−0.457
クラブ活動には積極的に参加する	−0.340
友だちといっしょにいることは楽しい	−0.053
クラス内で特定の友人グループにはいっている	−0.027
つっぱりや暴走族にあこがれない	0.038
高校生活を楽しくやっている	0.149
自分を理解してくれる先生がいる	0.182
クラブ活動には積極的に参加しない	0.416
生徒会の活動には積極的に参加しない	0.695
HRの活動には積極的に参加しない	0.781
尊敬できる先生がいる	0.852
学校に通う目的——一般的な教養を身につけるため	1.100
学校に通う目的——専門の知識や技術を身につけるため	1.479
遅刻しない	1.589
いやな先生が多くない	2.082

を選んだ。数量化3類の分析結果は1軸の相関比〇・四九〇、2軸〇・三四九、3軸〇・三四一、4軸〇・三二四である。1軸と2軸を使用した。表6・3aと表6・3bがそのカテゴリー・ウエイトである。

1軸についてみるとプラス方向に「生徒会の活動には積極的に参加する」「自分を理解してくれる先生がいる」「ホーム・ルーム活動には積極的に参加する」などのように、学校生活の充足を示している。「充足」と名づける。その反対のマイナス方向は「高校生活は楽しくない」「ホーム・ルーム活動には積極的に参加しない」「自分を理解してくれる先生がいない」などのように学校生活に充足していないことを示す。「不充足」と名づける。2軸についてみると、プラス方向に「いやな先生が少ない」「遅刻しない」「専門の知識を身につけるため」「一般的な教養を身につけるため（学校にかよっている）」「尊敬できる先生がいる」などのように、教師や授業に志向している。「フォーマルな学校文化志向」と名づける。この場合の「フォーマル」は教師や授業への志向や関与に限定している。その反対つまりマイナス方向は「遅刻をよくする」「生徒会の活動には積極的に参加する」「ホーム・ルーム活動には積極的に参加する」「いやな先生が多い」などである。教師や授業への志向や関与ではないので「反フォーマル学校文化志向」と名づける。

以上ふたつの軸を交差させたものが図6・2である。X校生徒の四つの類型がえられる。第I象限は教師や授業に志向し高校生活を楽しいとおもっている「充足」型である。第Ⅳ象限は生徒会やクラブなどに志向し、「友だちとつきあうため」に学校にかよっている「交友充足」型である。第Ⅲ象限は教師への尊敬、愛着がなく、遅刻もし、高校生活を楽しんでいない「不適応」型である。第II象限は「生徒会の活動には積極的には参加しない」「ホーム・ルーム活動には積極的に参加しない」「クラブ活動には積極的に参加しない」などであり、いずれも否定形であるので、この象限の特徴がつかみにくい。そこでサンプル・スコアの平均つまりX校生徒の四つの類型を分化させてい

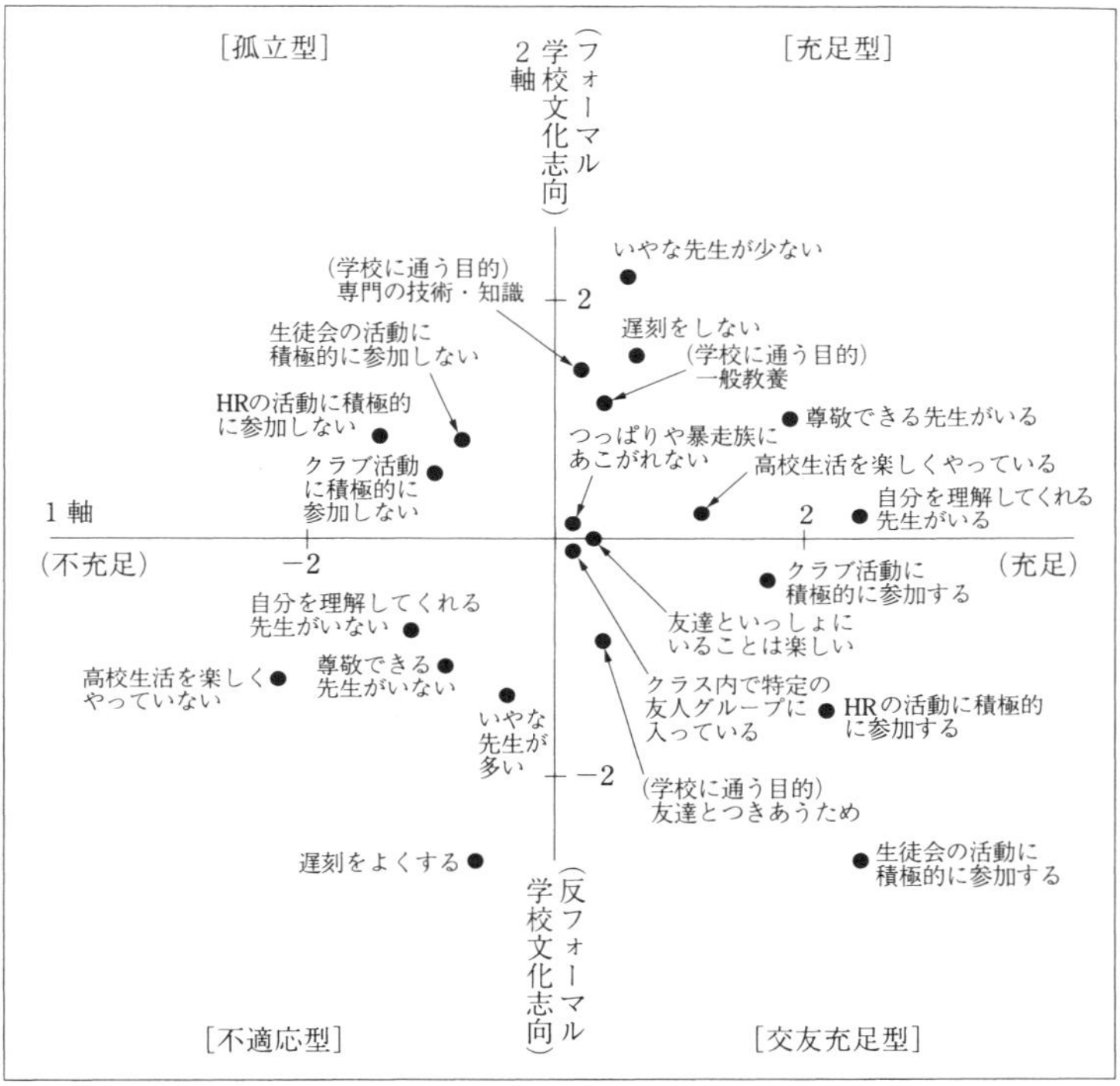

図6•2　生徒類型

る規定要因をみた。「できればがんばってさらに進学したい」がこの象限を規定している（1軸、〇・〇四三〇、2軸、〇・〇四〇二）ことから、第II象限はフォーマル学校文化志向であるが、仲間集団から孤立した類型とみなされる。「孤立」型と名づける。

さてX校のこの四つの生徒類型のなかで反学校下位文化の可能性をもつ生徒類型は図6・2の第III象限つまり「不適応」型である。そこで「不適応」型に該当する生徒だけを取り出して、いくつかの項目の回答分布をみた。まず「先生のいうことにはさからわないようにしている」を否定したものは二四・三%である。そこで強い否定の「あてはまらない」のみについてみると、八・一%と大幅に減ってしまう。つぎに「規則にはとにかくしたがう」をみてみよ

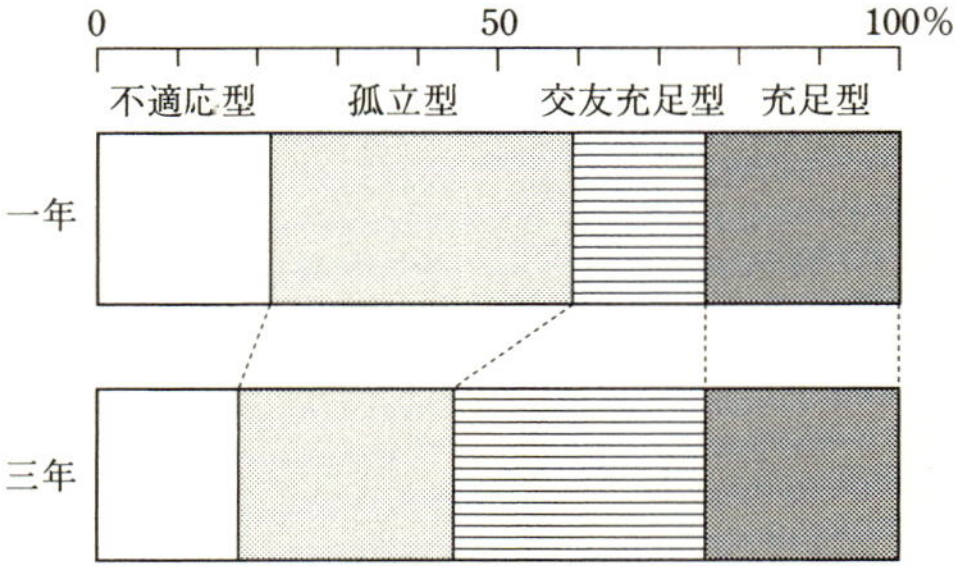

図６・３　生徒類型の学年変化

う。肯定は一五・五％で否定は三八・三％である。この場合も強い否定の「あてはまらない」だけでみると、一四・七％に減ってしまう。「不適応」型のうち、「先生のいうことにはさからわないようにしている」「規則にはとにかくしたがう」について両方とも「あてはまらない」の強い否定を選択した者は「不適応」型の五・〇％にしかすぎない。X校の場合、「不適応」型といっても教師に反抗し、積極的に規則破りをするものは実はきわめて少数にすぎない。X校の「不適応」型はハーグリーブスの描いた４Cや４Dのような反学校文化とはかなり違うことがわかる。またX校生徒の四類型の一年から三年にかけての変化は図６・３に示される。「不適応」型や「孤立」型が減少し、「交友充足」型が増加する。これらのデータは文化葛藤説や地位不満説にもとづく反学校下位文化説を否定するものである。

この点に関連して面接調査で興味深い事例があった。X校のイメージをいってほしいという質問にたいして外部者（市内中学校教師）からは、「くらい」という言葉がかえってきたが、X校卒業生や在校生からは、「あかるい」という言葉がかえってきた。この正反対のイメージ・ギャップは、X校の性格を象徴していて興味深い。つまり、外部者の「くらい」というイメージには校舎の古さなども介在しているかもしれないが、低学力生徒集団＝反学校下位文化を想像してのことではなかろうか。ところが卒業生や在校生は本校の生徒の特徴を「あかるい」という。X職業高校については、地位不満や文化葛藤による反学校生徒文化形成説はあてはまらないのだ。それは何故なのだろうか。

四　「低位」同質的社会化

この「何故」を考えるためにX校生徒の社会化の特徴からみていきたい。これまでX校入学生は低学力の者が多いけれどもすべてが低位で均質化されているわけではないことを示したが、同じことは入学時の生徒の意欲や志向についてもいえる。三年生が入学時の気持ちをふりかえった調査項目でみると「専門の知識や技術をえようと思った」四〇・七％、「とにかくがんばって勉強しようと思った」二二・五％、「できれば、がんばってさらに進学したいと思った」七・五％と入学時に高い意欲を示すものがいる。しかしその反面、「適当にやって卒業だけはしようと思った」一六・二％、「勉強以外に生きがいをみつけていこうと思った」一二・〇％、「できれば他の学校へ移りたいと思った」四・八％、「どうでもよかった」四・八％、というように、入学時から意欲喪失の生徒もいる。

もちろんあらゆる組織の新参者がそうであるように、入学時点では期待などが込められているから生徒の意欲は高めになる(14)という傾向はあるけれども、それにしてもX高校生の入学時点での学力や意欲はかなり分散している。このような初期の学力や意欲の分散は三年間でどのように変わるだろうか。それをみたのが図６・４である。

意欲的な姿勢は三年間で減少し、消極的な適応の姿勢が増大してくる。入学時の意欲の分散が三年間でかなり消極的適応に収斂してしまう。このような傾向は「勉強は試験前だけにする」とした者が一年生三八・二％、二年生四三・〇％、三年生五六・五％と学年を追うごとに上昇していることにも傍証されるだろう。こういう社会化過程を「低位」同質的社会化と呼ぼう。

生徒の社会化についてはこれまでふたつの説がある。ひとつは組織的社会化論である。もうひとつは制度的社会

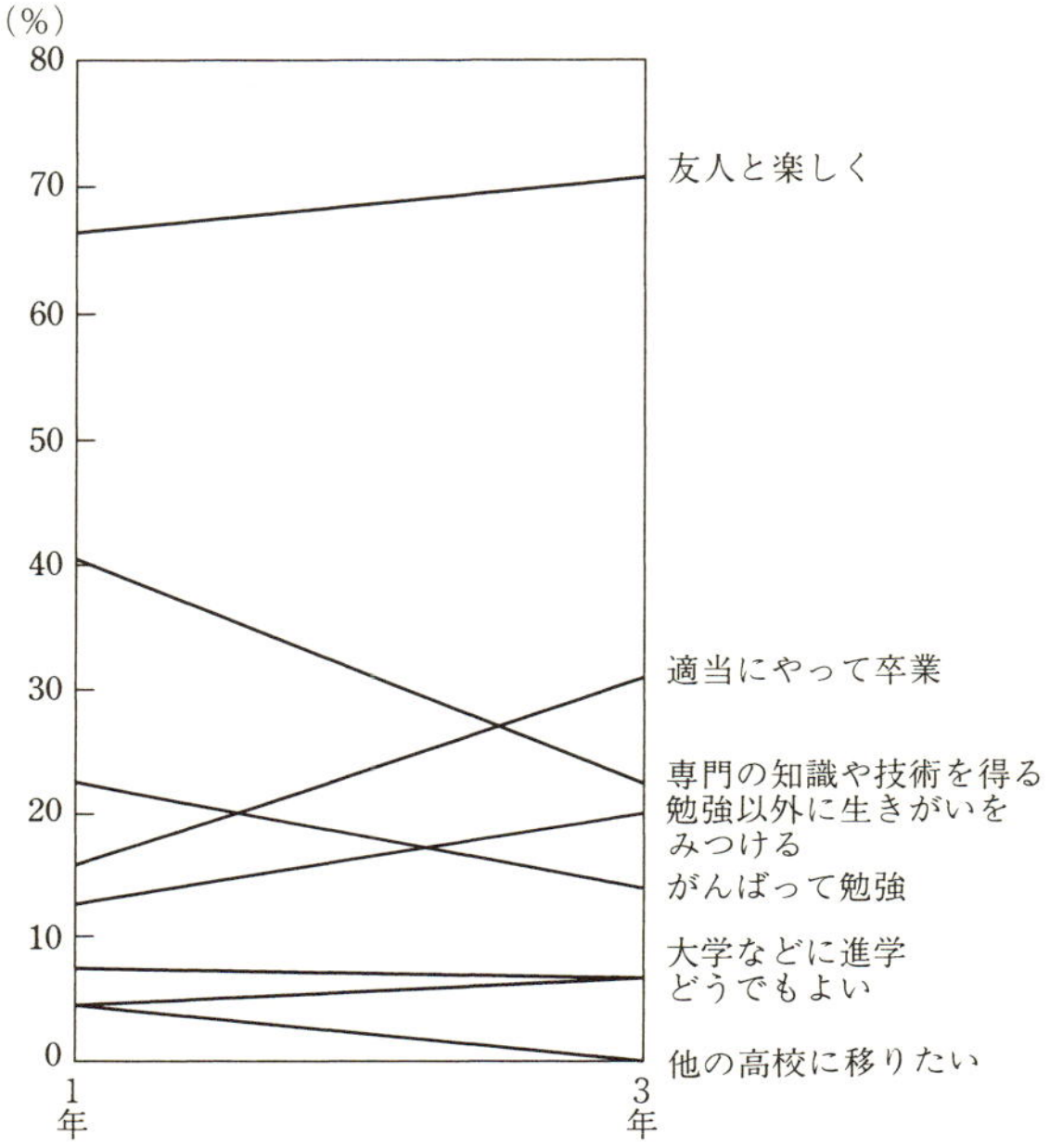

図6・4　入学時の気持と現在の気持（3年生）

化論（配分→社会化論）(15)である。組織的社会化は学校内部過程説、制度的社会化は学校と卒業生についての社会的定義（チャーター）(16)の採択による社会化効果説（チャータリング）である。X職業高校生の三年間での意欲喪失に限っていえば、配分→社会化効果は小さい。というのは、配分→社会化効果が大きければ、X校の生徒となった一年生の時点で全般的にかなり意欲が減退していなければならない。しかし現実には三年間で徐々に意欲が減退していくわけだから、この点に関しては学校内部過程説が有力になる。

　大学進学率が高く高校階層構造の上位に位置する高校の場合は、入学時に進路未定だった者も三年生になったときには大学進学志望に水路づけられるというように、入学後意欲が向上する(17)という知見がえられているが、われわれの調査でもX校の場合「がんばって勉強しようと思った」が二二・五％（一年）から一三・八％（三年）に大きく下降するのにたいし、同じ市内のY普通科高校では三二・五％（一年）から三七・五％（三年）へと上昇する。

　トラッキングによる差異的学習機会についてはいくつかの研究があるが、たとえば、ジェニー・オークスは次のようにいう。上位トラックと下位トラックとでは、実質的な教授時間に差異がある。つまり下位トラックでは学習以外の行動上の指示や雑事に時間がとられやすい。生徒の注意力もトラックによって差異があるから、実質的な教授時間の差はさらに拡大する。また宿題の量、教師の熱意、明確な課題志向性、知識の内容の差異もある。上位トラックでは批判的能力などが推奨されるのに、下位トラックでは黙従や同調が推奨される。下位トラックの生徒こそもっとも多くの教授時間が必要なのに実際は差異的学習機会によってかえってトラック間の初期の差異が拡大していく(18)、という。

X校と大学進学者の多い普通科高校を比較すれば、オークスのいうトラックによる差異的学習機会がみいだされるとおもわれるが、ここではX校の「低位」同質的社会化の内部過程を授業運営の照準となる「基準ステアリング・グループ」(criterion steering group)(19)の視点からみよう。

「基準ステアリング・グループ」はトラックで異なっており、そのことが、トラックによる差異的教授を生む。トラック間の「基準ステアリング・グループ」の差異はトラックごとの平均学力の差をさらに拡大するという点が重要である。上位トラックでは「基準ステアリング・グループ」は進学などの目標のため「上方修正」される。それに対し、下位トラックは平均学力の低さによる「基準ステアリング・グループ」の下降にとどまらず、より「下降修正」される。トラックによって「基準ステアリング・グループ」が「上方」ないし「下方」に「修正」されるのは、第二章で述べたように将来さらに選抜がある者に対して制度は個人の差異を認知し、差異に応答し、差異を促進しようとさえするが、もはやいかなる選抜もない者に対して制度は個人の差異の認知、応答を停止し、同質的で互換可能な者として対応しがちだからである。したがって上位トラックの生徒には「分化過程」が働き、下位トラックの生徒には「同質化過程」が働く(20)。

表6・4　企業の期待（生徒）　（%）

	商業科			工業科		
	1年	2年	3年	1年	2年	3年
専門の知識や技術	44.1	41.7	28.4	54.5	49.5	42.4
一般的な教養・学力	26.8	36.3	19.4	31.8	29.9	20.2
新しいことを考える力	11.8	11.3	13.8	14.5	15.5	17.2
まじめさ・忍耐強さ	44.5	40.4	**36.6**	44.5	59.8	**46.5**
やる気	64.2	64.2	**77.2**	72.2	77.3	**80.8**
性格の明るさ・協調性	27.6	38.8	**71.1**	21.8	19.6	**50.5**
礼儀正しさ	44.1	46.3	30.2	41.8	37.1	11.1
その他	2.8	0.8	0.0	0.0	1.0	2.0

X校の場合をみると入学時の生徒の学力、意欲にはかなりの分散はあるけれども、低学力生徒がかなり大きな集団として存在しているので、教師はどうしても低学力生徒に基準をあわせざるをえない。これは平均学力の低さによる「基準ステアリング・グループ」の下降であるが、さらに「下降修正」される。普通科高校には大学進学という加熱装置が構造化されているのに職業高校にはそのような装置が欠如し、その結果、教師にも生徒にも学力のレリバンスが弱いからである。むろん理念としては職業高校には普通科高校生徒とちがって専門の知識や技術の習得に代表される将来すぐれた職業人になるための教育という加熱装置がある。この装置が教師や生徒に円滑に作動していれば、入学時の意欲は三年間で高められることはあっても、低下することはないであろう。しかし実際には、加熱装置はうまく作動していない。X校調査でみると、「専門の知識や技術」をめぐる教師と生徒のレリバンスは決して大きくはない。

そのために企業はX校生徒に何をもとめているかの質問の回答に対する学年変化をみよう。表6・4がそれである。

一年生は比較的多くの生徒が「専門の知識や技術」（商四四・一%、工五四・五%）をあげているが、二年生（商四一・七%、工四九・五%）、三年生（商二八・四%、工四二・四%）になるとかなり減ってくる。三年生があげた上位三項目は商業科も工業科も、やる気、性格の明るさ・協調性、まじめさ・忍耐強さのパーソナリティ特性である[21]。

教師の場合は表6・5にみられるように、「専門の知識や技術」のレリバンスは生徒集団よりもっと低い。同じ質問（企業が本校の生徒にもとめているとおもう項目）を教師にしたときに、上位に登場したのは、「性格の明るさ・協調性」六七・四％、「まじめさ・忍耐強さ」六一・六％、「やる気」五五・八％であり、「専門の知識や技術」は七項目中第六位（二四・四％）という低率である。専門科目の教師は、普通科目の教師にくらべて「専門の知識や技術」をあげるものがやや多い。それにしても二八・六％にしかすぎなく、七項目中第六位という順序は変動していない。教師の回答は生徒の就職のために企業と接触するなかで性格特性や基礎学力などが重視されるという経験を反映したものであろう。同市内に事業所がある企業にたいしてX職業高校生を採用するとき、どれに重点をおくかと教師、生徒と同じ質問をした結果は表6・5にみることができる。三項目選択にもかかわらず、「専門の知識や技術」を挙げた企業は三分の一弱にしかすぎない。X校生徒は入学時には比較的「専門の知識や技術」のレリバンスをもっているのだが、しだいに企業の期待（パーソナリティ特性重視）を教師の認知をつうじて取り入れ、レリバンスを失っていくわけである。

表6・5　企業の期待　（％）

教師		企業	
性格の明るさ・協調性	67.4	やる気	76.8
まじめさ・忍耐強さ	61.6	性格の明るさ・協調性	67.6
やる気	55.8	まじめさ・忍耐強さ	46.4
一般的な教養・学力	41.9	一般的な教養・学力	37.5
礼儀正しさ	27.9	専門の知識や技術	30.4
専門の知識や技術	24.4	新しいことを考える力	21.4
新しいことを考える力	8.1	礼儀正しさ	16.1

「専門の知識や技術」のレリバンスの学年変化をみるために数量化1類による分析を試みた。数量化1類は回帰分析を質的データに拡張したものであり、被説明変数を最もよく予測するように説明変数を数量化するものである。表6・6は「本校で自分の個性が発揮できている」を外的基準（被説明変数）にし、その説明変数に一〇アイテム二九カテゴリーを用いた結果である。外的基準に「本校で個性を発揮できている

表 6・6a　個性発揮（1 年）の規定要因（数量化 1 類）

数字は偏相関係数　重相関係数＝0.459

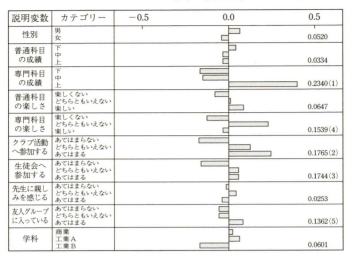

説明変数	カテゴリー	−0.5　0.0　0.5	
性別	男 女		0.0520
普通科目の成績	下 中 上		0.0334
専門科目の成績	下 中 上		0.2340(1)
普通科目の楽しさ	楽しくない どちらともいえない 楽しい		0.0647
専門科目の楽しさ	楽しくない どちらともいえない 楽しい		0.1539(4)
クラブ活動へ参加する	あてはまらない どちらともいえない あてはまる		0.1765(2)
生徒会へ参加する	あてはまらない どちらともいえない あてはまる		0.1744(3)
先生に親しみを感じる	あてはまらない どちらともいえない あてはまる		0.0253
友人グループに入っている	あてはまらない どちらともいえない あてはまる		0.1362(5)
学科	商業 工業A 工業B		0.0601

表 6・6b　（2 年）

重相関係数＝0.499

説明変数	カテゴリー	−0.5　0.0　0.5	
性別	男 女		0.0535
普通科目の成績	下 中 上		0.1033(5)
専門科目の成績	下 中 上		0.1749(2)
普通科目の楽しさ	楽しくない どちらともいえない 楽しい		0.1653(3)
専門科目の楽しさ	楽しくない どちらともいえない 楽しい		0.0186
クラブ活動へ参加する	あてはまらない どちらともいえない あてはまる		0.0708
生徒会へ参加する	あてはまらない どちらともいえない あてはまる		0.1612(4)
先生に親しみを感じる	あてはまらない どちらともいえない あてはまる		0.0875
友人グループに入っている	あてはまらない どちらともいえない あてはまる		0.1947(1)
学科	商業 工業A 工業B		0.0966

表6•6c　(3年)　　重相関係数＝0.567

説明変数	カテゴリー	偏相関係数
性別	男 女	0.0029
普通科目の成績	下 中 上	0.1282(5)
専門科目の成績	下 中 上	0.0523
普通科目の楽しさ	楽しくない どちらともいえない 楽しい	0.1635(4)
専門科目の楽しさ	楽しくない どちらともいえない 楽しい	0.0505
クラブ活動へ参加する	あてはまらない どちらともいえない あてはまる	0.2143(3)
生徒会へ参加する	あてはまらない どちらともいえない あてはまる	0.2380(2)
先生に親しみを感じる	あてはまらない どちらともいえない あてはまる	0.2786(1)
友人グループに入っている	あてはまらない どちらともいえない あてはまる	0.0627
学科	商業 工業A 工業B	0.0602

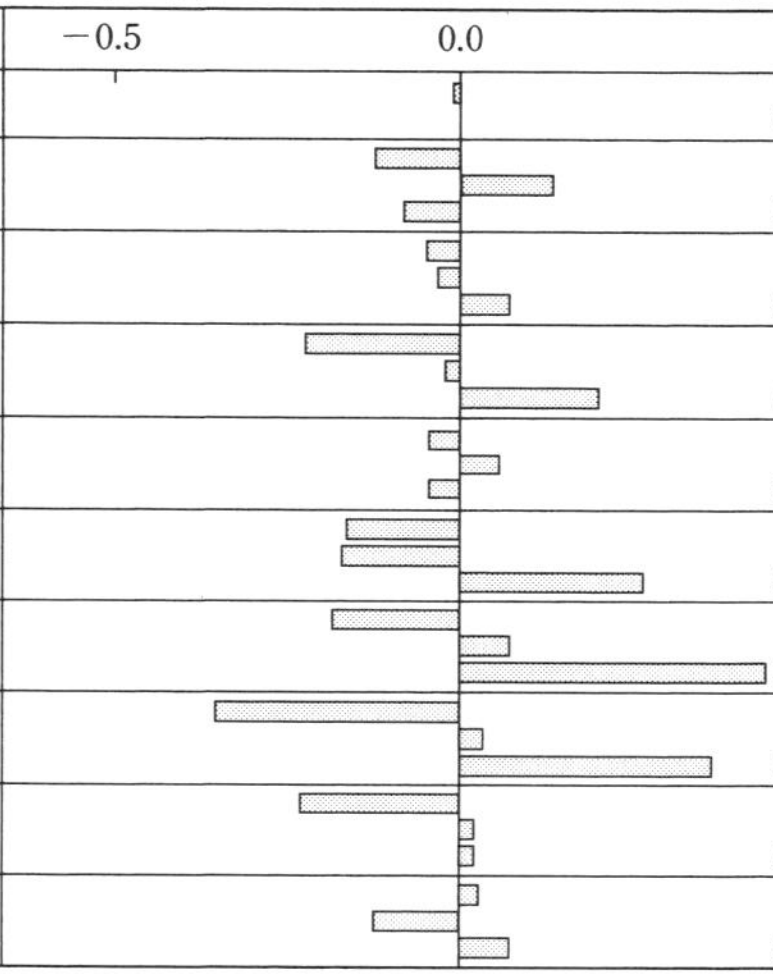

か」を選んだのは、X校の生徒の「専門の知識や技術」のレリバンスが大きければ、「個性発揮」にたいする規定力が大きく、レリバンスが小さければ規定力も小さくなるはずだからである。表6・6の右端の偏相関係数をみると、それぞれの変数の相対的規定力がわかる。変数ごとのそれぞれのカテゴリーの影響力は図の棒グラフで示してある。右向きであれば個性を発揮できていると考えていることへの影響力が強く、左向きであれば個性を発揮できていないとおもっていることへの影響力が強い。母集団がちがうから学年ごとの偏相関係数やカテゴリーウエイトを直接比較することはできないが、その相対的順位の変動についての比較は可能である。

一年生では専門科目の成績のよしあしが個性発揮を規定する大きな要因となっている。つまりX校の一年生にとって普通科目の成績はともかく専門科目の成績はかれらにとってレリバンスがまだ高いのである。ところが二年生はクラス内で特定の友人グループにはいっているかどうかが規定力で第一位になる。三年生は先生に親しみを感じるかどうか、生徒会活動を積極的にするかどうか、クラブ活動に積極的に参加するかどうかなどが上位になる。

表6・7　中3時成績と高校入学後成績の相関係数

	X　校	Y　校
高1	0.535（普通科目） 0.423（専門科目）	0.444
高2	0.487（普通科目） 0.400（専門科目）	0.508
高3	0.355（普通科目） 0.276（専門科目）	0.508

専門科目の成績の規定力はきわめて小さくなる。これと対応して「何のために学校へ通っているのか」という質問でも「専門の知識や技術を身につけるため」という者が、一年生三七・四％、二年生二九・八％、三年生二一・六％と学年の上昇とともに減少していく。

就職についての教師や生徒の認知がこのようなパーソナリティ説に近づけば近づくほど、職業高校の理念である技術機能理論的学歴観から離脱していくことになる。職業高校の加熱装置が作動しなくなる、ということである。X校の職業科目の教師もこのようなディレンマについて、つぎのように語っている。「最近の企業は基礎学力のテストをするので、普通科のほうが有利になってしまう。また、コンピューター時代で専門知識はそれほど要求されない。職業高校としては、矛盾です」と。こうしてX校生徒は将来さらに選抜を要する者としてではなく、もはや選抜がない者（no further selection）として教師も生徒も認知してしまう。平均学力に帰因する基準ステアリング・グループの低さはこうしてさらに「下方修正」されるのだが、この過程はX校教師の教育実践によって側圧される。生徒の差異的処遇の排除という教育理念にもとづく実践である。X校教師たちはX校生徒が経済的に豊かでなく、高校進学のときにも選抜でむしろ被害をうけている者であり、またほとんどの生徒が就職するのだから、せめてX校の生徒のときだけでも平等処遇しようとしている。授業でも教師はできるだけ多くの生徒を指名し、答えさせる努力をしている。面接である在校生はつぎのように述べている。「一年生のとき英語はアルファベットの復習でびっくりした。はじめて覚えた、と喜んでいた子もいるが、こんなことなら勉強しなくとも卒業できるとおもった」と。こ

表6・8　生徒類型の規定要因（数量化2類）　　数字は偏相関係数

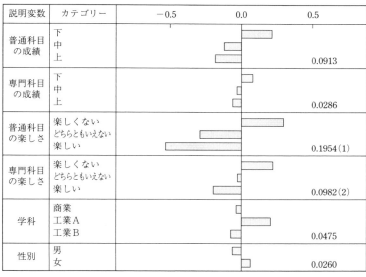

説明変数	カテゴリー	偏相関係数
普通科目の成績	下 中 上	0.0913
専門科目の成績	下 中 上	0.0286
普通科目の楽しさ	楽しくない どちらともいえない 楽しい	0.1954(1)
専門科目の楽しさ	楽しくない どちらともいえない 楽しい	0.0982(2)
学科	商業 工業A 工業B	0.0475
性別	男 女	0.0260

うして「低位」同質的社会化は促進される。

中三成績と高校入学後の成績の相関をX校とY校でみたのが表6・7である。Y高校では、相関係数が〇・四四―〇・五一の範囲にあり、比較的高い相関がみられる。それに対しX校は、一年生はともかく二年生、三年生になると急速に中三時との相関が下がっていく。これはX校生の「低位」同質的社会化の結果である。

いままでは、X校の「低位」同質的社会化過程について述べてきたが、その潜在機能が重要である。X校の事例が学校社会学の通説とずれてくるのはこの点である。「低位」同質的社会化によってX校にアカデミック・アチーブメントの低さに由来する反学校生徒文化の発生がくいとめられている、という潜在機能である。X校生徒にとっては、専門の知識や技術、学業成績のレリバンスが低いから、成績が悪いことによる地位不満はおこりにくいということである。

このことを図6・2で示したX校の生徒類型の分化要因でみよう。X校の生徒類型は「充足」型、「孤立」型、「不

表6・9　普通科高校から大学進学する生徒について　(%)

努力している	52.3
勉強が好きな人たちだ	34.5
何も感じない	25.4
つらそうだ	24.7
うらやましい	22.2
個性をのばしている	20.3
経済的にめぐまれている	17.5
かわいそう	11.3
ばかげている	7.3

適応」型、「交友充足」型であった。そこで「不適応」型とそれ以外の類型を分化させる要因を数量化2類によって分析した。

数量化2類は被説明変数をもっともよく分類するために説明変数を数量化するものである。つまり表6・8の棒グラフが左向きであれば「不適応」型以外の類型に影響力があり、右向きであれば「不適応」型に影響力がある。影響力の大きさは棒グラフの長さでみることができる。偏相関係数の大きさで変数の規定力をみることができる。説明変数は六アイテム一七カテゴリーである。相関比が高くない(〇・三二一九九)から充足な判別に成功しているわけではないが、X校の生徒類型を「不適応」型とそれ以外の類型に分化させるのは、成績よりも授業の楽しさであることが読みとれる。これは加熱装置が作動しなく、低位同質的社会化がおこなわれていることの逆説的結果である。

また高校階層構造からするX校生徒の地位剥奪感は間接的であるが、「普通科高校から大学進学する生徒についてどうおもうか」の回答にみることができる。表6・9がその結果である。「努力している」「勉強が好きな人たちだ」「何も感じない」が上位を占めている。このうち比較的地位剥奪感に近いのは「うらやましい」であろう。これは二二・二%であるが、選択順位は第五位である。表6・9の選択項目の割合をみるかぎり、X校生の地位剥奪感はそれほど大きくない、と解釈してもよさそうである。それはZ市の普通科高校が総合選抜制で総序列化の状態にないこと、すでにみたようにX校生徒の二〇%程度は学力的にはZ市の普通科高校に進学できる状態にあること、Z市の大学進学率がかなり低いことなどによると解釈できる。

五　教師の現地化と生徒の二次適応

これまでの日本の学校社会学は、学業成績が強調されるイギリスの学校社会学（ハーグリーブス、レイシーなど）の影響が強かったが、それは学校が学業成績を強調する点で日本とイギリスが似た状況にあるからだ(22)、とされる。しかし、同じイギリスでもハーグリーブス、レイシーなどと異なった結果調査もある。クウィンは、イギリスの総合制中等学校を調査し、ハーグリーブスの調査したラムレイ校とは違って下位のストリームに反学校下位文化を発見できなく、想像とは逆に下位ストリームの生徒は学校を好んでいることを発見している。むしろストリーミングのおかげで、勉強ができないことで辱めをうけたりして気持ちが挫ける（demoralized）ことがないからである。

むろんこのような知見は、ハーグリーブスやレイシーの調査校とクウィンの調査校とがかなり性格を異にしていることによる。クウィンの調査校は生徒の階級が同一で科目ごとの能力別クラス分けがセッティングであったことなどがハーグリーブスなどの調査校と違っていた。また教師は単一の価値体系に拘束されていたわけではなく、問題をおこしそうな生徒とも上手におりあいをつける教師も存在した。こういうことから下位ストリームに反学校下位文化が発生しないのだ(23)、と説明されている。クウィン論文のインプリケーションは、教師は学校で公式的な価値や規範だけを呈示するわけではないことである。また生徒の学校適応にはいろいろな形があることを示唆している点である。「笑いの機会が多いから」「友達にあえるから」「他の学校よりも自分達の学校の売店には多種多様なお菓子があるから」として学校が好きになっている生徒も少なくない(24)。生徒は学校のたてまえとしての価値や規範に反応しているとみなすべきではない。この点で文化葛藤説は単純すぎるのである。

文化葛藤説については、デビッド・レイノルズの修正理論がある。かれは、鉱山地区の労働者階級の子弟が通学している九つのセカンダリー・モダン・スクールのそれぞれの非行率、無断欠席率などが学区の階級構成率と関係していなく、それぞれの学校の教師と生徒の相互作用過程のあり方に関連している、と指摘する。教師と生徒に文化葛藤があるとしても、それぞれが葛藤をできるだけおこさないように境界線をひけば、葛藤は最小限になる。街での喧嘩や飲酒、喫煙はことあらためて叱責しないとか、授業のはじめの数分は冗談からはじめるとかいうようにするから、生徒のほうもこれに応じて授業で騒いだり秩序を乱したりしなくなる。これが、休戦（truce）である。つまり、教師は生徒と呑気にやり、生徒も教師と呑気にやるという非公式の約定である。こういう約定が存在している学校では、学校や教師がよくないとすることを生徒がやることで生徒仲間での地位は上がらない。こういう約定が実行されない学校は葛藤のためにいろいろな規則を強制しなければならない。そして、そういう強制によって、逸脱や非行をさらにますだけである(25)、とされる。つまり、労働者階級の子弟が多い学校がすべて教師と生徒の文化葛藤によって敵意や逸脱行動に支配されるわけではない。むしろこのような学校では教師も生徒もサバイブするために相互にある程度歩みよりをしなければならない、と考えるほうが事態に即しているだろう。

ハーグリーブスは、ラムレイ校を分析した本の最後の章で下位ストリームの生徒とうまくおりあった彼の昔の同僚の事例を経験のある思慮深い教師として紹介しているが(26)、教師がなんらかのかたちで生徒とおりあいをしないことのほうがむしろ不自然である。そういうおりあいや歩みよりをここでは「現地化」（localization）と名づけよう。なんらかの形での教師の現地化は学校の機能的要件である。というのは、進学校の生徒などを除けば、しばしば生徒は規範的コミットメントも功利的コミットメントもない囚われたオーディアンス（captive audience）である。クライアントが当該制度のサービスを自ら望んでいない制度が存続するには強制的統制（coercive control）(27)か職員の現地化による当該制度の部分的意味変換が必要である。X校はおおくの生徒が「本校の規則はきびしすぎる」（肯定七九・七％、否定三・九％）と答えているように、遅刻や服装などさまざまな強制的統制がなされているが、学校には「教育的配慮」が内外から要請されるから強制的統制だけに依存することができない。教師の現地化が要求される所以である。こうしてX校にかぎらず教師にはなんらかの現地化が機能的に必要になる。生徒のほうも学校が動かしえない環境ならば、そのなかでいたずらに対立を引き起こすよりも教師とおりあいをつけてできるだけ満足量を増やし三年間をすごすという適応様式が発達するから、教師の現地化を滑かに促進させる。

以上は教師の現地化を学校システムの内部からみたものであるが、教師の現地化は「制度としての教育」（education as an institution）という社会的文脈によって可能になっている。

ジョン・マイヤーとブライアン・ローワンによれば、教育組織は教育内容や方法が厳しい評価、査察をうけにくい緩やかな連結組織（loosely coupled organization）である。「緩やかな連結」とは組織のフォーマルな構造が日常的な活動と切り離され、さらに活動が効果と切り離されることである。フォーマル組織とインフォーマル組織とに透き間ができ、そのことによって組織が延命することである。では教育組織は何故緩やかな連結組織になるのか。近代の教育は貨幣のような標準化された信頼に値する資格を付与する機関である。ところがそのような儀礼的分類の生産の内部過程に立ち入ってしまうと、非一貫性や非効率性がたちまち露呈し、制度としての教育の神話が崩壊する。したがって六年生の算数とは何かについては詳細に語られても、実際になにがどのように教えられているかはしばしば不問にされる(28)。教師の現地化はこのような制度としての教育にともなう緩やかな連結としての教育組織によって可能になる。普通科高校の場合は大学入試による教育内容、方法への間接管理があるが、職業高校に

表6・10　教師の生徒観と生徒の自己認知

（肯定者の%）

項目	生徒		教師
ほかの生徒をライバルだと思っている	24.6	>	3.5
他校生にたいして劣等感を抱いている	22.2＊	<	61.6
人間性が豊かである	44.6	>	18.6
先生に親しみを感じる	15.5	<	50.5

注：＊は普通校生で大学進学する者にたいしてうらやましいと回答した者.

はそれに該当するものがない。簿記や製図などの各種資格・技能検定受験者は少ないし、その取得率の向上が学内外から強く要請されているわけではない。学校組織は緩やかな連結から脱連結にまでなりえ、職業高校の教師の現地化の空間が準備される。

文化葛藤説はこのような「現地化」の視点をとりいれる必要があろう。しかし教師の現地化は教える者が学ぶという文化衝突＝融合的現地化ではなく、しばしば文化休戦的現地化になりやすい。教育者や専門職としての教師の理想や理念からすれば、現地化は逸脱だからである。「文化休戦」は異なった文化と接触するなかで自己の文化体系を維持しながら休戦することである。したがって文化休戦は異文化接触によって生じる異文化衝突（戦争）を避けるための適応戦略である。X校教師の場合X校生徒に低学力と経済的な困窮層が多いこと、表6・5にみたように、教師自身が職業高校のフォーマルな目的、技術機能的な学歴観を信じていないこと、市立高校であることから移動があまりなくX校から簡単に転出できる状況にはないことなどによって現地化が加速されている。

ではX校教師の現地化はどのようなものだろうか。X校教師の「現地化」は「知識の伝達者」から「親しい先生」への役割の再定義としてあらわれている。面接で多くの教師はX校生徒の学力の低さ、礼儀をわきまえていないなどの欠点を指摘しながらも「気さく」であり、「職員室にも遊びにくる」「ひとなつっこい」と述べている。教師調査をみても、「教師の親しみを感じている」（肯定五〇・五％、否定九・三％）、「教師と生徒の人間関係が親密である」（肯定五一・二％、否定九・四％）となっている。それに対して知識の伝達にかかわる面では、「授業を苦痛におもっている」(肯定七二・一%、否定九・三%)、「内容がむずかしくて授業についてこれない生徒が多い」(肯定七二・一%、否定七・○%)となっている。

すこし前に教師の現地化は文化休戦になりがちだと述べたが、X校教師の知識の伝達者から親しい先生への役割の再定義という現地化もじつは文化休戦の産物である。そうであることは教師のX校生徒評価をみることによって浮かびあがってくる。X校教師の同校生徒評価はかなり手厳しい。教師は、生徒評価について表面では、面接で多く教師から聞かれたように「ひとなつっこい」などかなり好意的であるが、より深いレベルになると、かなり手厳しい。表6・10にみることができるように、人間性が豊かでない、劣等感をもっている、他の生徒をライバル視しない、などとみる。ところが、これらの項目を生徒の自己評価でみると、教師とは反対の結果を示す。たとえば、「人間性が豊かである」と評する教師は一八・六%にすぎないときに、生徒のほうは四四・六%がそうおもっている。このことは、下層階級文化を描いたウォルター・ミラーがかれら(下層階級の子供)は、タフネスを尊ぶだけでなく、賢さ(smartness)をも尊ぶ、ただかれらのいう賢さは、学校知(formerly learned knowledge)とは違うのだ、という指摘(29)を想起させる。他の生徒を「ライバルだと思わない」という教師による生徒評価も教師は勉強競争に限定しているからであろう。異性の間の人気などライバルの契機は教師が考えるよりもずっと多い。つまり教師=中間階級の文化的拘束性は教師の生徒評価の次元には色濃く表れてくる。教師には文化冷戦が存在していることになる。教師は現地化しながらも文化休戦によって「教育者」としての理想や理念を維持するが、同時に現地化による逸脱の確認も迫られる。現地化のディレンマである。このディレンマから派生するうしろめたさが裏舞台での文化冷戦によって

表6・11　授業の楽しさ
(　)内専門科目

	X　校	Y　校
1年	2.60 (3.40)	2.33
2年	2.45 (3.08)	2.20
3年	2.49 (2.98)	2.33

流出し浄化されている。

文化冷戦が析出されることによって教師たちにみられる親しい教師への役割の再定義がじつは文化休戦の産物であることが確認される。こういう文化休戦や文化冷戦は生徒の側には「学校にいるときには教師のいうことに従え。しかし教師の考えるように考える必要はない」という儀礼主義を進展させる。事実「先生のいうことにはさからわないようにしている」という生徒は、一年生二九・一%、二年生三〇・八%、三年生三四・八%と増大する。また教師が思っているほどには生徒は教師に親しみを感じているわけではない。教師の肯定が五〇・五%であるときに、生徒の肯定は一五・五%にすぎない。

その結果、教師たちの現地化＝文化休戦は生徒の二次適応（secondary adjustment）を促進させる。二次適応とは職員に正面からは挑戦しないが禁じられた満足を許容された手段で充足したり、許容された満足を禁じられた手段で充足し、組織が組織成員に要求する何をすべきか、何であるべきか、何をうけとるべきかの前提を欺いてしまうことである(30)。

この点は授業の「楽しさ」についての調査にもみることができる。表6・11がそれである。授業の「楽しさ」を同じ市内のY校生徒と比較したものである。「楽しくない」を一、「楽しい」を五とした五段階評価であるが、いずれの学年も普通科目、専門科目ともX校生徒のほうが相対的に「楽しい」と答える割合が高い。しかし、少人数クラスの丁寧な授業を望むX校生徒は、八・三%しかいない。相対的に学力が高く普通科高校であるY校の授業では「一次」適応が要求されるのに、X校では「二次」適応の余地があるからだ。「二次適応」についてはより厳しい規律によって禁圧される面と組織の円滑な作動のために黙認される面とがある。黙認されるのは、フォーマルな役割への不適応からただちに逸脱や反抗などへむかわない「緩衝器」の役目をはたすからである。教師が文化休戦をとれば黙認の面が強くなる。二次適応をめぐってゴフマンはつぎのようにいう。被収容者が施設内で入手できるものから最大限の満足を得ている状態（コロナイゼーション）を職員が知ったときに、職員は施設のそういう利用のされ方に「漠とした当惑を覚え」(31)る、と。しかし、すでに述べたように学校は刑務所などの全制的施設とことなって強制的統制には限界があるからこそ、二次適応は「当惑」よりも「黙認」をもたらす。X校生徒の明るさはこうした黙認された二次適応の結果といえる。二次適応は、「被収容者に、自分は環境を何程か制御できるのだからまだ自分自身の主人なのだ、という重要な証拠を与えるものである」(32)。図6・3で三年間で「交友充足」型が顕著に増大することがみられたが、それは二次適応する生徒の集積された結果を表している。

六　したたかな適応と完璧な冷却

本章でみてきたことをまとめよう。地位不満説が成り立つためには学校内に成績という単一価値が支配しているという条件が必要である。この条件が弱くなれば、地位不満説の妥当性が小さくなる。同じように、教師が学校のなかで生徒に歩みよりをし、パースペクティブを変換すれば、それが緩衝装置となり文化葛藤も緩和される。X校の学校内過程の分析から地位不満は成績のレリバンスの欠如によって、文化葛藤は文化休戦によって、消去されていることが発見された。ここでは生徒に地位不満が渦巻いているわけではなかった。生徒はたしかに職業高校のフォーマルなカリキュラムに志向してはいなかったが、クラブ活動や友達との交流で高校生活を楽しんでいた。生徒の学校適応は教師の現地化による公式的な価値、規範のずらしかたとの対応でも考えなければならない。

面接でつぎのようにかたった教師もいた。「生徒にむしろ劣等感はない。自分はこれでいい、という気持ちが強いのです」と。キャンパスの中で同じ境遇の者との交流によって規範的期待水準を設定し直し，自足が促進されている。マートンはサミュエル・ストファーなどの『アメリカ兵』（*The American Soldiers*）を資料にした分析のなかで，補充廠の機能について次のように述べている。新兵がいきなり戦闘部隊におくりこまれないで，補充廠を通過するのは以前の集団の絆を断ち切り，新しく加入する集団への準備をさせることにある，と。それは，水底トンネル工事従事者が「解圧室」をとおって正常気圧に慣れることにたとえられた(33)。X校の学校文化は，まさに選抜＝競争社会の「解圧室」である。

ここで，「はじめに」のところで述べたイギリスの社会学者ポール・ウィリスの知見を想起しよう。ウィリスはイギリスの労働者階級の子供（lads）が学校や教師に反抗しながらも，かれらの逞しさ信仰によってホワイトカラー的事務的労働を「女々しい」として貶価し，苛酷な肉体労働をみずから積極的に引き受けていき，結果として対抗文化が社会的再生産に寄与していることを暴いた。私たちのX校調査からはこのような「野郎ども文化」（lads culture）は見出せなかった。その点でウィリスが労働者階級の子供の反学校文化と両親の権威への反抗，同調の拒否，性差別などの労働現場文化（shop floor culture）が親和していると指摘していることが重要だろう。日本の学校にウィリスが描くような反学校文化がみられないのは，日本のブルーカラー労働者は雇用形態や意識の面でホワイトカラーに近似しており(34)，日本では反学校文化をサポートする労働現場文化がイギリスのようなかたちで存在しないこと――ブルーカラーのホワイトカラー化――がその大きな理由だろう。しかし，荒々しい反抗ではなく二次適応などによって学校を「生きるに値する世界」（livable world）へ変換しているX校生徒たちのしたたかな適応も，マクロな視点からみれば，支配関係を維持し存続させる完璧な「冷却」でしかない。

（1）Webb, J., "The Sociology of A School," *British Journal of Sociology*, 13 (1962).
（2）Cohen, A., *Delinquent Boys*, Free Press, 1955, pp. 88-91.
（3）Becker, H., "Social-Class Variations in the Teacher-Pupil Relationship," in Becker, H., ed., *Sociological Work : Method and Substance*, Aldine, 1970, pp. 137-139.
（4）Hargreaves, D., *Social Relations in a Secondary School*, Routledge & Kegan Paul, 1967.
（5）Hammersley, M., "From Ethnography to Theory : A Programme and Paradigm in the Sociology of Education," *Sociology*, 19 (1985).
（6）Lacey, C., "Some Sociological Concomitants of Academic Streaming in a Grammar School," *British Journal of Sociology*, 17 (1966), *Hightown Grammar*, Manchester University Press, 1970.
（7）能力グループを構成するストリーミング（streaming）、セッティング（setting）、バンディング（banding）の違いは次のようなものである。ストリーミングは、能力評価によって同一年齢の生徒を異なるクラスに分化させる。セッティングは特定教科についてのみクラス分けする。バンディングは、平均以上、平均、平均以下のような大まかなクラス分けである（Burgess, R., *Sociology, Education and Schools : An Introduction to the Sociology of Education*, Batsford, 1986, pp. 167-172）。
（8）Ball, S., *Beachside Comprehesive*, Cambridge University Press, 1981.
（9）Hargreaves, D., *op. cit.*, pp. 6-47, 140-158.
（10）*Ibid.*, p. 185.
（11）「高卒者の採用と評価に関する調査」は質問紙配布一六〇社、回収六二社、回収率三九%。有効回答企業規模の内訳は、従業員五〇〇人以上二二社（三五・五%）、五〇〇人未満四〇社（六四・五%）である。
（12）志水宏吉「職業高校の歴史的変容と現状――高校生の進路形成を軸として」『教育学研究』五二巻（一九八五年）、四一―四三頁。

(13) Hurn, C., *op. cit.*, p. 208.

(14) 柴野昌山「学校の逆機能——社会化困難性」『教育社会学研究』二七集（一九七二年）、九六—九七頁。

(15) Kamens, D., "Organizational and Institutional Socialization in Education," *Research in Sociology of Education and Socialization*, 2 (1981).

(16) チャーターについては、第七章注(67)を参照されたい。

(17) 苅谷剛彦「学校格差と生徒の進路形成」岩木秀夫・耳塚寛明編『現代のエスプリ195　高校生』至文堂、一九八三年。

(18) Oakes, J., *op. cit.* pp. 61-112.

(19) 菊池栄治「中等教育におけるトラッキングと生徒の分化過程——理論的検討と事例研究の展開」『教育社会学研究』四一集（一九八六年）、一五〇頁。

(20) Rosenbaum, J., *op. cit.* (1976), pp. 142-145, 198.

(21) X校商業科の生徒の就職をめぐる認知がパーソナリティ説に傾斜することはともかく、工業科の生徒が「専門の知識や技術」についてそれほど重要視していない点は説明を要しよう。産業界の職業高校生評価調査（文部省初等中等教育局職業教育課調査、『キャリアガイダンス』一九八四年一月号）をみると、商業科卒業者の採用については「商業高校の卒業生であることは採用の積極的理由ではない」とする回答が第一位にきており、普通科と代替可能とみられているが、工業科については相対的に専門性が評価され、採用の大きなポイントになっている。つまり工業科は普通科との非代替性が相対的に大きい。そのかぎりX校の工業科の生徒が「専門の知識や技術」が就職時の条件として重視されないと考えることにはX校独自の要因が介在している。X校では学科混合のミックス・ホームルーム制をとっていることと関係しているようにおもわれる。聞き取り調査においても教師たちは「ミックス・ホームルームはたしかに学年のまとまりをよくするが、学科のまとまりが犠牲になる」、「ミックス・ホームルームでは商業科の生徒がおおいので進路の話をする場合どうしても商業科中心になりがちである」と述べている。ミックス・ホームルーム制によって工業科の生徒の就職の認知が商業科の就職の認知に引っぱられていることが推測される。

(22) 武内清「生徒の下位文化をめぐって」『教育社会学研究』二七集（一九七二年）。
(23) Quine, W., "Polarized Cultures in Comprehensive Schools," *Research in Education*, 12 (1974), pp. 43-44.
(24) Woods, P., *Sociology and the School : An Interactionist Viewpoint*, Routledge & Kegan Paul, 1983, pp. 55-56.
(25) Reynolds, D., "When Pupils and Teachers Refuse a Truce : Secondary School and the Creation of Delinquency," in Mungham, G. & Pearson, G., eds., *Working Class Youth Culture*, Routledge & Kegan Paul, 1976.
(26) Hargreaves, D., *op. cit.*, p. 189.
(27) Etzioni, A., 1961, 綿貫譲治訳『組織の社会学的分析』培風館、一九六六年。
(28) Meyer, J. & Rowan, B., "The Structure of Educational Organizations," in Meyer, J. & Scott, R., eds., *Organizational Environments : Ritual and Rationality*, Sage, 1978.
(29) Miller, W., "Lower Class Culture as a Generating Milieu of Gang Deliquency," *Journal of Social Issues*, 14 (1958), p. 10.
(30) Goffman, E., 1961, 前掲邦訳書（一九八四年）、五七—五九頁。Wakeford, J., *The Cloistered Élite : A Sociological Analysis of the English Public Boarding School*, Macmillan, 1969, pp. 139-151.
(31) 同邦訳書、六五頁。
(32) 同邦訳書、五七頁。
(33) Merton, R., 前掲邦訳書、二四九—二五一頁。
(34) 間　宏『イギリスの社会と労使関係——比較社会学的考察』日本労働協会、一九七四年。小池和男『中小企業の熟練』同文館、一九八一年。

第三部　結　論

第七章　日本のメリトクラシー——疑惑・戦略・狼狽

一　社会的再生産理論再考

われわれは本書の「はじめに」のところで近代社会はメリトクラシー社会であるとしても欧米には大衆的競争状況はみあたらなく、その意味で現代日本社会の受験生やサラリーマンにみられる「ふつう」のための「猛烈」といわれるマス競争状況は特異である、と述べた。ではこの特異さをどう考えればよいのだろうか。

第一章でみた葛藤理論や社会的再生産理論があきらかにしたようにメリトクラシーの疑惑には階級文化密輸論がある。近年わが国でもこうした葛藤理論や社会的再生産理論の立場から日本のメリトクラシーについての疑惑を探究する実証研究がおこなわれはじめている。しかし、ブルデュー理論のすぐれた紹介者の一人であり、日本社会での実証的研究も試みている宮島喬自身、率直に次のように述べている。日本社会が不平等な格差をもつ「階層的な社会」であることは否定できない、にもかかわらず、「なぜその事実が顕在化しないのか」、なぜ「機会の不平等」が正面から問題とされないのか(1)、と階級文化密輸論が日本社会でインパクトに乏しいことを正直に開陳している。日本社会では階級文化密輸論のリアリティが乏しくなるのはどうしてなのだろうか。

葛藤理論や社会的再生産理論がいわれるときに、試験問題や面接についての言及が必ずなされることに注意したい。ブルデューはフランスのエナ（国立行政学院）などのエリート養成高等教育機関の入試や面接試験について次のように述べている。

「固有に学校的な論理のなかに支配的階級の諸価値を翻訳しつつ明示している暗黙の規範に試験官たちは依拠しているのだが、この点のすべてが明らかになるなら、これらの価値が出身階級の価値からへだたっていればいるほど、受験者は重いハンディキャップに耐えなければならないことも分かる。階級特有のやり方がそれ以上にないほど明瞭にあらわれるのは、採点者を伝統的な採点技術の暗黙の未分化な基準へと方向づける試験においてであるが、たとえばその例は小論文または口述の試験である。これは人の総体にたいし、社会的知覚の無意識の基準によって武装された総体的判断がくだされる機会にほかならない。じっさい、この人の道徳的・知的資質は、文体や態度物腰、アクセントや発声法、姿勢や身振り、ばあいによっては服装や化粧にさえかかわる無限にことこまかな点を通じて捉えられる。ＥＮＡ（国立行政学院）の入試とか文科系アグレガシオンのような口述試験はいわずもがなで、これらはほとんど公然と、ブルジョア的な自由闊達さや品の良さとか、大学人的なみごとな言葉づかいや立居振舞いとか、もろもろの暗黙の基準の権利を要求している」（傍点引用者）(2)。

ここでブルデューがいっているのは次のようなことだ。近代社会のメリトクラティックな選抜は、実は文化的な選抜をおこなっている。エリートの選抜は単に学歴や能力だけでなされるわけではない。エリート集団には独特な思考様式、立居振舞い、嗜好など特有のエリート文化が付随している。高学歴で筆記試験の成績がよくてもエリート文化に合致しない者はエリートの資格に乏しいと排除される。逆にそうした文化に適合すれば、文化が能力に変換されて評価される。

こうした文化の錬金術のメカニズムこそブルデューの社会的再生産理論の骨子である。その歴史的事例をイギリスでみよう。

一九二〇年代のことである。イギリスの高級官吏の試験は筆記試験と面接試験とが併用されていた。そして、ジェントルマン層の子弟を中心としたイートン校などの名門パブリック・スクール出身者が面接試験で得をし、より階級の低い子弟を中心としたその他の学校出身者が損をすることになった。そのことを一九三八年の本国官吏任用試験でみると、合格者は七六人だったが、もし筆記試験だけで合否判定がなされれば、合格者のうち一八人つまり二四％が入れ替わることになる。面接試験があることによって合格した集団をAとし、面接試験のせいで不合格になった集団をBとし、両者の違いをみると、集団Aにおいては寄宿制の学校つまり名門パブリック・スクール出身がほとんどだったが、集団Bは通学制のパブリック・スクールないしは地方教育当局立校出身者が多かった。また集団Aにおいてはオックスブリッジ卒が一六人もいた。集団Bではそうした者はわずかだった。出身階級も集団Aは集団Bよりも高かった(3)。同じ官吏任用試験において、一九二五―三九年までの出身学校が判明した者についての筆記試験と面接試験の得点を学校類型別にみると、筆記試験では、名門パブリック・スクールがその他の学校よりも、寄宿制の学校が通学校よりも、地方教育当局立以外の学校が地方教育当局立校よりも得点が有意に低い。しかし、面接になるとこれらのすべてのペアーで得点が逆転してしまっていた。

とはいっても面接試験で出身校や階級による排除が積極的に意図されたわけではない。面接試験ではあくまでも高級官吏にふさわしい知性や品位など筆記試験で測定できない資質が問われた。しかし結局は名門パブリック・スクール出身者が品位や知性の点でふさわしいことになってしまったのである。その過程はたとえば次のようなものだった。面接で「外国にいったことがありますか？」と聞かれ、「いったことがありません」と答えると視野の狭さ(4)と判断されることになったからである。まさに階級文化の能力への変換である。

もっと新しい一九七二年の面接試験データにもとづいた英国陸軍士官の選抜の事例調査でも同じ知見（階級文化の能力への変換）が得られている。採用者は、試験に階級的なバイアスを持ち込もうとしているわけではない。かれらは客観的選抜を意図している。しかしさきほど紹介した官吏の面接がそうであったように、無意識のうちに採用者側の文化と同じ候補者については優秀で能力があるという判断を下しがちになる。ハビトゥスによるハビトゥスの識別・標定が作動するからだ。労働者階級で地方当局立校出身の候補者とパブリック・スクール出身の候補者がいた。どちらもあたえられた課題を失敗した。しかし失敗したことに対しての評価が異なっていた。労働者階級の生徒にはAレベル試験をすぐれた成績で合格する学力がありながら、われわれの試験の課題に失敗するのはかれの頭脳が実践むきではない証拠とされた。パブリック・スクール出身の候補者に対しては失敗しても沈着に対応した点が評価され、「かれは非常に落ち着いていたとおもう。いい点数をあげたいのだが」(5)、となった。地方当局立校出身者の失敗は失敗となり、パブリック・スクール出身者の失敗は成功となった。メリトクラシー幻想をもった労働者階級の候補者は正解を求めることに腐心するが、そういう腐心こそが余裕のなさや威厳のなさとして墓穴を掘ることになってしまうわけだ。「かれは、威厳がない。兵隊にうまく命令を下せないよ。学校にいくのに精一杯で、それ以外の活動に参加できないということだ。それに外国にいく機会もなかったわけだから。生まれつき人とつきあうのが苦手なんだ。世の中におきるいろんなことに興味をもたないようにみえるし、幅がせまいね」(6)。つまり試験官（上流階級）の文化と不適合な者は能力がないとして貶価される。客観的試験の結果は否定できないが、こうした面接試験をつうじて客観的試験の結果が割引かれたり、そこに割増がついたりする。階級文化が能力に変換されて評価されてしまうことになる。この論文の著者たちはこのような採用過程のバイアス（階級文化の能力への変換）は国教会、裁判官、外交官などの世界にもみえる、という。

このバイアスは、学歴資本の倍加効果（multiplier effect）といいかえることもできる。支配集団のハビトゥスを所有している上層階層はなにかと引き換えに学歴資格を獲得するわけではない。上層階層は学歴資本を獲得したあとにも、文化資本が残っている。ところが労働者階級の学生は学歴資本を労働者階級の文化資本と交換済みである。かれらの唯一の所有物は学歴資本でしかない。したがって、上層階層は、文化資本を学歴資本の倍加効果に使用することができる(7)。

ところが日本社会においては、戦前の高等試験（行政科試験・司法科試験）や旧制高等学校の面接試験で上流階級文化を要求した形跡はうかがえない。日本の面接試験で求められたのは「人物」であり(8)、洗練された上流階級文化ではなかった。人物は礼儀や従順さなどを含んだ性格や行動である。だから高等試験の口頭試問対策の記事は、次のように書いている。口述受験者は試験委員の前に出たときに決して傲慢になってはならない。「弟子が先生の教を乞ふといふ態度」でなければならない。「委員に楯突く様な答を為してはならぬ」(9)。「先づ第一に委員に対する礼儀を欠いてはならぬ。即ち教養ある受験者として当然なす可き礼儀や態度を守らなければならぬ」(10)。高等学校などの面接指南書もつぎのようにアドバイスしている。口頭試問に答えるときに「誇大の様に響くことを言つてはならない」。「真面目で、明朗で、地味で」あることが重要である(11)。「人物」も「常識」も「素直」もある階級にだけ顕著に存在する階級文化ではない。階級遍在的な日本人らしさの理念型――日本教(12)――である。だとすると、ここでは階級文化ではなく、国民文化（日本人らしさ）への同調度が能力に変換されている(13)ことになる。

こうしたことは現在でもいえる。現代の公務員試験の面接ハウツーものも次のように書いている。「……忘れてはならないのは、服装もそうであるが、その場の状況に応じた共通の考え、すなわち常識を大切にしなければならない。その常識の範囲を超えると、試験官は異常なものを感じて拒否的な気持ちになる。個性というものは、ひとり勝手でなく周囲の人に認めてもらう素直さと、その場の状況に合った常識と同居してこそ、生きるものである」(14)。ここでいう「常識」はまさに共有化された国民文化である。さらには帰国子女の課題が「染めなおし」という「再日本人化」にあることを想起してもよい。ロジャー・グッドマンは帰国子女についてのいくつかの先行研究を検討しながら次のようにいう。日本人は、外の世界の価値を身につけ、日本の価値を失ったときに「違うもの」としてラベルを貼られる。そして、「彼らを辺境にとり残し主流から、つまり日本社会の中枢から彼らを排除するさまざまな社会的装置が作動」(15)している。

フランスでもイギリスでも日本でも選抜装置に変換器が内蔵されていることにかわりはないが、入力される項目が異なっているわけだ。葛藤理論や社会的再生産理論がいう支配階級文化の能力への変換ではなく、超階級的国民文化への同調性が能力に変換している。円満な人格（rounded individual）はイギリスでは階級文化である(16)ときに日本では国民文化である。こうしたことは、文化資本としての階級文化ではなく、文化資本としての日本人らしさを示唆する。社会的再生産理論は選抜過程をつうじて文化の差異化＝威信の再生産がおこなわれること（文化的再生産→選抜→社会的再生産→文化的再生産）を示したが、日本では選抜をつうじてむしろ国民文化（日本人らしさ）＝文化の同質性が再生産されていく。社会的再生産理論がいう排除の論理が階級文化からの逸脱であるときに、日本型選抜の排除の論理は国民文化からの逸脱である。象徴的暴力は前者では「野卑」「下品」として、後者では「生意気」「変人」としてくりだされる。階級文化とちがって、国民文化（日本教）は階級遍在的なモラルである。階級文化は属性主義的であるが、国民文化は業績主義的である。日本人らしさという国民文化はどのような階級集団も習得可能だからだ。

ここで第一章の図1・3（二六頁）をもう一度みてほしい。社会的再生産理論では非特権層が特権層の文化やハビトゥスに同化していくことが上昇移動にとって重要であった。しかし、日本では特権層も非特権層も国民文化への同化が必要である。上昇移動にとって必要なのは、イギリスやフランスにおいてはブルジョア化であるときに、日本においてはしばしば日本人化が必要である。むろんこのことは日本社会においてブルデューのいうような社会的再生産のメカニズムが作動していないというのではない。日本人らしさが文化資本となるぶん、階級文化の資本化のメカニズムが隠蔽されるのである。それはちょうどすぐあとに述べる記憶と詰め込みが重要な日本の試験が努力信仰幻想を膨張させ階級文化の密輸を隠してしまうのと相同な隠蔽構造である。そのかぎり、日本のメリトクラシーは社会的再生産の隠蔽にはとりあえず成功しているわけだ。エリートと大衆の同質性幻想も生むことになり、エリート集団への心理的距離を短縮し、マス競争社会をもたらす仕掛けがここにある。

葛藤理論や社会的再生産理論は面接試験だけでなく、筆記試験でも階級文化が密輸されることを指摘する。多岐選択試験（multiple choice test）も階級文化から自由ではないが、とくに論述試験では多岐選択試験からくらべて文章スタイルや文化の蓄積がはるかに重要になる。階級文化拘束的な言語能力が大きく関与(17)してくる。論述を重視したイギリスのAレベル試験は大学教育との連続性が大きいアカデミックな試験である(18)。しかしそれだけに日本の入試問題とくらべてはるかに家庭の文化資本が関連する試験である。学外試験にはコースワークもともなう。コースワークは実験や実習、論文などである。Aレベル試験では日本の大学生の卒業論文のようなものを提出する場合もある。このような試験であれば、暗記つめ込み型試験とちがって科目への興味やよい成績をとることにおいて家庭の文化資本が大きく関与してくる。

この点についてサラ・デラモントは、スコットランドの女子中等学校の参与観察にもとづいて次のように書いている。父親や母親の学歴が高く、専門・管理的職業についている家庭の子がスコットランドの上級試験（Higher Grade）やAレベル試験で成績がよいのは、教室で知識を固定したものとして受動的に受け取るのではなく、交渉し、議論し、組み立てていくという態度にある。教師や仲間との議論のなかで知識を縦横に展開させていくからだ。彼女たちが授業を議論の「闘争場」(arenas) にしている学習態度によい成績の理由をみている。知識を固定したものとして、先生のいったとおりをノートに書いて憶えるというような消費者的な学習態度の生徒は、試験の成績がわるい。そして彼女は次のように結論づけている。「セント・ルークス校（匿名）の『派手グループ』の子（debs and dollies）――経済的に豊かであるが、学歴に乏しい両親の家庭出身者（引用者）――は、文化能力を欠いているから、知識を積極的に操作していくことができない。むろんスコットランド一般の青少年からみれば、彼女たちの学力は高いが、セント・ルークス校のなかでは、知識の消費者に甘んじている。知識を積極的に操作するユーザーや知識の生産者になれていない」[19]。

知識についての問題であれ、説明という形式の問題であれ、試験が要求するものが「曖昧」であればあるほど、そして試験官によって採用される基準が「限定的でない」ほど「試験は特権層贔屓になる」[20]というブルデューの言明は、強い階級文化が支配する社会のなかでの論述式試験において、おこりやすい。面接試験と同じように、イギリスの筆記試験にも階級文化の変換装置が内蔵されている。こうしたイギリスを合わせ鏡にすると論述試験ではなく、客観的な知識の記憶が重要な日本の入学試験も洗練された文化よりも階級遍在的な勤勉のエートスを鍵にしていることが浮かびあがってくる。

しかしこういったからといって、日本社会で階級文化が存在しないとか、階級文化の能力への変換が皆無だといっているわけではない。そうした変換にだけに着目するのは、メリトクラシーの日本型疑惑と戦略を逆に隠蔽してしまうことになる、といいたいのである。その意味でブルデューが『ディスタンクシオン』の英語版の冒頭で、本書が「フランス的そのもの」(very French) で「フランスのエスノグラフィー」(a sort of ethnography of France) であると述べている(21)ことには充分注意しなければならない。同じことは、ブルデュー理論を紹介しているミッチェル・ラモントとアネット・ラルーのつぎのような言明にもみることができる。アメリカの文化を直に経験してみると、選抜の基礎としての高級文化の重要性には疑問が湧く。民族・人種の多様性や地域主義、技術専門職の支配、伝統文化の欠如などによって知識人の生産する高級文化が階層文化の要因になりにくい。このことは、東海岸以外の地域ではとくにそうである。「アメリカにおける文化資本の形態を社会的かつ歴史的に見極めることが緊急の経験的課題である」(22)と。社会学理論は根底的に当該社会の刻印をうけている。ブルデュー理論だけが例外であるわけがない。

しかし日本社会に葛藤理論や社会的再生産論のリアリティが乏しいからといって日本社会にメリトクラシーの疑惑つまり機会の不平等への疑惑がないわけではない。否、メリトクラティックな価値の内面化に比例して疑惑はつよすぎるほどである。しかも、それはすでに述べてきたような欧米の正統的な社会学理論が暴く階級文化密輸論とは異なった疑惑である。日本社会で葛藤理論や社会的再生産理論のリアリティを乏しくするのは、日本社会のメリトクラシーの疑惑の背後仮説が別のところにありズレをおこすからだ。

二　日本型疑惑と戦略

そこでわれわれは第二章で紹介した葛藤理論からは死角になってしまうメリトクラシーのもうひとつの疑惑の社会学理論に注目したい。メリトクラシーが継続的な選抜システムとして自己展開することによって立ち挙げる増幅効果という疑惑である。

これは階級構造ではなく選抜システムが立ち挙げてしまうトリックだ。そのトリックは第二章で述べたけれども、要約すればつぎのようなものだ。成熟したメリトクラシー社会では学歴獲得レースや内部労働市場の昇進レースのように選抜が継続的におこなわれる。こうした継続的選抜――トラッキングや内部労働市場の移動――がなされると、初期の選抜に選ばれなかった者にはのちに努力し能力開発しても反応（処遇）は硬直的で敗者復活が困難になる。初期の選抜に選ばれたからといって次の選抜に選ばれる保証はないが、そのなかから次の勝者が選ばれやすいからだ。初期に選ばれた者の利点の増幅効果と選ばれなかった者の不利益の増幅効果がみられる。このような知見を提起したのがローゼンバウムだった。しかしローゼンバウムの暴いたもうひとつのメリトクラシーの疑惑理論つまり増幅効果論は、欧米の社会学者には必ずしも大きな影響力をもたなかった。次のようなことを考えればなぜその影響力が小さかったかが判明するはずだ。ローゼンバウムがトラッキングの増幅効果を検証するために調査対象として選んだのは、階級（中間下層階級）が均一でほとんどが白人の高校である。階級やホワイト／ノン・ホワイトなどに還元不可能な選抜システム（トラッキング）そのものから立ち挙がる機会の不平等効果を観察するためにそのような高校が選ばれた。しかしこうした統制こそが階級やホワイト／ノン・ホワイトに帰属されるメリトクラシーの疑惑という欧米の社会学者の背後仮説とずれてしまうことになる。伝統的なトラッキング研究はトラックへの配分に階級やホワイト／ノン・ホワイトの影響があり、さらにトラッキングがこうした格差をさらに拡大するという問題意識に他ならなく、トラッキングそれ自体の機会不平等効果については不問にしたからだ。

ここでひとつの挿話を挟ませていただきたい。ローゼンバウム教授は一九九〇年に来日し、東京大学や京都大学などで講演会を開いた。かれの増幅効果論や能力の社会的構成論は日本の教育関係者や教育社会学者に大きな関心をよんだ。かれ自身が「欧米では私の論説はマイナーな議論なのに、日本ではどうして大きな興味をもたれるのだろうか」と驚いたくらいである。増幅効果論や能力の社会的構成論が、日本社会におけるメリトクラシーの疑惑の背後仮説とマッチングしたからである。まことにアルヴィン・グールドナーのいうように、ある理論へのコミットメントがなされるのは必ずしも知的に妥当と認承されるだけではない。その理論が支持者の「ムード」や底に潜む「感情」と合致するがゆえになされる(23)。

日本社会のメリトクラシーの疑惑の背後仮説が階級文化の密輸ではなく、増幅効果にずれることは、日本の学歴社会研究や学歴社会言説の特徴をみればよい。学歴社会研究は日本社会に誕生した自成的研究フィールドであり、日本社会の疑惑の背後仮説（悪玉としての学歴主義）に照応しているからだ。これらの研究は、階級ではなく学歴によって出世や昇進がどうちがうかを解明しようとするものである。高卒と大卒では生涯賃金はどうちがうか、管理職になる確率はどうちがうか、同じ大卒でも有名大学とそうでない大学とではエリート輩出率においてどうちがうか、というような研究がおこなわれてきた。階級偏重ではなく、学歴偏重が研究関心となっている。どのような階級の人が有名大学にいくかなどの「階級と学歴」問題は日本の学歴社会研究ではほとんど問題にならなかった(24)。だから業績主義的（なにができるか）に獲得された学歴が属性主義（なんであるか）に転化する過程に光があてられ、学歴は業績主義的属性主義（学歴主義）とされる。学歴の獲得過程に属性主義を探索するのではなく、学歴の地位達成における属性主義効果が俎上にのせられる。イギリスの教育社会学者が階級固着(25)だとすれば、日本の教育社会学者は学歴固着である。しかしこのようなそれぞれの社会の研究者の固着は、それぞれの社会の固着観念の反映である。日本における学歴社会研究は選抜システムの増幅効果に敏感な疑惑の社会的背後仮説に照応した研究である。

日本社会が機会の不平等に鈍感というわけではない。機会の不平等の疑惑のまなざしが機会の不平等II（増幅効果）にずれる。そしてこのズレによって機会の不平等I（階級文化密輸論）への視線が棚上げされるということだ。機会の不平等IとIIは相互に死角関係になるからだ。葛藤理論や社会的再生産理論が日本社会で社会問題化の契機に乏しくなるのは、総中流や同質幻想だけによるのではない、ということだ。増幅効果論こそは日本におけるメリトクラシーの社会的疑惑の正体である。

しかしこういったからといって、日本のメリトクラシーの解明のためにローゼンバウムの知見を借用し機械的に適用すればいいということではない。ローゼンバウムのいうトーナメント移動と増幅効果は、アメリカにおける「競争」移動幻想（アメリカン・ドリーム）への懐疑をもとにした知見であることに注意しなければならない。しかもアメリカにおいては選抜システムは不透明である。第三章でもふれたように、トラックは、進路能力別クラスといった可視的な実体ではない。教科選択のパターンを合成したあとにみえてくるものである。生徒が自分がどういうトラックにいるかわからなかったり、誤認している場合もすくなくない。また労働市場においても新規学卒労働市場は一般化していないから組織成員にとってさえキャリア・パターンははるかに不透明でみえにくい。「トーナメントは一般的には知覚されていない」(26)のである。アメリカでは、選抜システムの不透明性によって競争の勝敗結果の判明時期を繰り延べさせ、メリトクラシーの疑惑を時間延長によって逸らしているわけである。

ところが日本では、トラッキングは学校ランクのように外部化し可視化している。新規学卒同時採用方式や同期集団の存在によって、内部労働市場のキャリア・パターンも透明である。しかも人々の人生航路認知図が職業モデルではなく、職場（サラリーマン）モデルであるから、トーナメント移動は「イイ高校、イイ大学、イイ職場、昇進」というように受験レースと昇進レースを貫通した移動様式としてひろく認知されている。第二章でみた増幅効果つまり図2・2（六〇頁）のⅣ象限は日本社会では隠れた象限ではない。顕在化した認知＝疑惑である。そして、こういう認知＝疑惑（トーナメント移動）が、競争を鎮静させるどころか早い機会からの競争を加熱化することになる。トーナメント移動は庇護移動に対してはもちろん、競争移動にくらべてもはるかにつよい競争加熱の移動様式である。庇護移動では選抜が早い時点でおわる。だから選ばれた者の野心を存続・育成するが、選ばれなかった者の野心を早いうちに鎮静させてしまう。それに対して競争移動においては、決定的な選抜はないか、遅延させられるかするから野心を鎮静することはない。しかし競争移動は機会について時間限定するわけではない。競争移動は野心自体を存続させても、早い機会からの競争を焚きつけることにはならない。その意味で時間限定競争であるトーナメント移動という認知こそが脱落の恐怖を担保に早い機会からの競争を焚きつける。繰り返せば、増幅効果やトーナメント移動という顕在化した疑惑は競争を鎮静させるどころか加熱することになってしまう。学歴偏重社会批判という言説が受験競争を鎮静するどころか焚きつけることになってしまうことと同じである。

しかし現実の移動パターンが疑惑どおりのトーナメント型であれば、初期の選抜への加熱が強力に作動しても、そのあと競争状態は徐々に鎮静するはずだ。ところが高校入試のあと大学入試のための受験競争が鎮静するわけではない。あるいは学歴レースがおわったあとのホワイトカラーの昇進競争が鎮静するわけではない。日本における長期間にわたる競争への加熱は、トーナメント幻想で煽りながら学歴レースや昇進レースにトーナメント崩しを埋め込んでいるからではないか。

われわれが第二部の経験的分析であきらかにしたことは、学歴レースや昇進レースが傾斜的選抜構造をなしており、層別競争移動をなしていることだった。傾斜的選抜はエリートだけでなくノン・エリートにも選抜のまなざしをそそぐ。そして層別競争移動は入れ替えや敗者復活によってたえず競争状態をつくりだし、競争から降りさせない。この仕掛けはメリトクラシーのディレンマを解くあの加熱→選抜→冷却のメカニズムとは異なったものである。加熱→選抜→冷却はメリトクラシーの構造的ディレンマに着目した説明図式である。しかし選抜のあとに、必ずしも冷却ではなく、リターン・マッチである「再加熱」（リ・ウォームアップ）や「縮小」（クール・ダウン）型再加熱が作動することこそ日本のメリトクラシーの秘密である。「冷却」と「縮小」の違いは、前者がメリトクラシーの支配的価値からの退却やリアリティ変換であるときに、後者はあくまで野心の切り下げにすぎなく、メリトクラシーの支配的価値からおりてはいないことだ。それは次善の目標をさらに目指すという意味でしばしば再加熱とセットになっている。日本のメリトクラシーはコンフィデンス・ゲーム（信用詐欺）で騙されたカモを「運がわるかった」と、ていよく諦めさせ、ゲームから降りさせる冷却（クール・アウト）ではない。「こんどはうまくいくって。賭け金を減らしてもうひと勝負」と、さらに誘い込む。

では、このようなトーナメント崩し（層別競争移動）の背後にはどのような力が働いているのだろうか。トーナメント崩し（層別競争移動）をもたらすのは小刻みな選抜だけによるのではない。算盤で御破算でねがいましてとやるように、あるいはトランプでカードを切り直してしまうように増幅効果を警戒する選抜規範によるものだ。これをリシャッフリング型選抜規範（reshuffling type of selection norm）と名づけることができる。増幅効果への強い疑惑のもとに作動する疑惑崩しのための選抜規範である。

メリトクラシーは身分・家柄の時代において非特権層（中間層、下級武士）が特権階級に進出していくための大義名分だった。メリトクラシーは非特権層の現状不満という湿地に下剋上の論理として発酵した(27)。それに対して支配階級は能力の内容をかれらの身分文化にあうかたちに定義することによって身分家柄主義をメリトクラシーの中に忍び込ませた(28)。つまりメリトクラシーはふたつの素顔をもっている。被支配階級の奪取戦略と支配階級の閉鎖戦略(29)というふたつの顔である。文化的再生産をつうじての社会的再生産はこの閉鎖戦略にふれたものである。しかし閉鎖戦略を暴くことによってメリトクラシーにおける奪取戦略の側面が隠蔽されてはならないだろう。マックス・ウェーバーは近代社会は「祖先」ではなく、「教育免状」が重要になり、しかもそれはしばしば才能ではなく財産の偽装と述べているが、同時に次のようにもいっていることはここでとくに注意されてよい。「民主制は、名望家支配に代えて、あらゆる社会層から適格者を『選抜』することを意味しており、あるいは少なくとも意味しているようにみえる。しかし、他方において試験や教育免状によって特権的な『カスト』が成立することをおそれ、したがってそれらに対して闘争している」（傍点引用者）(30)。

リシャッフリング型選抜規範という日本型選抜から透けてくることはまさにこうした「特権的な『カスト』が成立することをおそれ」ている純化したメリトクラシーという奪取戦略の姿である。それは武士身分層の早期の解体(31)が象徴するような、日本社会における支配階級文化の脆弱性のなかで突出した顔をあらわす。こうして日本社会の閉鎖戦略と奪取戦略の攻防は、支配階級と被支配階級の攻防というよりも選抜で選ばれた者と選ばれなかった者との攻防として展開する。不平等問題が階級ではなく学歴をめぐって旋回する所以である。

いまや次のようにいうことができよう。リシャッフリング型選抜規範は、選ばれたとおもった者が脱落し、選ばれなかった者が浮かびあがるランダム性と偶然性が入り込んだ競争である。メリトクラシーが前提とする能力は危ういコンセプトである。能力があるから選抜で選ばれるというよりも、試験や選抜で選ばれる者が能力あるとみなされる。能力は選抜によって構成される現実である。したがってメリトクラシーは能力についての虚構から成り立っている。試験や選抜をおこなっても疑惑のまなざしは免れない。階級文化の密輸の疑惑が弱い社会において強く立ち挙がる疑惑である。貨幣の信憑性が流通によって支えられているように、リシャッフリング型選抜規範こそは根拠が不確かなメリトクラシーの信憑性構築戦略なのである。しかしそこにアスピレーションの恒常的な焚きつけと、選ばれなかった人の怨恨を鎮静する日本型選抜システムの陰謀とそうしたシステム再生産の秘密も隠されている。浮上してくるのは近代のメリトクラシーが隠蔽している下剋上の欲望というもうひとつの顔である。

ここで第五章の事例調査を振り返ってみたい。内部労働市場における昇進で一選抜の者が経歴の底を保証されないどころか、大きく脱落さえしていることをすでにみたが、われわれの企業調査ではつぎのようなことも発見された。この企業の人事部はファースト・トラックであった。人事部の部課長は同期入社者のなかでももっとも優秀とみられているような人によって占められていたからである。また係長などのときに人事部勤務を経由した人は、その後、同期のなかで昇進のトップ・グループになっていた。ところがである。人事の係長や課長補佐を経験したにもかかわらず、その後、同期の人から大きく昇進が遅れている人が少数存在することがわかった。人事部というファースト・トラックを踏んだからといって将来の昇進の保証がないのである。しかも人事部勤務をしていたときには同期の花形であったのに、その後、昇進競争から脱落してしまった者のキャリアをみると、昇進の保証がないというより、むしろかれらは必要以上に「生け贄」にされていた。過去の選抜の効果を解除しようとするだけではない。ときとすると過去の選抜で選ばれた者の一定数は利点どころか、不利益さえ生じるのだ。これは贖罪羊の論理である。この「贖罪羊の論理」はメリトクラシーに揺らぎやランダム性を与えるのだからメリトクラシーとは矛盾しているようにみえる。しかしメリトクラシーは贖罪羊の論理を導入することによって正統性を形成（選ばれた者から贖罪羊を供出することによる浄化と聖化）し、贖罪羊の論理はメリトクラシーのなかに喰い込むことによって下剋上の欲望を充足する。純化したメリトクラシーと贖罪羊の論理は、相互に因となり果となるポジティヴ・フィードバック・ループを形成している。

教育システムの選抜にも同じ力を発見できる。たとえば中教審経過報告における「一つの高等学校から一つの大学にある一定以上の入学者が出ることを防止する」という「特定の高校出身者の寡占状態の解除」提言(32)である。もしこの報告書のなかにあらわれているA大学（東京大学）やB大学（京都大学）が六年制一貫中学・高校などの出身者を特別有利に選抜しているなら、このような提言は当然だろう。しかし、現実にはA大学もB大学も出身高校を考慮することなく試験の点数によって合否を決定している。出身高校別人数は結果でしかない。にもかかわらず、このような提言がでてくる。その理由を経過報告は入学者の多様性の確保においている。しかしこれは表層的教育言説である。リシャッフリング型選抜規範の裏にある下剋上の欲望にマッチングしてこうした提言がなされたのである。また偏差値体制の完成のころから論文入試が導入された経緯も次のように解釈される。たしかに論文入試は共通一次以後受験生が画一化し、大学側が個性を求めて導入した。しかしこれもまた教育言説である。いまや解釈はつぎのようになる。偏差値体制の完成は受験の前から合格、不合格がわかってしまう体制である。選抜にランダム性や揺らぎが消滅したのである。論文の導入によってたとえ学科の成績が悪くても逆転可能になる。あるいは学科の成績がよくても合格の保証がなくなる。論文の導入とは選抜に揺らぎやランダム性を与えることであり、リシャッフリング型選抜規範と下剋上の欲望との照応性によって伝播力を獲得したのである。

三　生成される人間像

日本のメリトクラシーは地と図の反転によって老婆にも娘にもみえるあのボーリングの騙し絵のように、トーナメント幻想で煽りながら、トーナメント崩しで再扇動しつづけることをみてきた。このような選抜システムはどのような人間像を造形するだろうか。

トーナメント移動は選抜が何回もあり、選抜に選ばれても次の選抜にむけての競争がまっているだけである。したがって目前の選抜をとにかくサバイブすることに目標を集中させる。トーナメント型人生モデルの顕在アジェンダは競争への強迫的加熱だが、その潜れたアジェンダは長期的野心の蒸発と解体である。なにになるかや、なにをするかの遠い未来の野心を背後に退かせ、目前の選抜のことだけに注意を集中させるからである。

こういう症候は、日本社会の上昇移動モデルが有名中学校↓有名高等学校のようにトーナメント型イメージを露にしはじめる大正時代から散見されはじめる。大正時代から学歴獲得レースが下方（小学校）と上方（大学）に伸び、長期化していく。こうしたなかで一九一七年（大正六年）に、第一高等学校教授が当時の受験雑誌のなかですでに次のように述べている。受験者に目的がなくなっている。何を目的にして入学しようとしているかがわからない、といい、さらに次のようにつづけている。「現今の学生たちには自分の確乎たる目的を定める余裕がない様です。中学校を卒業すれば、直に高等学校の受験準備に取りかゝるといつた具合に、十分考へて居る余裕が与へられてゐない様に思はれます。たゞ〳〵中学を卒業すれば、高等学校に入り、高等学校を出れば、大学に入る、そうしてゐる中には何とかなるだらう位な計りで、たゞ其の日その日の勉強をしてゐる者も数多くある様に思はれます」(33)。

昭和初期には教師と生徒（中学生）の間に次のような会話もなされている。「——君は学科の中で何が一番好きかね。——何も好きなものはありません。——それぢゃ勉強するのは苦しい許りぢゃないか。——え　苦しいばかりです。——何のためにそんな苦しい思ひをして勉強してゐるのだ。——何の為つて、さうですねぇ。高等学校へいつて、それから大学へ行つて……——大学へいつて、それから？——そう追及されては困りますが、まあ、友達が、皆大学へ行くといふから私も行きたいんです。……——それぢゃ、もう厭な学問などやめて、家へ帰つてブラブラ遊んで居たら好いぢゃないか。——でも、皆が高等学校へ行けば、私も矢張り行きたいですねぇ」(34)。

ここに慨嘆されるような現象（目標の喪失）は、トーナメント型学歴レースの当然の帰結である。野心が学歴獲得に局所化するだけではない。野心はさらに目前の学歴獲得に微分化されるからである。その帰結が「中学を卒業すれば、高等学校に入り、高等学校を出れば、大学に入る、そうしてゐる中には何とかなるだらう」ということである。現代社会において蔓延しているこのような慨嘆言説が受験競争が激化した大正時代からいろいろなところで出現しはじめたのは決して偶然ではない。トーナメント型学歴レースはすでに述べたように目標の置換をもたらし、目前の選抜を自己目的化してしまう。学歴レースの報酬を内部化するからである。したがって学歴レーサーの生活世界からみれば、最終ゴールを考慮した費用・収益の合理的計算は視野の外になる。そのかぎり学歴インフレも学歴収益率計算も大きなリアリティをもたない(35)。学歴社会とは一見野心の加熱をもたらすようにみえる。また費用・収益の経済的功利主義を活性化するようにみえる。しかし現実には大きな遠い野心を蒸発させ、経済的合理的計算のリアリティを極小化してしまう。

明治の終わりころから立身出世や成功という言葉が高等学校や大学予科の「正系の」学歴エリートの世界ではつ

かわれなくなり(36)、むしろささやかな上昇移動を目指す苦学・独学人の世界でのキーワードになった。たとえば逓信受験就職講習録のキャッチ・コピーはつぎのようなものだ。「小学卒業の少青年は就職容易で立身出世の最も早い逓信官吏を選べ!!!」(37)。こうしたことは、立身出世や成功という言葉に対して学歴エリート予備軍には教養人としての衒いがあり、庶民にはそうした衒いがなかった、ということだけにとどまらない。苦学・独学ルート人のほうにこそささやかであっても明確な野心（下級官吏や鉄道員になるなど）が存在したからである。かれらの野心がささやかであればあるほど、聖化しなければならない。こうして立身出世という言葉が選ばれた。しかるにトーナメント型学歴レースにおかれた高学歴予備軍においてはそうした明確な野心はすでに蒸発・解体していたことにもよる。近代社会は門地・家柄には関係なくなにができるかによって上昇移動できる社会の開幕だった。だから野口英世の時代がそうであったように、学歴獲得競争や試験は欲望や野心の解放の契機になった。しかしそれはつかの間の期間にすぎなかったわけだ。

こうした日本型選抜が生む心性は、昭和一〇年代の軍国主義時代の入試と受験生の対応術策に極端な形でみることができる。

昭和一〇年代は軍国主義が入学試験の内容にも大きな影響を与えた時代である。国語入試問題に「国體の本義」や「臣民の道」が出題された。作文の題目もそれまでが「忘れ得ぬこと」や「感謝」などの題目で出題されたのが、「八紘一宇」（宮崎高等農業、昭和一四年）、「国民精神」（東京外語、同年）になった。さらに、入試科目にイデオロギー試験である国史や、口頭試問などが導入され必須化された(38)。しかし、それに対応した『国體の本義精講』『臣民の道精講』『完璧日本歴史』『高等学校口頭試問受験要領』などの夥しい解説書や参考書の流行は受験生の対応術策がどのようなものだったかを教える。これらの参考書は文部省当局や上級学校試験官の意向を汲み、決意表明の模範的な解答の手ほどきをしたものである。また口頭試問の対策も、身の上や環境、中学時代、常識、学科、志望、学資、身体及び運動、性行、思想、服装、態度などにわたってこと細かに想定問答を解説している。「失業問題はどうしたら解決出来ると思ひますか？」という問いには次のような示唆が与えられる。「受験生に簡単に答が出来る答はない。……『労資協調して出来る限り産業を発展させる事です』。こんな答で良いであらう。併し事実はこんなことでは失業者はなくなるものであるかどうかはわからない」（傍点引用者）(39)。さらに念が押される。「口頭試問の場合などには余り頑張らない事である。自己の考を主張して良い場合と余り良くない場合がある」(40)。受験生も「口頭試問と書いて解く心」を「口答（クチゴタエ）をすべからず」と書いている(41)。また当時の受験雑誌の受験ユーモア欄への次のような投稿に、内面化やコミットメントとは無縁な受験生の対応術策を読み取れるだろう。「口頭試問の時、試験官『あなたは支那事変の目的を知つてゐますか』山が当つたので待つてましたとばかり受験生『抑々支那排日抗日思想は東洋平和建設の……』試験官吃驚して『いやマッタマッタ、君々慌てちゃいかん！　それを英語に訳して見なさいといふんだよ』受験生『……？！』」(42)。

軍国主義という熱いイデオロギーの時代にこのような冷ややかな心性が存在していたことは今日のわれわれにとって興味深いが、これこそ日本型選抜システムに刻印された心性にほかならない。

試験は「知の官僚制的洗礼、俗知の聖知への化体の公的承認」(43)であり、知識の社会的定義や支配文化の教え込み(44)とされるが、日本社会においては精神の官僚制化（bureaucratization of a spirit）をもたらしていることにむしろ着目したい。精神の官僚制化とは必要なときには完璧にすきのないパフォーマンスを演じるように自己を統御することである。自我を操作可能な対象とする精神の合理化である。しかし注意したいのは、こうした精神の合理化から計算と戦略の明確なマキャベリー的な主体を想定してはいけないということだ。操作する欲望や自我はす

表7・1 「学校の勉強や，受験勉強で得られる知識は仕事の役にたつとおもいますか」(%)

	日本		イギリス	
	公立	私立	公立	私立
そうおもう	15.9	29.0	50.7	55.3
ある程度	46.3	36.4	48.0	41.6
役にたたない	37.8	34.6	1.3	3.1

でに希薄なのである。「操り人形の糸を一手に握っている人形使い」は存在しない(45)というゴフマンが描出する人間像が浮かびあがる。熱情もなく、意味もなくてもそれなりにコミットしていく日本の受験体制が造形する人間像（従順な身体）をここにみることができる。

そうはいってもここで慨嘆されるような野心の空洞化現象は戦前では大都市の豊かな階層の子弟などのごく限られた層にみられたにすぎない。しかしいまやこの慨嘆言説が指示する現象は局部的なものにとどまらなくなりはじめた。受験競争は過熱化しながらも、いや過熱化すればするほど将来の欲望や野心、ビジョンを空洞化させてしまうというパラドックスが大衆的規模で生じている。受験生は、手の届く範囲の学校を目指すだけではない。自分の得意科目という手持の資産で、もっともトクをする出題科目と配点の学校を選ぶ。志望校は事後的に決定されもする。受験システムはビジョンなきただの戦術ゲーム人間を産出する。受験は目的合理的行為（モダンの理念的行為）ではなく、手段の集積によって事後的に目的が定まる逆立ちさえおきている。

表7・1は「学校の勉強や、受験勉強で得られる知識は仕事の役にたつとおもいますか」という質問に対する日英受験生の回答結果である。イギリスでは役にたつとおもっているものが半数もいるのに、日本では役にたつとおもっている者の割合はすくない。「役にたたない」と答えている者が四〇%ちかくもいる。受験の知識や学校で教えられる知識について日本の受験生のしらけ（irrelevance）は相当なものだ。

ただし厄介なのは、こうした長期的な欲望と野心の蒸発と解体、そして精神の官僚制化は、受験システムの自己準拠化だけによるのではない。日本の受験生の人生航路モデルがサラリーマン・モデルであることと対応し、相互強化がおこなわれてしまうことが重要だ。日本の受験生や学生にも医者や弁護士という専門職型人生航路を描いている者もいるだろう。しかし多数の生徒や学生の潜在意識にあるのは、漠然と企業に勤めるといったサラリーマン・OLモデルである。こういう人生航路図は日本では一般的なもので、次のような中学生の作文にみることができるだろう。「現在の勉強と将来の関係といっても、今の日本の現状でいうと、勉強して成績が良ければ一流といわれる高校に行き、そこでも成績がよければ一流といわれる大学に行き、一流といわれる企業に入るときまっている。で、一流の企業へ入れば一般にその人は幸せとされる。本当かどうかは知らない。この状態がいいのか悪いのかもわからない。しかしそれに従うしかない。従わなければ生活できないからである」(46)。

サラリーマン・OLモデルは職業モデルではない。職場＝会社モデルである。将来の人生を職業モデルで考えるか、職場モデルで描くかは人間形成にとってかなり重要な差異をもたらす。職業モデルで人生が構想されれば、なにを学ぶか、なにをするかが焦点になる。しかし、職場モデルで人生が構想されれば、一般知識や人間関係のほうが重要になる。

日本で高等教育の学生の間にこうしたサラリーマンという職場モデルが誕生しはじめるのは第五章で述べたように、銀行や財閥系の大企業で新規学卒者の定期採用がはじまる明治三〇年代後半からである。同時に役所も企業も学校出がつまってくる。専門学校や大学をでても末端の仕事からはじめなくてはならない。また昇進に長い時間がかかる。だから高等商業学校出の会社員が次のような手記を書くにいたる。「朝夕簿冊の裡に頭を埋め屢」「機械的に事務を執」るだけの生活。学校のとき努力して学んだ学問はなにも必要ない、「反て記帳の文体が下手だとか、速算や、往復文やなんかに骨が折れると云ふ始末」。算術や作文位で十分(47)、と。こうして、高等教育をうけた人々にも月給取り(サラリーマン)アイデンティティが現実感をもってくることになる。同時に識者たちには、このごろの大学出はただ「月給取たることを望」み「余りに細心的に身を処して真に一身経営にこれ力むるが如し」と、志と野心の低さを嘆かれる(48)。しかし細々とした計算、帳簿づけの仕事をさせられていて政治家や実業家のアイデンティティを、あるいはイギリスのパブリック・スクール人がもったような「ノブレス・オブリージュ」(名誉ある者の社会的義務)などをもてるわけもないのである。こうしてサラリーマンが専門学校や大学生などの高等教育進学者の人生航路・職業モデルになり、法学や経済学は腰弁(49)(サラリーマン)学問とも呼ばれた。

サラリーマンという存在はもしかしたら、社長にも重役にもなれるかもしれない。しかし、ほとんど昇進しないで腰弁・洋服細民に甘んじなければならないかもしれない。サラリーマンはエリート勤め人としがない勤め人の合成である。下位の単調な職務をやりながら地位の階梯を徐々に登攀する存在である。そうなれば、細々とした仕事もよくこなし、仲間とも協調できる人でなければならない。会社の採用も「社員採用は平凡主義」、「今やあらゆる商業は皆組織的になってきているから奇抜な人よりコツコツと粒々辛苦して努力する風な人が最も大切」(50)、と明言されるようになる。出世の秘訣もつぎのようにみられている。戦前のサラリーマン調査によれば、上位から順に真面目、勤勉、お世辞、追従、要領、不平をいわないこと、手腕。手腕は下位で、真面目、勤勉、お世辞、要領のほうが上位である(51)。下から時間をかけて順々にあがっていく昇進構造だからこうなるのである。サラリーマン型人間像が誕生したのである。

こうしたサラリーマン型人間像は隠れた人間形成嚮導モデルとしてすでに戦前のインテリ=高等教育進学者に絶大な影響をもちはじめていた。

インテリの生産工場だった旧制高等学校においては、たしかに岩波文化に代表されるような哲学や西洋古典などの人文的教養主義がキャンパスを支配した(52)。このことから昔の学歴エリートは高級な文化の持ち主のようにおもわれる。しかし、かれらが大学生になってからは高校時代の教養主義が継続した気配は疑問である。突出した知性や教養主義文化をキャンセルする傾向さえみえる。戦前の帝国大学学生の読書調査によれば、それほど難しい本を読んでいた形跡はみえない。「キング」や「日の出」「講談倶楽部」「実業之日本」などの大衆雑誌がかなり読まれていた(53)。また帝大生調査によれば、尊敬する人物は文学部と理学部においてだけゲーテとプランクが一位。法、工、農、経済学部では、第一位は庶民感覚の西郷隆盛(54)である。昔の大学生は庶民から隔絶した教養文化だった、というのは疑わしい。サラリーマンになる日が近づくにつれ、国民大衆文化に接近してきたのである。教養知識人という差異がサラリーマン人生において場違いなハビトゥスであることを知っていたからではないだろうか。サラリーマンを意識しなかった高校時代だけがハイブラウな文化の時代だった。大学時代に高校時代とはうってかわった読書生活をしたのは、サラリーマン・モデルにあった予期的社会化の現れだった。あるいはこういってもいいだろう。戦前の日本の知識人層は二重戦略を行使したのだ、と。二重戦略とは次のようなものだ。旧制高校においては、教養主義がキャンパスを支配した。インテリ=学歴エリートという「成り上り者」(メッキをはった平民(55))はこうした教養主義文化によって疑似階級化(56)し、民衆への差異化戦略を行使した。しかし同時に、国民文化への同化戦略も忘れてはいなかったのである。同化戦略なしには差異化戦略自体も作動しなかった。その意味で、インテリ=岩波文化、民衆=講談社文化という戦前文化の二項目対比図式(57)は必ずしも正しいわけではない。正しくないだけではない。サラリーマン・モデルに包囲された日本の高学歴知識人の二重戦略を隠蔽してしまう図式である。

とはいっても、戦前はサラリーマンは部分的モデルにすぎなかった。高等教育に進学するせいぜい数パーセントの人の話。職人モデルも軍人モデルも農民モデルも漁民モデルも商売人モデルもあった。また高等教育進学者にも旧制高校という舶来エリート文化の緩衝地帯もあった。サラリーマン・モデルが猛威をふるったわけではない。しかし、戦後はサラリーマンは普遍的モデルになった。戦後の進学率の高成長の背後にあったのはこうしたモデルとしてのサラリーマン像である(58)。こうした人間類型を考えるときに、経済学者の中谷巌の会社員時代の回顧が示唆的である。氏は次のようにいう。仕事といえば、上役の書いた文章の清書や郵便の処理、コピーなど。辞めることばかり考えていた。アメリカに留学し、ハーバード大学でアロー教授にいきなり日本のインフレの原因をたずねられた。「私にまともな答えなどできるはずはない。サラリーマン生活で上役が私に期待したことといえば、忠実に命令に従い、真面目に仕事をすることであって、決して自分自身の生意気な意見をもつことではなかったからだ」(59)。受験システムの自己準拠化によってつくられる人間像──熱情も意味もなく、しかしそれなりの頑張り人間──は日本社会の適応類型人間＝サラリーマン型人間像と対応してしまっているわけだ。

マックス・ウェーバーは官僚制の批判のなかで次のように述べている。機械は気の抜けた魂であり、生きている機械である官僚制組織は気の抜けた知性である。「この生きた機械は、あの死んだ機械と手を結んで、未来の隷従の容器をつくり出す働きをしている。もしも純技術的にすぐれた、すなわち合理的な、官僚による行政と事務処理とが、人間にとって、懸案諸問題の解決方法を決定するさいの、唯一究極の価値であるとするならば、人間は、多分いつの日か、古代エジプト国家の土民のように、力なくあの隷従に順応せざるをえなくなるだろう」(60)、と。われわれはさらにこう付け加えることができるだろう。日本型メリトクラシーがうむ受験型人間像もまた気の抜けた魂であり気の抜けた知性である、と。

こうしてみてくると、丸山眞男が指摘した昭和初期の軍国主義時代の日本の指導者の精神形態──帝大や陸大を出、順調な出世街道を経て日本帝国の最高地位をしめたにもかかわらず、観念と行動の驚くべき乖離、矮小性(61)

——とそれから約六〇年後にアメリカの小説家マイケル・クライトンがバッシングした日本のホワイトカラーの社会的性格——「日本人は相手の格に応じて別人になる……アメリカ人はどんなときにも核となる自分があると信じているのに対して、日本人は立場こそすべてを決定すると思っている」(62)——が驚くほど類似していることにあらためて気がつく。いまやこういえるだろう。いずれも日本型メリトクラシーが生んだ人間像に他ならない、と。マス競争社会のなかでいまわれわれが考えなければならないのは日本型メリトクラシーが造形するこうした人間像の大量生産である。そして、こうした人間像が第六章でみた二次適応によってサバイバルする学歴ノン・エリートの人間像と釣り合ってしまっていることだ。

四　メリト・イデオロギーの揺らぎ

しかし、このような日本型メリトクラシーの焚きつけの構造も近年その定礎が揺らぎはじめている。揺らぎはふたつの方向からおこっている。ひとつは、豊かな社会とトーナメント型人生モデルの焚きつけの構造の矛盾である。トーナメント型人生モデルは脱落の恐怖を担保にするから、生存競争や優勝劣敗の希少性の神話（ダーウィニズム的社会観）と親和的である。しかし豊かな社会はこの親和性に楔を打ち込む。豊かな社会とは人を前向きに駆りたてるドラマティックな成功がなくなっただけではない。後ろから駆りたてるドラマティックな失敗もない社会である。目標は神秘化されているが、手段の不足による「希少性のアノミー」の時代ではなく、目標達成による満足がそもそも魅力をもっているのかどうかが危うい「豊かさのアノミー」の時代(63)である。かつては欲望満足延期によって生みだされることになっていた大きな、持続する、高度な質の快楽はいまや安価かつ容易に手にいれられるこ

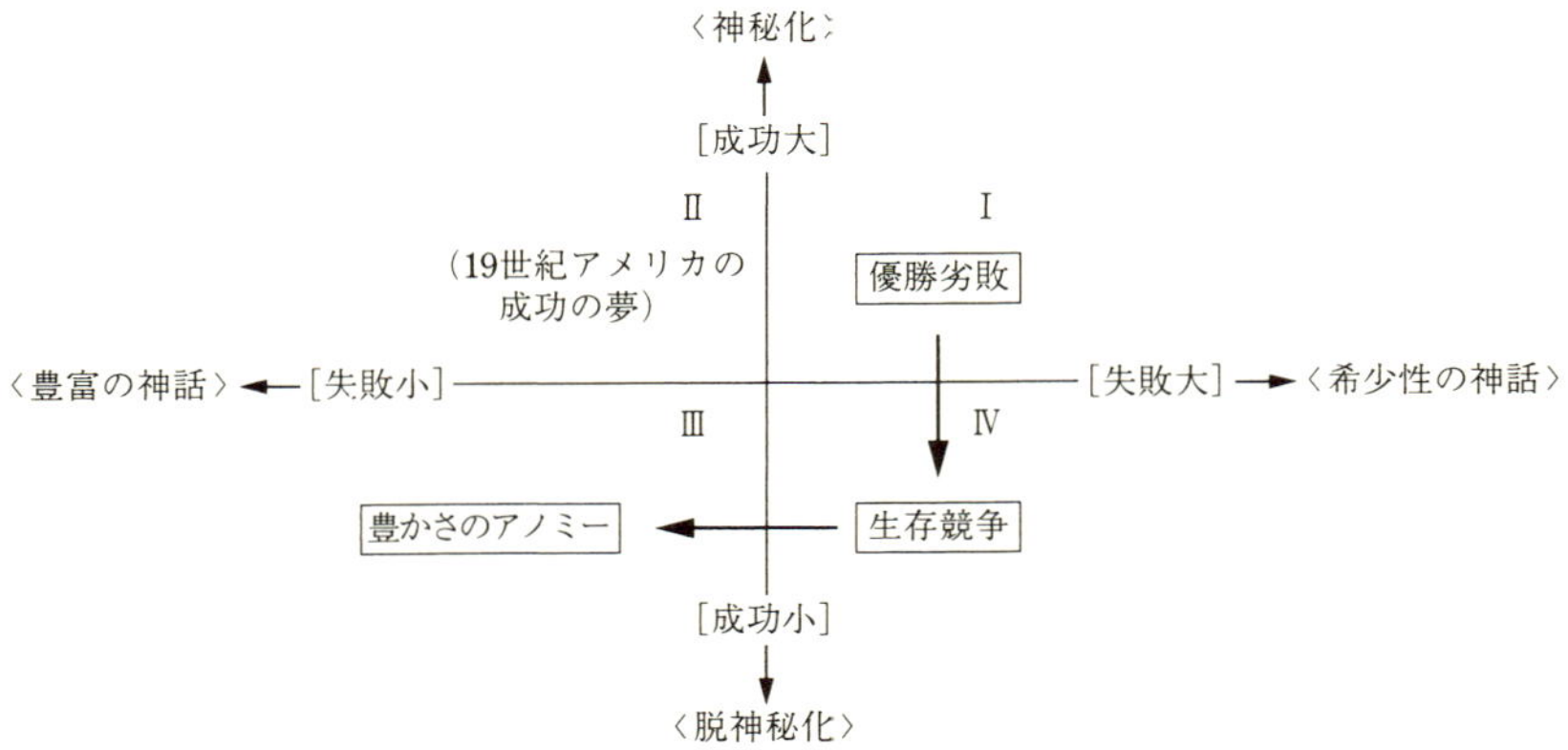

図7・1　成功観の系譜

とになり、消費の衒示的効果も大幅に後退している。

豊かさのアノミーは図7・1のように位置づけることができる。縦軸は、成功イメージであり、横軸は失敗イメージである。そして成功と失敗それぞれを大きな成功（失敗）イメージと小さな成功（失敗）イメージに二分して、それらを交差させたものである。こうして成功、失敗イメージをめぐる四つの類型ができる。第II類型は、あの一九世紀アメリカにみられた成功の夢である。アメリカの成功神話は、無限の機会とそういう機会をもたらす果てしないフロンティアの前提によって成り立っていた(64)。第I類型は明治初期の立身出世主義である。ドラマティックな成功観とドラマティックな失敗観とが共存（優勝劣敗）した時代である。明治初期は、立身出世の機会が大きく開かれていたのだから、この時期の立身出世はたしかにドラマ化（「英雄的僥倖的立身出世主義」）されていたが、その影に「零落の不安」というドラマティックな失敗観もひきずっていた。明治初期の少年の投稿作文集『頴才新誌』をみると、「学ハ身ヲ立ツルノ財本」という「学制序文」や『学問のすゝめ』に呼応した作文や「富貴勉強ヨリ生スルノ説」や「勉強ハ身ヲ立ツルノ基トナル説」が繰り返し登場する。しかし、勉強すればたとえ「貧賤」の出でも、富貴になるが、逆に勉強をしなければたとえ富貴の家に生まれても、

「終ニハ貧窮困苦シテ朝夕ノ煙ヲ起ス能ハサルニ至ル」(65)と激越な表現で語られている。その他おおくの作文も同工異曲で、勉強は「賢人」「富貴」「高官」「安寧」「安然トシテ坐食」などと関係して説かれているが、勉強を怠れば「愚人」「貧窮」「寒境ニ墜落」「卑賤ノ身」になると書かれている。そしてこういう「零落の不安」が立身出世への焚きつけの発条になった。やがて上昇移動市場は逼迫し、進学競争が激化し、成功イメージは月給取り願望のようなささやかなものになり、ドラマティックな失敗観と組み合わされる第Ⅳ類型の時代にうつる。日本の近代は、この第Ⅰ類型か第Ⅳ類型かだったのである。そしてどちらも、希少性の神話を背後にもち、脱落の恐怖にかられたものだった。いまわれわれは成功も失敗もドラマタイズされない第Ⅲ類型の時代に入っている。

かくてトーナメント型人生モデルをささえる背後の物語（希少性の神話＝ダーウィニズム的社会観）はリアリティを欠くものになりはじめている。実際いまや事態は逆立ちしはじめた。学習塾の教師などは生徒にこんなふうにいう。「Aのような大企業に入社するには、最低B大学以上にいっていなければならない。B大学に入るためには最低C高等学校へ行っていなければならない。だから、一生懸命勉強しなければいけない」。トーナメント型人生モデルのリアリティを維持するために希少性の神話＝ダーウィニズム的社会観の意図的教化さえ必要としている。受験レースや昇進レースはほぼすべての人を捕らえマス競争社会をもたらしたが、その内実は意味と情熱を欠き、空洞化しはじめている。ある中学生は次のように書いている。「私は負けず嫌いの所があり進路に関しても例外でありません。常に一番良い所しか眼界にないのです。ただ、なぜそんなにしてまでエリート校へ入らなければならないのかと、時々思うことがあります。別に頭が良くなくとも生きていけます。しかし、そのような自分にはなぜか納得できず、何のためかもわからず勉強をするのです。……問題集を目の前にさし出されるとやらずにはいられなくなります」（傍点引用者）(66)。こうみてくると、いまの受験を功利的に意味づける大企業への就職についても読みを逆転しなければならない。たしかに、大企業への就職は受験システムの外部にあり、安定した生活への功利的欲求に根ざしているようにみえる。しかしこれとて、受験システムが主体に投下した欲望にすぎないのではないか、と疑ってみる必要がある。それはたとえば、こう考えてみればよい。自分はファッション関係にすすみたいなどといっている学生も、就職シーズンになると、せっかく一流の○○大学生だから、やはり××銀行のような手堅く伝統のある企業に就職することにしようとすることを。大企業就職といっても受験システムがつくったシナリオにのせられている(チャータリング(67))だけのことではないのか、と。

もうひとつの揺らぎの源泉は、「ハプニング」的成功観(68)の台頭によるものだ。「ハプニング」的成功観は、地位が業績や有用性と無関係になり、外見や押だし、さらには偶然によって決定されることに人々が鋭い感覚をもちはじめたことによる。たまたまある言語を習得していたこと(the right place at the right time)や、あるいはたまたまある人物を知っていたこと(it is not what you know but who you know that matters)が、地位への鍵になるというハプニング的成功観への共感はメリトクラシーをささえる業績主義イデオロギーに迷宮をもたらす。グールドナーはこの点についてすでに次のように指摘している。中産階級はいまや功利性と道徳性に関する従来の考え方がしだいに時代に合わなくなっている世界のなかで生活している。「報酬はしばしばその人物(あるいは物)の有用性や道徳性と、ほとんど関係をもたなくなっているように思われる」と。そして、さらにいう。「古い生産中心の中産階級の経済において不可欠とされた従来の才能や技能なしに、やっていくことができるのである。要するに、新しい中産階級は、現代の報酬の体系の非合理性を、敏感に感じるようになっているのである」(69)、と。

こうした報酬体系の「非合理性」への敏感さは、皮肉にも業績主義イデオロギーが大衆的に浸透した日本においてもっとも鋭く感じられている。世界の若者意識調査には、社会で成功する要因という質問項目がある。どの国でも「個人の努力」や「個人の才能」を挙げる者が多いが、日本の特徴は「学歴」を挙げる者が各国中最も少なく、「運やチャンス」を挙げる者が五割もいることだ。これは各国のなかで最高の割合である(70)。このことはわれわれの日英受験生調査にもみることができる。すでに第三章で述べたように、入学試験の合否を決める重要な要素として多くの日本の受験生は努力や能力を挙げているが、「運」をあげるものは、イギリスではわずか三・六%程度のものにすぎないときに、日本では、三五―五五%もいる(71)。

豊かな社会のアノミーと台頭するハプニング的成功観は、メリト・イデオロギーの狼狽をもたらすものだ。社会学的疑惑探し(葛藤理論や増幅効果論)からの攻撃よりも手強い。受験レースや昇進レースはほぼすべての人を捕らえマス競争社会をもたらしたが、その内実は意味と情熱を欠き、空洞化し、業績主義イデオロギーの信仰も揺らいでいる。野心と熱情なきディスタンクシオン・ゲームはいつまでもつづくだろうか……。

(1) 宮島喬「教育社会学への期待」『教育社会学研究』五〇集(一九九二年)、二〇三頁。
(2) Bourdieu, P. & Passeron, J.-C., 1970, 宮島喬訳『再生産』藤原書店、一九九一年、一八六―一八七頁。
(3) Kelsall, R., *Higher Civil Servants in Britain*, Routledge & Kegan Paul, 1955, pp. 84-85.
(4) *Ibid.*, p. 71.
(5) Salaman, G. & Thompson, K., "Class Culture and the Persistence of an Elite: The Case of Army Officer Selection," *Sociological Review*, 26 (1978), p. 293.
(6) *Ibid.*, p. 294.
(7) Harker, R., "On Reproduction, Habitus and Education," *British Journal of Sociology of Education*, 5 (1984), p. 124.

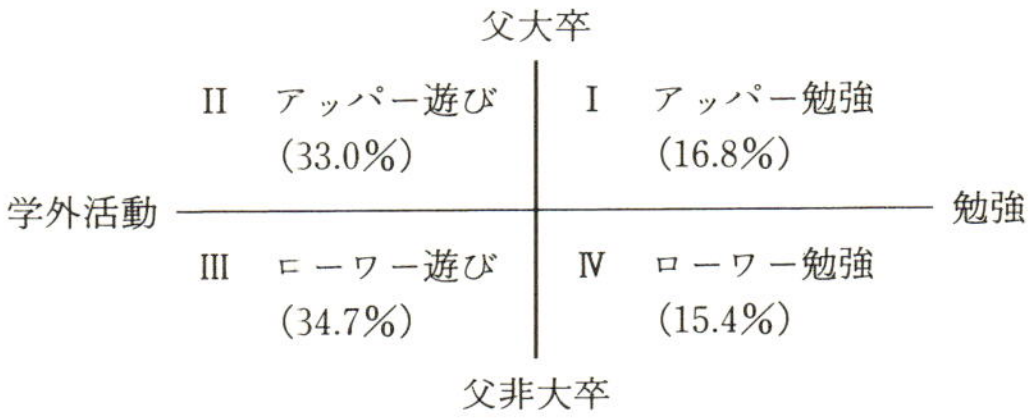

図7・2　京大生の類型

われわれのおこなった京都大学卒業生調査（一九九四年）は日本社会における学歴資本の倍化効果について興味深い知見を呈示する。調査対象は一九九〇年三月卒業生で、民間企業や公務など組織体に雇用されている者である。回収率は四〇％（有効回答数六四〇）。回答者の八四％が民間企業勤務、一六％が公務員や専門職（医師・法曹・教師など）。民間企業に勤務する者の半数（五九％）は従業員数五〇〇〇人以上の巨大企業だった。ここで注目したいのは、「昇進見込」の調査項目である。質問は「同期の方（あなたの勤務先に同じ年に就職した大卒の方）と比較した場合、あなたの将来の昇進状況はよいほうだと思いますか、よくないほうだと思いますか」である。将来の昇進見込を同じ年に入社（省）した同期の者と比べて「よい」とみているのは一三％しかいない。かなり控えめの「ややよい」を加えても三五％である。大半（五五％）は「ふつう」である。「ふつう」以下とみる者も一〇％いる。入社後四年（修士卒の者は二年）しか経過していなく、昇進差もほとんどでていない時期ではあるが、入社して数年たっているのだから、同僚と比較しての将来の昇進状態についてはおおよその見当がつくはずである。回答に「ふつう」が多いのは、昇進見込についてわからないからというよりも、将来の昇進を楽観的に描けないからだ、と解釈できよう。

将来の昇進見込について楽観的でないことは、別の質問項目である仕事満足や転職希望についての質問結果からもうかがえる。現在の仕事に満足していない者が三〇・〇％いる。転職についてもいますぐにというのは、五・六％とすくないが、「適当な時期がくれば転職したいと思っている」というのが四九・〇％もいる。昇進見込と仕事不満や転職希望との間には有意差があるから、京大卒業生が将来の昇進について必ずしも明るく描いていないことがわかる。京大という学歴資本が昇進に関して必ずしも有利にはたらくわけではないことを示唆している。第四章で述べた「入社時の学校歴ごとの選抜度の差異→有名大学学生の採用における第二種のエラー」仮説を傍証する。

では、同じ京大卒業生でも昇進見込を「よい」と答えている者と「ふつう」や「よくない」と答えている者の差はどのようなところにあるのか。そのために、本人の父の学歴（階層文化）と本人の大学時代のすごしかた（キャンパス文化）――大学で勉強のほうに熱心だったかサークルなどの活動のほうに熱心だったか――の二つの調査項目を選んだ。父が大学以上の学歴である者を「アッパー」、父が大学をでていない者を「ローワー」と区別する。大学時代のすごしかたは「勉強」型か「遊び」型かに区別する。このふたつを組み合わせると図7・2のように四つの類型ができる。Ⅰ「アッパー（父大卒）勉強」型、Ⅱ「アッパー（父大卒）遊び」型、Ⅲ「ローワー（父非大卒）遊び」型、Ⅳ「ローワー（父非大卒）勉強」型である。それぞれの割合は図のカッコのなかに示されている。そこで、この四つの京大生類型と昇進見込との関連をみてみる。表7・2がこれである。民間企業においては「アッパー遊び」型が昇進見込第一位で、以下「ローワー遊び」型、「ローワー勉強」型である。もっとも昇進見込が少ないのが「アッパー勉強」型である。しかし勉強よりも課外活動に熱心だった者が一位と二位をしめ、勉強に熱心だった者は三位と四位であるからアッパー／ローワー（父学歴）の階層文化よりも課外／勉強のキャンパス文化のほうが昇進見込に関与していることがわかる。

しかしここで次のような疑問が湧くかもしれない。昇進見込は客観的な指標ではなく、あくまで主観的な予測である。だから、遊び型は将来を楽観的に、勉強型は将来を悲観的に答えやすい。客観的な予測というよりも、パーソナリティを反映しているのではないか？　と。しかし回答の選択肢には「よい」「よくない」だけではなく「ややよい」の控えめな選択肢をもうけていること、公務員・専門職においてはすぐあとに明らかにするように「アッパー勉強」型が昇進見込に関してもっとも大きい、と答えていることによってこの疑問（勉強型は悲観的というパーソナリティ反映説）はかなり解消することになる。公務員と専門職（医師、法曹、教師など）については昇進見込と四つの類型との関連はみられなかった。そこで企業で最下位になった「アッパー勉強」型をその他との関係でみると、公務員や専門職においては「アッパー勉強」型がもっとも昇進見込が大きい（表7・3）。企業では「アッパー勉強」型の昇進見込がもっとも小さいときに公

表7・2　京大生の類型と昇進見込（企業）（%）

	よ　い	ふつう以下
アッパー遊び型	41.5	58.5
ローワー遊び型	37.4	62.6
ローワー勉強型	29.9	70.1
アッパー勉強型	20.5	79.5

務員と専門職ではこのタイプの昇進見込がもっとも大きいというズレが興味深い。

このことは大学時代の成績が民間企業では昇進見込と有意差がなく、公務員や専門職では有意差がある（成績のよかったものほど昇進見込が大きい）こととも関係しているだろう。企業と公務員・専門職では昇進見込の高い人のタイプが異なっており、企業においては、父学歴で代表されるような階層文化や大学時代の勉強文化が昇進にむしろマイナスである。このファインディングスは階層文化による特権の再生産という社会学理論にとって興味深いものである。たしかに京大卒業生の父学歴はかなり高い。父親が一九五四―一九六〇年に高校や大学に進学したコホートとすると、当時の男子大卒一五％、高校卒四〇％である。これをもとにわれわれの調査における父学歴別京大生輩出率を計算すると、父大卒の京大生輩出率は中卒に対して一〇倍、高卒に対して四倍にもなる。京大卒業生の父の職業構成（高校入学時点で）も管理職（課長以上）サラリーマンが四一・九％、専門職（教師、医師、弁護士）が一三・三％である。専門・管理職が五五・二％と半数をこえる。その意味でブルデューの社会的再生産理論がいうように、学歴獲得過程においては、階層文化（文化資本）が有利にはたらいていることは否めない。しかしいそいでいっておかなければならないが、ブルデューの社会的再生産理論にはもうひとつの含みがあることだ。本文で述べたような学歴資本の倍加効果である。文化的上層階層は、文化資本を学歴資本の倍加効果に使用することができる、というものだ。

表7・3　京大生の類型と昇進見込（公務員・専門職）　（％）

	よ　い	ふつう以下
アッパー勉強型	52.2	47.8
その他	26.3	73.7

ところがわれわれの調査からの知見は、民間企業においては階層文化が学歴資本を倍化するレバー効果はみられない。むしろレバー効果は減速効果として働くということだ。学歴獲得に有利に働いた階層文化要因が大学時代の勉強文化と結合すると企業入社後の昇進見込においては有利どころか不利に働くという捩れである。われわれの質問紙調査ではつぎのようなことも尋ねた。最近一カ月の間に仕事に直接関係する本ではなく文芸書（小説やエッセイ）や教養書をどのくらい読んだかというものである。教養知指標である。公務員・専門職は小説や教養書の読書量と昇進見込に有意な関

係はみられない。ところが民間企業勤務の者で文芸書（小説やエッセイ）や教養書の読書量と昇進見込の関連をみると二冊以上読んでいる者は昇進見込が小さいという傾向がみられる。とくに三冊以上になると昇進見込は顕著に下がっている。企業では小説や教養書の読書と昇進見込に有意差がみられる（竹内　洋「昇進とハビトゥス」『ホワイトカラーの人事管理』日本労働研究機構、一九九五年、参照）。

（8）Spaulding, R., *Imperial Japan's Higher Civil Service Examinations*, Princeton University Press, 1967, pp. 217-218.

（9）「高等試験口述合格の要諦」『受験界』一七巻九号（一九三六年）、七九頁。

（10）「口述試験を控へての所感」『受験界』同巻同号、六頁。

（11）赤尾好夫『改訂版　入試突破の対策を語る』欧文社、一九三五年、四〇八頁。

（12）イザヤ・ベンダサン、山本七平訳『日本教について』文春文庫、一九七五年。

（13）一九四二年（昭和一七年）から高等試験（行政科試験と司法科試験）の筆記科目と口述科目に国史が課せられることになった。直接的には当時の軍国主義の風潮のなかで「国体の尊貴」や「国運進展の様相を明徴」ならしめることに目的があった（枢密院の近衛首相演説――「文官詮衡制度の変遷（V）」『試験研究』一五号、一九五六年、三二頁）が、結局は「真正の日本人として力強く出発しようとするもの」（傍点引用者、「必須科目となった国史研究講座」『受験界』二二巻三号、一九四一年、二七頁）といわれている。

（14）松浦健児『'93年度版　公務員試験面接試験の対策』実務教育出版、一九九二年、六五―六六頁。

（15）Goodman, R., 1990, 長島信弘・清水郷美訳『帰国子女――新しい特権層の出現』岩波書店、一九九二年、一九八頁。

（16）公務員の任用試験をめぐっての一九七七年の国会議員の審議において、労働党を中心にした議員は、円満な人(rounded individual) などの採用基準が階級バイアスをもたらしているとした (Kellner, P. & Crowther-Hunt, L., *The Civil Servants : An Inquiry into Britain's Ruling Class*, Macdonald, 1980, p. 119)。

（17）Cookson, P. & Persell, C., "English and American Residential Secondary Schools : A Comparative Study of the

Reproduction of Social Elites," *Comparative Education Review*, 29 (1985), pp. 295-296.

(18) 竹内　洋、前掲報告書（一九九三年）、宮町良広「イギリスの入試問題」『地理』一九九四年二月号。

(19) Delamont, S., "Debs, Dollies, Swots and Weeds: Classroom Style at St. Luke's," in Walford, G., ed., *British Public Schools: Policy and Practice*, Falmer Press, 1984, p. 84.

(20) Bourdieu, P., *op. cit.* (1974), p. 41.

(21) Bourdieu, P., 1979, translated by Nice, R., *Distinction: A Social Critique of the Judgement of Taste*, Routledge & Kegan Paul, 1984, p. xi.

(22) Lamont, M. & Lareau, A., "Cultural Capital: Allusions, Gaps and Glissandos in Recent Theoretical Developments," *Sociological Theory*, 6 (1988), p. 162. Lamont, M., "The Production of Culture in France and the United States Since World War II," in Gagnon, G., ed., *Intellectuals in Liberal Democracies: Political Influence and Social Movements*, Praeger, 1987.

(23) Gouldner, A., 1955, 塩原勉訳「形而上的パトスと官僚制理論」岡本秀昭・塩原勉訳編『産業における官僚制』ダイヤモンド社、一九六三年、三〇六頁。

(24) 潮木守一「学歴の社会学——その理論的検討」『教育社会学研究』三八集（一九八三年）、九頁。

(25) イギリスの社会学者デビッド・グラス（Glass, D.）の言明。Sampson, A., *Anatomy of Britain Today*, Hodder & Stoughton, 1965, p. 192. より孫引き。

(26) Rosenbaum, J., *op. cit.* (1986), p. 166.

(27) Hope, K., *As Others See Us: Schooling and Social Mobility in Scotland & The United States*, Cambridge Universtiy Press, 1984, pp. 250 ff.

(28) Mueller, H.-B., *op. cit.*

(29) Murphy, R., 1988, 辰巳伸知訳『社会的閉鎖の理論』新曜社、一九九四年。

(30) Weber, M., 世良晃志郎訳『支配の社会学』I、創文社、一九六〇年、一三六頁。
(31) 園田英弘「郡県の武士——武士身分解体に関する一考察」林屋辰三郎編『文明開化の研究』岩波書店、一九七九年。
(32) 中央教育審議会学校制度に関する小委員会「審議経過報告」一九九〇年。
(33) 「受験準備に際して」『受験界』一巻一号（一九一七年）四頁。
(34) 小山文太郎『中学生の未来展望』培風館、一九三〇年、六—七頁。
(35) 竹内　洋「学歴社会——構造と心性」柴野昌山編『社会と教育』協同出版、一九九三年。
(36) 安倍能成『岩波茂雄伝』岩波書店、一九五七年、六一頁。
(37) 『少年倶楽部』第一七巻四号（一九三〇年）掲載広告。
(38) 佐々木亨「戦時体制下の入試（一）」『大学進学研究』四七号（一九八七年）。
(39) 赤尾好夫、前掲書、二六九頁。
(40) 同書、二七一頁。
(41) 『考へ方』一七巻一三号（一九三四年）、一七八頁。
(42) 「はやまる勿れ」『受験旬報』一九三八年一二月上旬号、一一九頁。
(43) Marx, K., 大内兵衛・細川嘉六訳「ヘーゲル法哲学批判からヘーゲル国法論（第二六一節—第三一三節）の批判」『マルクス・エンゲルス全集』第一巻、大月書店、一九五六年、二八七頁。
(44) Bourdieu, P. & Passeron, J.-C., 前掲邦訳書（一九九一年）、一六五—一六六頁。
(45) Collins, R., 1982, 井上俊・磯辺卓三訳『脱常識の社会学——社会の読み方入門』岩波書店、一九九二年。
(46) 橋爪貞雄『なぜ、こんな勉強するの』黎明書房、一九八六年、一二一頁。
(47) 「会社員の述懐」『実業之日本』八巻三号（一九〇五年）、二九—三〇頁。
(48) 「大学出身の実業家」同誌、八巻一号（一九〇五年）、七四頁。
(49) 「腰弁」とは腰弁当の略。元来は江戸時代の下級武士が弁当を腰に下げて登城したことからきている。明治になっても江戸時代の下級武士と同じ「行厨ヲ腰ニシタ」（『新聞雑誌』一八七四年八月四日）風俗が下級官吏にみられた。そこから「雇」などの下級官吏や下級職員が腰弁といわれ、下級サラリーマンの代名詞になった。

(50)「社員採用は平凡主義」『サンデー毎日』一九二四年三月一六日号、五—六頁。

(51) 星野周一郎「給料生活者の観たる給料生活」『社会政策時報』一九六号（一九三七年）、一〇七頁。

(52) 筒井清忠「近代日本の教養主義と修養主義」『思想』八一二号（一九九二年）。

(53) 大宅壮一「『類似インテリ』の氾濫」『中央公論』一九三七年三月号、二八九頁。「戦時下学生生活調査」『日本評論』一四号（一九三九年）。

(54) 東京大学『東京大学百年史　通史二』一九八五年、五三一頁。

(55) Weber, M., 山田高生訳「ドイツにおける選挙法と民主主義」中村貞二他訳『政治論集』1、みすず書房、一九八二年。

(56) Roden, D., *Schooldays in Imperial Japan : A Study in the Culture of a Student Life*, University of California Press, 1980, p. 252.

(57) 丸山眞男『増補版　現代政治の思想と行動』未来社、一九六四年、六八—六九頁。

(58) 乾彰夫『日本の教育と企業社会』大月書店、一九九〇年。

(59)「しごとの周辺」『朝日新聞』夕刊、一九九一年一二月三日。

(60) Weber, M., 阿部行蔵（代表）訳『世界の大思想23　ウェーバー政治・社会論集』河出書房、一九六五年、三二九頁。

(61) 丸山眞男、前掲書、九一—九二頁。

(62) Crichton, M., 1992, 酒井昭伸訳『ライジング・サン』ハヤカワ文庫、一九九三年、一〇二頁。

(63) Simon, W. & Gagnon, J., "The Anomie of Affluence : A Post-Mertonian Conception," *American Journal of Sociology*, 82 (1976).

(64) MacLeod, C., *Horatio Alger, Farewell : The End of American Dream*, Worldview, 1980, p. 3.

(65) 「富貴勉強ヨリ生スルノ説」『頴才新誌』一巻四号（一八七七年）。

(66) 橋爪貞雄、前掲書、六五頁。

(67) チャーターとは、自発的結社が禁止された中世に国王や政府が例外的に団体に権利や特権をあたえた文書（特許状）のことである。ところで、学校が制度化されるということは、卒業生が社会人となってからある地位を占める権利と正統性の社会的定義をともなうということである。この社会的定義は認可状つまりチャーターである。そこでマイヤーは「(学校) チャーター」という言葉を社会制度としての教育の隠れた絶大な力（effect）を明示化するために使用した。チャーターは、医者を生産する学校というように法律に規定されている場合からエリート学校というような漠然と世評として存在している場合までにわたるが、要するに組織の生産物についての社会的定義である。その存在はたとえばこう考えてみればよい。学歴のない者が、大企業の社長になると大学をでていないのにと驚嘆され、逆に高学歴者がある種の職業につくと大学をでているくせにとあきれられたりする。学校（学歴）チャーターが存在することがわかるだろう。チャーターリングはこうした（学校）チャーターの採択による社会化効果のことである。Meyer, J., "The Charter : Conditions of Diffuse Socialization in Schools," in Scott, W., ed., *Social Processes and Social Structures*, Holt Rinehart & Winston, 1970. 竹内　洋「学校効果というトートロジー」竹内洋・徳岡秀雄編『教育現象の社会学』世界思想社、一九九五年。補章「学歴社会をめぐる伝統的アプローチと制度論的アプローチ」参照。

(68) Jackall, R., "Moral Mazes : Bureaucracy and Managerial Work," *Harvard Business Review*, 61 (1983).

(69) Gouldner, A., 前掲邦訳書（一九七八年）、五二五頁。

(70) 総務庁青少年対策本部、前掲書、二七頁。

(71) 竹内　洋、前掲報告書（一九九三年）巻末の質問紙と単純集計欄参照。

補章　学歴社会をめぐる伝統的アプローチと制度論的アプローチ

ユニバーシティで訓練された個人の方がより生産性を示すこと、あるいはその人々がより教育を受けていない同年代の人々よりも優れているということを示すことは難しいとされてきた。（中略）もし実際に個人が技能に基づいて地位に配分されるとしたら、そしてもし実際に含意される知識が組織のパフォーマンスに緊密に結びついているとしたら、高等教育の権威は大幅に低下するであろう（ジョン・W・マイヤーほか「制度としての高等教育」パトリシア・J・ガンポート編（伊藤彰浩ほか監訳）『高等教育の社会学』玉川大学出版部、二〇一五）

一　はじめに

アメリカでは一九七〇年代から教育と組織についてのパラダイム転換ともいうべき説明理論があらわれた。ジョン・マイヤー（Meyer, J.）をパイオニアとする制度論的アプローチ（institutionalism）(1)である。制度論的アプローチの紹介はわが国でもなされている(2)が、本論文の目的は、制度論派の「教育論」を「学歴の供給の理論」、

「組織論」を「学歴の需要の理論」として読み直すことによって、学歴社会という古い問題への新しいアプローチになることを指摘することにある。そこで、この「学歴の供給の理論」と「学歴の需要の理論」という視点からこれまでの学歴社会の説明理論である人的資本理論やスクリーニング理論などの機能主義理論や葛藤理論の伝統的な説明理論（オールド・アプローチ）を整理し、つぎに同じ作業を制度論（ニュー・アプローチ）についておこない、制度論的アプローチの新しさと有効性を検討する。最後に制度論的アプローチを導きの糸とした学歴社会の経験的研究への示唆について考察する。伝統的アプローチについては、本書の第一章と重複するところがあるが、制度論的アプローチの特質を知るために必要な記述なのでご寛恕を乞いたい。

二　伝統的アプローチ

近代社会は雇用や地位達成において学歴が大きな規定力をもつ学歴社会である。では、なぜ学歴が雇用や地位達成に大きな規定力をもつのだろうか。人的資本論やスクリーニング理論あるいは葛藤理論などさまざまな説明がなされてきた。これらの説明理論を統一的に見渡そう。そのために、説明理論の前提（メタ理論）によって整理したい。学歴社会の説明理論は、ふたつの前提にかかわっている。ひとつは学歴を供給する学校効果についての前提（理論）である。もうひとつは、学歴が需要される雇用についての前提（理論）である。

学校効果の理論は「社会化」(socialization) モデルと「配分」(allocation) モデル(3)とにわけられる。社会化モデルは専門知識や技能あるいは一般的知識や技能などの習得という学校教育の加工処理効果を前提にするものである。それに対して配分モデルは学校でなにが学ばれるかには関係なく、つまり社会化効果とは関係なく学校は学歴資格を産出することで教育システムの外部に存在する地位に人々を配分する効果を前提にする。社会化モデルにおいては、学校は加工工場である。個人という素材は手を加えられ、付加価値をもった製品に加工される。それに対して、配分モデルにおいては、学校は缶詰工場である。缶詰工場は、製品を加工処理しているわけではない。できあがった製品をパックし、レッテルを貼っているだけである。したがって高学歴者の成功は、社会化モデルにおいては、技能や価値の社会化効果で説明されるが、配分モデルでは、高学歴という資格そのものの作用によって説明される。

学歴社会の説明理論を整理するためのもうひとつの次元は、学歴の需要の側のモデルつまり雇用の理論である。それは機能主義モデルと葛藤理論モデルにわけられる(4)。機能主義モデルは、機能主義的成層論(5)にみられるように、組織は存続と成長のために知識や技能、能力あるものを選別するのだ、という。それに対して、葛藤理論モデルはつぎのようになる。近代社会の選別のルールは学歴資格や試験のように、個人的恣意ではなく客観的かつ公正なものになってきた。しかし、選別のルールをつくり実行するのは既存の支配集団であるから、選別の規則を自分たちに有利につくってしまう(6)と考える。こうして機能主義モデルからは業績主義によるメリトクラシー（流動性）が、葛藤理論モデルからは属性主義による社会的再生産（固定性）が帰結される。

これで「学校効果の理論」（社会化モデルと配分モデル）と「雇用の理

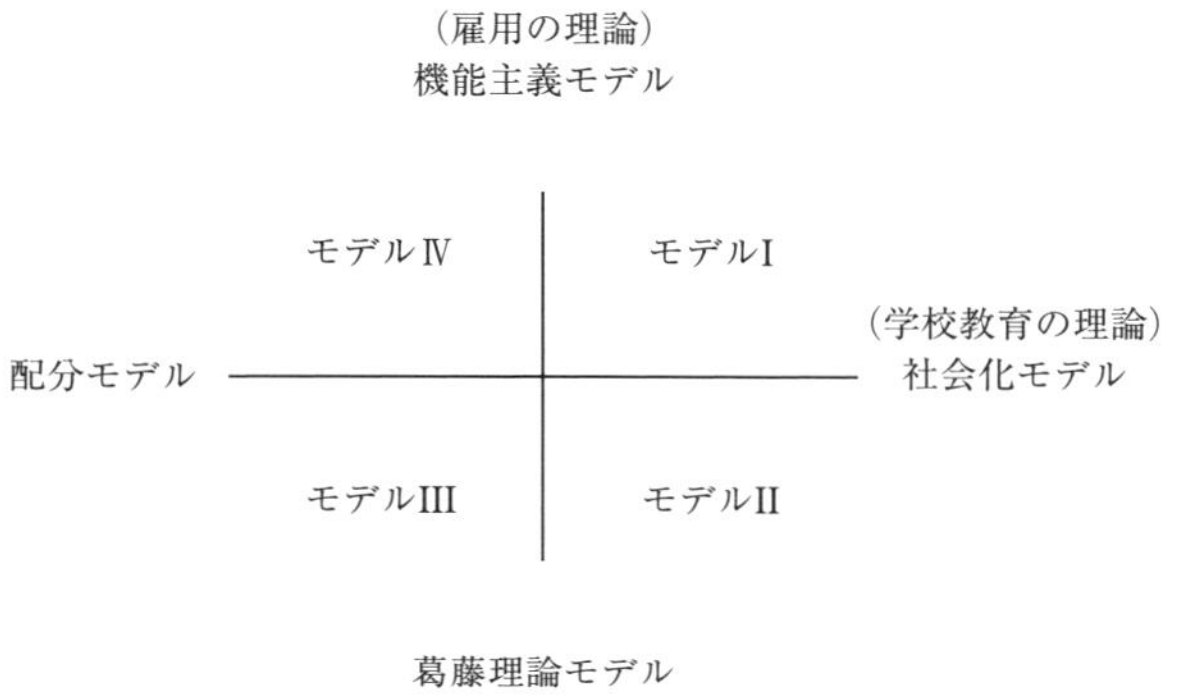

図補・1　学歴社会の説明モデル

論」（機能主義的モデルと葛藤理論的モデル）が出揃った。そこでこの二つの次元を組み合わせると学歴社会の四つのモデル（図補・1）ができる。Ⅰは社会化・機能主義モデル、Ⅱは社会化・葛藤理論モデル、Ⅲは配分・葛藤理論モデル、Ⅳは配分・機能主義モデルである。

この四つのモデルのうち理解しやすいのはモデルⅠとモデルⅢである。社会化モデルは機能主義モデルと、配分モデルは葛藤理論モデルと適合性が高いからだ。しかし、これだけでは、学校の社会化効果をネグリジブルとするスクリーニング理論を位置づけることはできない。また葛藤理論に含まれている従属・分断理論（subordination/fragmentation theory）という社会化効果を位置づけることができない。したがって、社会化モデルと配分モデルの次元に機能主義モデルと葛藤理論モデルの次元を交差させる図補・1によって、学歴社会の伝統的説明理論が統一的に見渡せるものになる。

図補・1を参照しながらみていこう。人的資本論(7)や技術機能主義（コリンズの命名(8)）は社会化モデルと機能主義モデルとの組み合わせ（モデルⅠ）である。人的資本論は、完全競争の労働市場で企業が利潤極大化行動をとれば個人の賃金はかれの限界生産力に一致する。そして学校教育はこうした個人の限界生産力の向上を促すというものであり、技術機能主義は、産業社会においては技術的変化によってさまざまな職業の技能要件が上昇するが、こうした技能や知識は学校で学習される、というものだからである。

しかし機能主義モデルと配分モデルの組み合わせ（モデルⅣ）もある。シグナル理論(9)やフィルター理論(10)などのスクリーニング理論や訓練費用理論(11)などがこれである。これらの理論は、学校教育による知識や技能と実際の職務とは無関係であり、技能は現場訓練などによって習得されるとする。したがって、雇い主は人々を選別するときに潜在能力や訓練可能性を測定すればよいことになる。しかしそうした測定は不可能か膨大な費用がかかる。

そこで学歴などをふるいの手段として使用するというものだ。したがってスクリーニング理論や訓練費用理論における学校効果は社会化モデルではなく、配分モデルである。スクリーニング理論と人的資本論との違いを際立たせればつぎのようになる。人的資本論はどんな土地（人）でも耕作をし、灌漑設備（教育訓練投資）をすれば、収穫がふえる（生産性と賃金の増大）という前提にたつ。それにたいしてスクリーニング理論は、肥沃な土地が投資を生むのであって、土地の耕作によって収穫がふえるのではないとする。そこでスクリーニング理論は説明をつぎのように逆立ちさせる。土地が耕作（学歴）されたかどうかは土地（潜在能力）が肥沃かどうかの指標である、と。

葛藤理論モデルからみれば、これまでの理論つまり人的資本論や技術機能主義あるいはスクリーニング理論は事態を隠蔽する正統化イデオロギーである。「テクノクラシーの神話」[12]や「専門技術主義・能力主義の神話」[13]である。身分集団は教育をめぐって組織化されており、学歴は特定の身分集団が成員外の者を排除するための閉鎖戦略とされるからだ。コリンズの言をひけばつぎのようになる。「教育は特定集団への帰属（おそらくそれが決定的な特徴となることが多かろう）を証明するしるしみたいなもので、技術的技能とか業績を示すものではない。ある職業にどれだけの学歴水準を要求するかは、それを設定できるだけの権力をもった集団の利害関係が反映している」[14]（傍点引用者）。さらにコリンズはつぎのようにもいう。学校教育が家庭背景と独立に社会移動をもたらすかどうかに関心を奪われすぎて、「学歴のある階級がエスニシティ集団の化身であることに注目できなくなっている。かれらが自分たちに有利になるように職業要件を設定し、かれらの語彙を使用しない者、かれらと同じ教養がない者、専門技術者の理念を口にしない者を排除していることへの着目を忘れてしまっている」[15]。こうみてくると、葛藤理論モデルが配分モデルと結びつきやすいことつまりモデルIIIになることがわかる。

しかし、葛藤理論はスクリーニング理論のように学校＝缶詰工場説ではない。ボールズとギンティスの対応原理

(correspondence theory)(16)やコリンズの身分文化の伝達としての教育論は社会化モデルだからだ。

「対応理論」は、生産のヒエラルキーと分割支配に対応した社会化が学校教育でなされているという理論である。教師は最初の上司であり、成績や点数は労働者の賃金とおなじく外生的報酬である。学校で個人化された競争を煽られ分断化もなされている。さらに学校組織はこうした職場規律の社会化にとどまらず、第一次労働市場と第二次労働市場に対応した職場適性の社会化もなしている。中間階級や上流階級の生徒たちの学校は、自由度がたかく、自発的な勉学を期待されるが、これは上級ホワイトカラーが資本家の目的や価値を内面化して自発的に行動する労働特性と対応している。下層階級の学校は、自由度が低く指示されたことをやり、学校の規則に応じることが要求されるが、これは労働者に要求される資質と対応している。対応理論を学校効果でみれば、従属・分断理論という社会化理論である。

したがって、地位達成を社会化モデルと配分モデルに区別したカーコフも、その論文の註のなかで周到にもつぎのように述べている。「ボールズとギンティスの研究は、通常は配分論とみられるが、実はかれらは、教育と階層の関係の解釈では社会化論と配分論の両方を使っている。ボールズとギンティスはつぎのように論じているからだ。資本主義社会は上流階級に生まれた者が成人後も高い社会的地位を獲得する傾向をうむように組織化されているが、この傾向は家族や学校内部の社会化メカニズムをつうじておこっている。つまり出身階級にそって個人の資質が差異的に促進形成される。雇い主は人々を職業的地位に配分する際に、そういう差異的資質を選別の基準としてつかう。このように論じているからだ」(17)(傍点引用者)。

コリンズの身分文化の伝達としての教育論も対応理論＝従属・分断理論がそうであるように社会化論である。コリンズはいう。学校のカリキュラムや授業内容が職業教育であるか一般教育であるかはそれほど重要ではない。大事なことは、上級学校は語彙や会話の素材、服装、スタイル、立ち居振る舞いなどでエリート文化の社会化をすることだ。下級学校はそうしたエリート文化を尊敬するような社会化をなす。組織エリートは、未来の組織のエリートをかれらと同じ身分集団から補充しようとし、あるいは、かれらの文化的卓越性を尊敬するように社会化された者を中・下級職員に補充するためにつまり文化的特徴の選別として学歴を使用する。このようにコリンズはいう。葛藤理論家であるコリンズもまた学校の社会化効果を明言しているようにみえる。

しかし、葛藤理論のいう社会化効果はモデルⅠにおける社会化論とは異なって従順さや自発性、エリート身分文化やエリート身分文化への尊敬心など隠れたカリキュラムによる作用項目である。したがって葛藤理論は、知識や技術の加工製品工場モデルつまりモデルⅠの社会化効果を否定する。そのかぎり配分モデルになる。しかし従属・分断理論や身分文化としての社会化などの学校の隠れた社会化効果に着目すれば、社会化モデルとなる。学校の隠れたカリキュラムによる差異的な個人資質や文化が選別に使用されるといっているからである。しかしいそいでいっておかねばならないが、モデルⅠにおいては学校の社会化効果が強く前提されているのに対し、葛藤理論における学校の社会化効果は帰属的地位文化の強化や補強(18)（ボールズとギンティス）、あるいはその効果が（支配集団によって）横領される(19)（コリンズ）にすぎない。葛藤理論における社会化効果は、モデルⅠのように学校の独自の効果（→メリトクラシー）を前提としているわけではない。したがって、葛藤理論の社会化モデルはあくまで従であって、配分モデルが主である。以上によって学歴社会の伝統的アプローチ論が出揃った。それぞれの問題点についてみよう。

モデルⅠの人的資本論や技術機能主義については、すでに多くの批判がある。ひとつは、職務に要求される知識や技能のほとんどは学校ではなく、現場訓練によって習得される(20)ということからの批判である。もうひとつは賃金格差にかかわる学歴効果のかなりは、学校の影響を受けない以前の能力差によるものだ(21)という批判である。

モデルⅠの弱点を埋めるべくモデルⅣのスクリーニング理論や訓練費用理論が登場した。たしかに、スクリーニング理論や訓練費用理論は技術機能主義や人的資本論と異なって学歴インフレや代替雇用などの現象をうまく説明する。大学で何を学んだかよりもどの程度の大学入試に合格したかという物差しがつかわれるわが国の企業の採用行動についてもうまく説明しているようにみえる。スクリーニング説は技術機能主義や人的資本論とは異なって学校内部での社会化（教育）効果を前提としていない。しかしそうだとしたら入学証明さえありさえすれば、潜在能力の識別は充分である。卒業をまたずに採用に踏み切ってもよいはずである。缶詰のレッテルが貼られたらすぐ採用してもいいだろう。しかし現実には卒業証書が必要である。それはなぜなのだろうか。あるいは、能力水準を一定に保っても、学歴の地位達成効果がみられるという知見についての説明も不可能になってしまう。モデルⅣは、組織内職務であるホワイトカラーの雇用を中心とした説明理論だけに、そもそも専門職の場合は説明が困難になる。専門職の場合いくら能力があり、技能を磨いたところで学歴資格がなければ就任できないからである。

モデルⅡとⅢである葛藤理論モデル(22)はどうだろうか。たしかにアメリカ社会における雇用条件としての学歴（高卒）が実はしばしばマイノリティ排除になっている(23)ことは、モデルⅢの妥当性を示すかもしれない。また、わが国の大企業が高卒者採用のとき成績のよい者を採用しようとする傾向は、モデルⅡ（従属・分断理論あるいはエリート文化への尊敬の社会化）の妥当性を暗示しているかもしれない。しかし、組織の支配エリート集団の補充＝再生産としての学歴社会の説明となると、雲行きが怪しくなってくる。

葛藤理論モデルによれば、企業がＭＢＡ（経営学修士）を雇用するのは、専門技能でも、選別機能でもない。ＷＡＳＰ（白人・アングロサクソン・プロテスタント）という身分集団の地位の再生産のための偽装ということになる。こうした説が成り立つためには、すくなくともふたつの条件が必要である。ひとつは、学歴と身分集団が一致しなければならない。もうひとつは、組織エリート予備軍である高学歴者（MBA）の組織内移動が庇護移動(sponsored mobility)(24)でなければならない。しかしビジネス・スクールの隆盛によって、卒業者のうちWASPの占める割合はすでに一九七〇年代半ばにその割合をいちじるしく低下させている。経営者中に占めるMBAの増加と経営者に占めるWASPの減少がおこっている(25)。またMBAは、雇用されたのちには企業内部で激しい昇進競争があり、間引き型のトーナメント移動(tournament mobility)(26)である。MBAが組織エリートとして庇護移動されているわけではない(27)。わが国の東大卒の学歴をこれらの条件つまり身分集団の代理集団や庇護移動によっては説明できない。葛藤理論は内部労働市場／内部昇進のホワイトカラーの世界についての説明となると弱点をあらわにする。

これまでの学歴社会の説明理論について検討し、いくつかの疑問を呈示したが、この弱点は些細なものだろうか。説明によって学歴社会の秘密をむしろ隠蔽してしまっているのではなかろうか。疑問が生じる。とすれば、これらの説明理論が前提とする「学歴の供給の理論」と「学歴の需要の理論」に問題性があるのではないか。前提そのものの視点を替えなければ、疑問は解けない。このとき、ジョン・マイヤーをパイオニアとし代表者とする制度論アプローチの教育の理論と組織の理論が魅力的な議論として登場してくる。

三　制度論的アプローチ

制度論的アプローチは、教育についての社会化モデルと組織についての機能主義モデルを近代社会の学校教育と組織体に埋め込まれたイデオロギーの反復言説とみる。近代教育システムは個人の改良や合理化は社会の改良や合理化になるとか、社会に対する貢献は教育によって可能になるとかの諸前提を含んでいる。組織体も、特定の目的を合理的、効率的に追及するために人々の間に協働を成立させるシステムという前提を含んでいる。教育関係者や経営管理者の言説がアウトサイダーにいかがわしくうつるのは、教育システムや組織体に埋め込まれたこうした諸前提に拘束されて現実におこっていることではなく、やろうとしていることつまり埋め込まれた前提をリフレインするからである。

むろん教育の科学や組織の科学は、これらの諸前提について懐疑の精神をもってアプローチしてきた。教育の普及が平等をもたらさないのはなぜか。組織が非効率になってしまうのはなぜか、と。そして、制度的障壁論や文化剝奪論、教師のラベリングなどを問題にしてきた。同じように組織の科学においても組織の効率を阻害する目標の置換や非公式集団の作動などを暴いてきた。しかしこのような懐疑的理論構成自体が近代の教育や組織がみずから埋め込んでいるイデオロギーと「酷似した懐疑」(a skeptical parallel)(28)にすぎない。これらの障害が除去されれば、教育や組織はその本来の効果をもたらすはずということだからである。前提への懐疑自体が前提を強化してしまっている、というわけだ。制度学派のスタンスは、学校教育そのものに根本的懐疑をするイリッチの脱学校論(29)や組織の存在そのものを疑う――組織理論家が行使する概念自体が考察の対象とならなければならない――解釈的パラダイム派の組織論(30)に近いといえる。

そこで、制度論派の教育論も組織論も、従来の説明理論とは大きく異なってくる。制度論派の教育と組織についての理論はそれぞれ、これまでみてきた学校効果の理論と雇用の理論つまり学歴の供給の理論と学歴の需要の理論として読み直すことができる。制度論的アプローチからみれば学歴社会はどのように説明されるのだろうか。これをみていこう。

学校教育の理論――学歴の供給の理論

制度論派の学校教育の理論は、とりあえずは社会化モデルではなく配分モデルに括られる。ここでとりあえずというのは、従来の配分モデルとはおおきく異なっているからだ。そのちがいはまずつぎのようなものだ。従来の配分モデルは地位の種類や数は教育システムの外部で決定されることを前提にしている。学歴資格はもっぱらその配分に使用されるとする。だから代替雇用論にみられるように、地位自体は一定であり、すべての人がおなじように高学歴化すれば、高学歴にもかかわらず誰もが以前の地位と同じところにとどまるゼロ・サム競争が設定される。このような従来説と区別するために、制度論派の配分モデルを構成／配分モデルと名づけよう。構成／配分モデルでは、教育システムは能力や知識の社会的現実を構成することによって地位・役割それ自体を創出し、そういう地位・役割に人を配分する社会制度である。

つまりこういうことになる。近代の学校教育は従来個人的な判断や勘などの領域にあった仕事を精神医学や経済学、心理学、経営学などの合理化された知識体系に編成する。こうした知識にもとづかない処方は非合理、無知、怠惰になる。知識をめぐる社会的現実の構成（「知識の理論」）である。そしてこの種の知識を所有するものを定義し、地位に社会成員を配分する。人材をめぐる社会的現実の構成（「人材の理論」）である。精神科学／精神科医や経営科学／ＭＢＡ（経営学修士号保持者）がこれである（臨床心理学／臨床心理士を想起されたい）。

このような社会制度としての教育は、国家（義務教育や公立学校）や法律（学歴がなければ専門職につけない）に支援されることによって大きな効果を発揮するが、その背後には、世俗的個人主義や合理主義、進歩主義というモダニティのプロジェクトのまなざし(31)が控えている。

したがって、制度論的アプローチからみれば、学歴とは制度としての学校教育から造り出された知識と人をめぐる正統的な類型や解釈である。学歴は専門技術や能力の代理指標でも、「文化貨幣」(32)でもない。社会的行為のなかで考慮しなければならない「ルール」である。伝統的アプローチが措定するように、学歴社会の元兇は外部（経済システムや支配集団）にあり、教育システムの産出物である学歴が横領されるのではない。学歴社会は社会制度としての教育そのものが仕掛け人ということになる。

制度論派の配分モデルにはもうひとつ従来説と大きく異なっていることがある。従来の配分説は社会化効果をネグリジブルな効果（スクリーニング理論）あるいはマイナーな効果（葛藤理論）とみる。しかし、制度論派は、配分モデルの側にありながら、学校教育の効果について伝統的社会化モデル（モデルⅠ）よりもはるかに大きな効果を読み取る。その補助線になるコンセプトが「チャーター」（charter）(33)である。制度派の配分論を構成／配分モデルと呼んだことでいえば、制度論派の社会化論はチャーター／社会化効果モデルと名づけられる。では、チャーターとはなにか。

チャーターとは自発的結社が禁止された中世に国王や政府が例外的に団体に権利や特権をあたえた文書（特許状）のことである(34)。ところで、学校が制度化されるということは、卒業生が社会人となってからある地位を占める権利と正統性の社会的定義をともなうということである。この社会的定義は認可状つまりチャーターである。そこでマイヤーは「（学校）チャーター」という言葉を社会制度としての教育の隠れた絶大な力（effect）を明示化するために使用した。チャーターは、医者を生産する学校というように法律に規定されている場合からエリート学校というような漠然と世評として存在している場合までにわたるが、要するに組織の生産物についての社会的定義である。その存在はたとえばこう考えてみればよい。学歴のない者が、大企業の社長になると大学をでていないのに、と驚嘆され、逆に高学歴者がある種の職業につくと大学をでているくせに、とあきれられたりする。学校（学歴）チャーターが存在することがわかるだろう。

制度論的アプローチはこのようなチャーターの存在によって、却って強力な社会化効果が作動することを強調する。配分モデルだから社会化効果をネグリジブルあるいはマイナーとするのではない。配分モデルだからこそ強力な社会化効果を摘出するわけである。伝統モデルのいう社会化効果は、学校内部過程だけに効果の源泉をみようとしているが、チャーター効果への着目は学校や卒業生が社会的に定義されていることにもとづく文脈効果に注意をむけるわけだ。伝統的な社会化効果（組織的社会化効果）とチャーター効果（制度的社会化効果）との関係は図補・2のようになる。

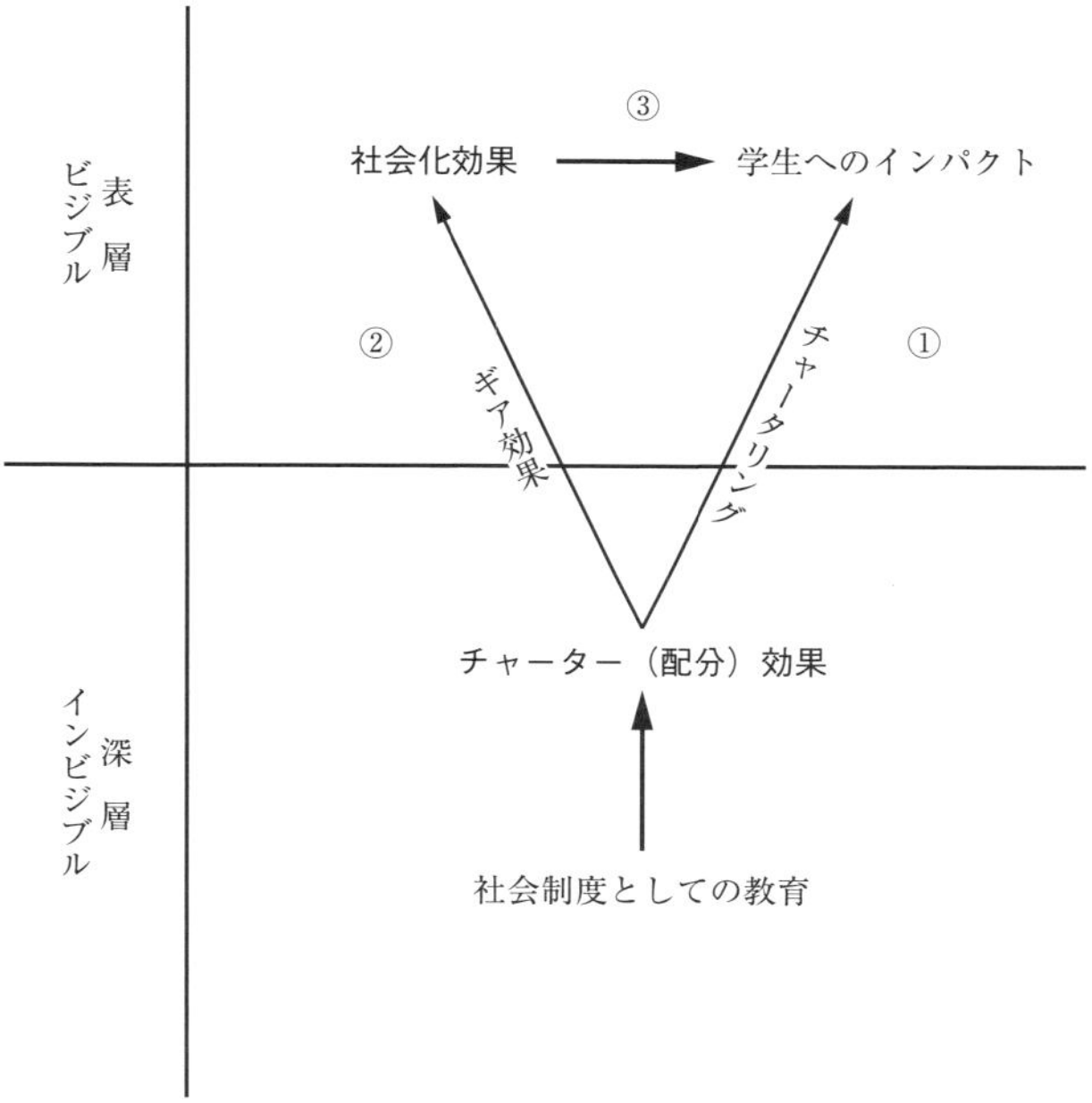

図補・2　学校効果の見取り図

出所：Kamens, D., "Organizational and Institutional Socialization in Education," *Research in Sociology of Education and Socialization*, Vol. 2, 1981: 115 の図を改編して作成した.

①がチャータリングである。チャータリングは学校チャーターを採用し、学校チャ

ーターに相応しくみずからを形成していくことである。学校の教育やカリキュラムが充実していなくとも、エリート学校の生徒がエリートらしくなっていく過程がこれである。あるいは、ある学校に進学することがわかると生じる予期的社会化（anticipatory socialization）、さらには卒業後かなりたってからの遅延的社会化（lagged socialization）は、チャータリングによって説明される。学校内部の社会化効果（③）についても学校チャーターを背後にして（②）効果を強化（ギア効果）する。キャンパス内部の社会化効果もパブリック・スクール出やMBA、東大卒にともなう社会的シナリオを背後にして強化されるのである。したがって、チャーターに合致しない内部的社会化は効果を半減するか失効する。進学校のチャーターがないときに、進学に熱心な授業をする教師や勉学に励む生徒が生徒仲間から浮いてしまうのは、生徒仲間集団が自分達のチャーターをよく知っているからである。ボールズとギンティスの従属・分断理論や教師のラベリングも隠れたカリキュラムの作用も、トラックや学校に張りついたチャーターを背後にして強力に作用するし、また失効もする。こうしてチャーター／社会化論は、社会化モデルと配分モデルの二項対立を揚棄する。

制度論派の構成／配分論は、学歴社会が外部にあるのではなく、近代の教育システムに埋め込まれていることを示唆したが、チャーター／社会化論は、学歴社会が単に中身と無縁の資格付与機関ではないこと、チャーター効果を媒介にして実質（社会化効果）をともないがちであることを示唆する。さらに仮に実質がともなわなくとも、学歴チャーター移動（正統化効果——「あれでも大卒か？」「あれでも医学部卒か？」という非難はかれが大卒であること、医学部卒は認めている(35)）によって地位に配分する。社会制度としての教育は学歴チャーターの需要も構成する。医学部にいかない者は医者になれないだけではない。患者になり合理的知識の市場を準備し、構成する。また中退者や非卒業生は、ある学歴にふさわしい地位や職業から自発的に撤退し（socialize out of／予期的クール・アウト／客観的条件の迂回効果(36)、学歴チャーター移動の空間を譲渡する。社会制度としての教育は、その効果を自己成就していく重層的仕掛けに満ちている。

これまでは制度論的アプローチの教育論を学歴の供給の理論として読んできた。つぎに制度論的アプローチの組織論を学歴の需要の理論として読んでみる。

雇用の理論――学歴の需要の理論

雇用は組織体によってなされる。したがって雇用の理論は組織観のコロラリーである。雇用の機能主義モデルは機能主義的組織論にもとづいている。機能主義的組織観によれば、組織は効率的に目標を達成するための装置である。したがって技能や能力など技術的機能的な適合性（suitability）が雇用基準である。学歴は専門技能や潜在能力の指標となる。雇用の葛藤理論モデルは統制論的組織論にもとづいている。統制論的組織観によれば、組織は支配エリートによる正統化と従属層の統制装置である。したがって価値や規範、忠誠心などの信頼性という受容性（acceptability）が雇用基準である。学歴はエリート文化やその尊敬心などの指標ということになる。

では制度論的組織観は……。効率モデル（機能主義的組織論）にたいしては、組織は統一性がなく曖昧であるとしてしりぞけ、統制モデル（葛藤理論的組織論）にたいしては、組織エリートもなにが自分たちの利害であるかわかっていないとしてしりぞける。提起されるのはコ、ピ、ー、機、モ、デ、ル、である。つまり組織は社会的に構成された現実である制度的規則というお墨付きがついた部品を構造的要素として取り込み正統化し資源を獲得し、生き残っていく、というのが制度論的組織観の骨子である。だから組織の分業や構造分化は、作業効率の向上のため（機能主義）でも組織エリートが自らの支配を正統化し従属層を分断する統制（葛藤理論）のためでもない。組織化の制度的モデ

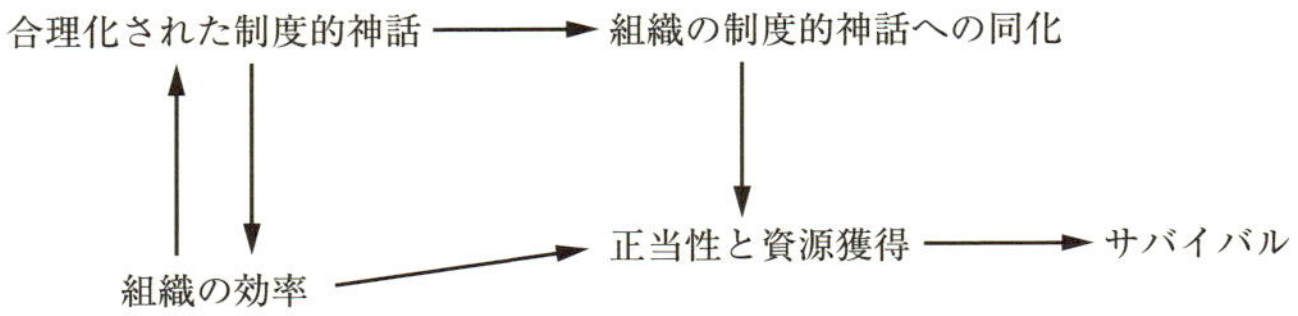

図補・3　組織のサバイバル

出所：Meyer, J. & Rowan, B., "Institutionalized Organizations: Formal Structure as Myth and Ceremony," *American Journal of Sociology*, 83, 1977: 353.

ルへの同型化（institutional isomorphism）の結果である。

　このようにいうと、組織の環境対応に着目したオープン・システム論を想起するかもしれない。しかし、オープン・システム論は、組織が目標を達成するために、技術的環境に合理的対応をするという効率モデルである。制度論的組織論においては技術的環境よりも制度的環境への適応が重視される。ここで制度的環境というのは効率的な適応が課題になる技術的環境と区別して、正しいルールやカテゴリーについての文化的メッセージ環境をいう[37]。制度的環境は技術的環境のように目的と手段の分離可能性（目的のために手段を選ばず[38]）を許容しない。手続きは目的と同じほど重要である。制度的環境は目的と手段の不可分性を指示する。したがって制度的環境への適応は効率ではない。取り込まないと非合理とか怠慢、いかがわしいとみられてしまう。効率だけでユニークな構造の組織をつくっても、非合理的という社会的非難の大きな費用をこうむってしまう。かくてマイヤーとローワンはつぎのようにいう。「組織は社会的に構成された現実を反映するように構造化されている。……制度理論は、組織は環境とのやりとりをおこなうというようには考えない。組織は近代社会に行き渡っている合理化された神話をドラマティックに演技する、と考える」[39]。組織が制度的規則を取り込み正統化し生き残っていく過程は図補・3のように描かれる。

　組織が取り込む制度的規則は生産、販売、広告、経理といった部門分けや専門職、手続き、方針などにいたるまでの単位、地位・役割、解釈などである。社会制度としての教育が産出する人や知識のカテゴリーも組織が取り込まなければならない制度的規則である。これが、学歴の需要についての制度論的アプローチの考え方になる。つまりこういうことだ。官庁や企業などの近代の組織体は、サバイバルのために制度としての教育によって認定された人を組織に組み入れ、合理化された知識で武装する。制度としての教育によって正統性をあたえられた経済学が台頭すると、組織はエコノミスト集団や数理経済学を取り込む。合理的知識という制度的規則はその知識が本当に生産性に貢献するかや利潤を増大するかなどの効果を考慮せずにそれ自体で正統性がえられる。組織の円滑な運営や外部からの資源の調達も可能にさせる。失敗しても、手続きは慎重であり、決定は合理的になされたという合理的説明がなされる(40)、というわけだ。したがって制度論的アプローチによれば、アメリカの企業がMBAを積極的に雇用するのは専門技能（人的資本論）でも潜在能力（スクリーニング理論）でもエリート文化（葛藤理論）によるのでもない。MBAによる人事管理、商品開発、経営戦略の作成が非MBAの個人的な技や勘によってなされることよりも優れているということが検証されることなく、自明視されている(41)からだ、ということになる。雇用基準の学歴についても同じように考えることができる。組織にとって学歴は専門技能でも能力でもエリート文化でもない。取り入れなければならないルールやカテゴリーである。

MBAを取り込もうとしない日本の企業も、有名大学生の採用（取り込み）には必死になる。しかし、採用人事担当者と面接をするとかれらはしばしばこんなホンネをもらす。「どうしても東大などの一部有名大学から採用しなければならないとはおもわないのだが。いざ採用になると頭数にこだわってしまう」と。そこで「だったらどうしてでしょう？」とさらに追及すると、「……今年は東大からは一人も採用できなかったとなると役員会で報告するときに文句がでるからですよ」という答えがかえってくる。たしかに、例年東大卒を三人採用した企業が今年は一人も採用できなかったとしたら、「人事の怠慢として」役員会で非難されるかもしれない。しかし、それではそういう非難をする役員会のメンバーが東大卒をとらないと企業の発展に損傷をきたすというように考えているかとなると、かなり疑問だ。かれらもまた採用人事担当者と同じく「どうしても東大から採用しなければならないとはおもわないのだが。……いざ会議になるとそういう発言になってしまう」というのではなかろうか。

これこそ制度としての教育の力でなくてなんであろうか。制度は、社会が個人におしつけてくる規制のプログラムである。外在的で客観的で強制力のある社会的事実＝社会的現実として経験されるものが制度である。したがって個人が疑念なしに制度にコミットメントするかどうかは重要ではない。内面化も必要としない。個人的に否定しきれない社会的現実（自明化されないときでも、自分はともかく多くの人はそう信じて行動しているという意識）として経験されることが制度のもっとも重要な特徴なのだから。かくてマイヤーはつぎのようにいう。人事採用職の者がたとえアイバー・ベルグの本(42)(高校卒でない者と高校卒以上には学歴と生産性に関係が認められても、高校卒と大学卒、大学院卒などの間には生産性との関係がみられない。つまり学歴はある閾値をすぎれば、生産性増加の証拠をみつけられないという知見——引用者）を読んで、その知見に充分納得していたところで、「いざ雇用のときになると学歴を考慮しなければならないという状況がつくられてしまう」。「制度化された教育システムの力の作用である」(43)と。しかし、制度は拘束だけをあたえるのではない。活動の媒体や指針(44)にもなる。制度的規則にしたがうことによって、採用活動に意味が充塡され目標が設定され円滑におこなわれる(45)ということも忘れてはならないが。

ところで、このような制度的規則の取り込みは「儀礼と見かけ」(ceremony and appearance) であるから取り込んだ制度的規則が実際どのような効能をもっているか、どんな働きをしているかを査察すれば食い違いが生じてきてしまう。したがって組織はこの食い違いの緩衝／隠蔽装置も構造化している。組織構造に組み込まれた制度的規則が実際どのような効能をもっているかの「査察や評価を回避」し、「脱連結」(decoupling 構造が技術的活動と切り離され、技術的活動は成果と切り離される(46))し、取り込んだ制度的規則はみかけどおりであり、本来どおりのことをやっているのだという「信頼の論理」によって組織の存立が保たれる。組織内部におけるデカップリングによって制度的環境とのカップリングが維持される。人事課の実際の採用活動や教育活動が本来の人事部の目的と合致しているかどうか、あるいはそもそものような採用活動が企業成長に貢献しているかどうかなどを誰も調べない。経営危機などのときに外部のコンサルタント会社に依頼して組織の構造と活動の査察や評価がおこなわれることがあるが、そのことは却って緩衝／隠蔽機構が組織に構造化されている(loosely coupled system)ことを証明している。

制度的規則である学歴についても同じことがいえる。MBAや有名大学生を採用しようとする熱意溢れる活動にくらべて企業の成長要因として学歴構成が取り沙汰されることはないし、調査されることもない(47)。企業の成長に貢献しているということは証明の必要のないことである。稀に、貢献していないというファインディングスがあらわれたとしても充分実証されてはいないとして無視される。雇用の基準になる学歴もまた査察や評価の回避、脱連結、信頼の論理によって儀礼とみかけが保護されている。

以上が学歴社会を制度論的な視点からみた場合の見方である。ではこのような制度論的アプローチは経験的研究にどのような示唆をあたえるだろうか。

四　経験的研究へのインプリケーション

手掛かりにするのは、日本社会における学歴社会の誕生と展開について詳細な史実をもとに一般化を試みている天野郁夫の研究である(48)。

天野によれば学歴を重視した「学校出」の採用が銀行や財閥系の大企業でおこなわれはじめるのは、明治三〇年代後半である。第一次大戦のころには、中規模の企業までもがこうした新規学卒採用方式をとりはじめる(49)。天野はこうした学校出の定期的採用の説明として、組織規模が大きくなり管理者や専門家の必要性が増大したからだ、と機能主義的説明（A）をしている(50)。天野自身つぎのような史料もあげている。会社銀行に入っても学校で学んだ「国際公法、契約法」その他は役にたたない。必要なのは、「和算、字を早く奇麗に書く事、及手紙を巧に書く事、それから簿記」などである。それでは高等の学校などを卒業しないで、こうした役に立つことだけ学んだほうがよさそうであるが、「簿記だけでは十五円位の口、或は商家などはあるかも知れぬが、到底中以上の会社銀行等ではないのだ」(51)。学歴は実質ではなくレッテルである、という同時代の史料である。このような教育過剰言説（B）は当時いろいろなところでみられる。同じころの高等商業学校卒の会社員は次のようにいう。会社の仕事は「朝夕簿冊の裡に頭を埋め」「機械的に事務を執」るだけの生活。学校のとき努力して学んだ学問はなにも必要ない。「反て記帳の文体が下手だとか、速算や、往復文やなんかに骨が折れると云ふ始末」。だから算術や作文位で十分、と述べている(52)。もし学卒者が専門技能の持ち主として採用され、専門的仕事をしているならこのようなことがいわれないはずだ。こうした過剰教育言説とさきの機能主義的説明とはどう関連するのだろうか。

さらに天野は、何故民間企業で学卒者が採用されるようになったかについて、慶応義塾出身の池田成彬の回想録も引用する。「中上川のやって居た時代というものは、官尊民卑で役人というと馬鹿に月給も多い。民間の方は社会から低くみられ俸給も少ない。……(そこで)中上川は学校出を沢山入れ、月給もずんと高くして官尊民卑を打破しようとしたものです。銀行員というものはずっと社会的にも上位にあって、官吏と同等の地位にあるべきというのが、彼の理想らしかった」(53)。ここから天野は、民間企業の学校出採用を官庁と同格化することによる社会的威信説(C)もとなえている(54)。

天野は、学歴がなぜ重視されるかの複数の説明原理(A、B、C)を網羅しているが、それらを整理して統一的に説明するのに組織イノベーションの普及過程についての制度論的な経験的研究の知見が役に立つようにおもわれる。制度理論にもとづく地方自治体の公務員制度改革や企業の人事システムの改革などの普及過程についての経験的研究(55)は、つぎのような知見をえている。改革が内部の技術的機能的要請と関連していたのは、初期の普及の時期にのみである。あとの時期になると、組織改革は内部の機能的要請とは無関係になり、正統化(制度的規則の取り込み)のために導入された、というものである。組織イノベーションの普及過程の二段階理論は学歴社会の普及過程についても適用できないだろうか。

初期の企業(非製造業)は、通信文のための英語や簿記などの知識や技能が要求されることによって、学校出が採用された(56)。学歴(学力)は技術機能主義的な対応性をもっていた。しかししだいに学歴資格そのものが重要になっていく。大阪丸紅伊藤本店についてもつぎのようにいわれている。「私の店は、丁稚上りの店員のみでは今後の時代に応ずることが出来ぬ。また年々歳々徴兵適齢の者も多数あり、これを補はねばならぬ、学校出をも採用する必要があると認めたので明治二十六年始めて之を採用した。今を距る十六年前で個人商店で学校出身を採用したものは全国を通して未だ多くなかった。最初使用した部面は計算方であつた。従来の横帳式では到底今後の複雑な取引を精確に敏速に記帳することが出来ないと信じたので学校出身者を入れて、この部署を担当させ、帳簿は一切簿記式としたのである。此成績が非常に良好であつたので、爾来年々学校出を採用し、計算方のみならず、販売にも仕入れにも採用し其数は歳々増加しつゝある。現に本年の如きは二十名足らずを採用した」（傍点引用者、田中良三「余の商店に於ける学校出身者と丁稚上がりとの優劣」）(57)。この過程は、教育が制度化（義務教育就学率・卒業率の急上昇／半途退学への懸念の視線の誕生(58)）されたことによって、教育システムで認定された人（学卒者）が合理的な組織の不可欠な構成要素となり、合理化の認証と汚名を回避するために学卒者採用の制度化がすすんだという解釈になる。つまり技術的機能をこえて「そのしくみを、それ自体のゆえに重んじる」(59)制度化過程である。天野の社会的威信説もそのように（制度的規則の取り込み）理解できないだろうか。

その点で、明治四〇年代はじめに安田善三郎が安田銀行の採用方式を執筆しているが、そのなかでつぎのように述べていることが注目に値する。

「私の銀行では昔から銀行者として学問は高等小学校位で充分であるといふ考えから、それ等の人と見習生から仕立てゝ来たが、併し時勢が段々進歩して来るとどうも小学卒業だけではいかぬ。それ故帝国大学、高等商業の卒業生なども採つて見たが、一部にはそんな人も要るが、皆そんな人ばかりとる訳には行かない。そこで今度は高等小学の卒業生の代りに中学の卒業生を採つて銀行実務を練習させたならば恰度よいのが出来やうと考えて、毎年一回づゝ練習生なるものを募集して居るのみならず、小学だけの所謂小僧上りに一利一害ある如く高等の教育を受けたる学校出にも矢張一利一害が免れない」(60)。銀行員は「高等小学校位」の学歴で充分とおもわれていたものが、「時勢が段々進歩して来るとどうも小学卒業だけではいかぬ」という叙述のなかに、学校出の採用が技術機能主義的な必要ではなく、制度的規則になり、制度的環境の圧力をうけやすい銀行が同調化していく事情を読むことができる。文官試験のさきがけになった「判事登用規則」（一八八四年）も判事の資質の向上のために制定されたわけではない。専門職補充において先進国の正統化されたルールである競争試験を導入し、治外法権を撤廃することに狙いがあった(61)。

学歴主義の普及をこのような制度的環境への対応＝同化としてみれば、「学校のとき努力して学んだ学問はなにも必要ない」という学校出定期採用方式のはじまりとともにあらわれる教育過剰言説とも整合してくる。学校出定期採用方式の普及を業種や規模などの組織特性との関連で分析する経験的研究が必要だろう。

その点で共時的研究であるが、コリンズによる事業体調査の方法とその知見(62)が示唆的である。調査結果は、組織技術機能主義理論が予想するように技術変動の大きい組織が学歴資格を要求しているようにみえた。しかし、組織規模や知名度を統制すると、組織の技術変動の大きさと雇用における学歴重視の関係は消滅した。学歴資格の重視は組織類型との関係がもっとも大きかった。組織類型は製造業や卸売業などの生産や販売と利潤追及に関係する「市場組織」（market organizations）と公益事業や行政機関、医療など奉仕理念や対外的信用などの社会的イメージが重要な「公的信用組織」（public trust organizations）にわけられている。学歴資格を強く要求することと関連が大きいのは「公的信用組織」である。「公的信用組織」では服務規律を遵守し、忠実な雇用者を必要としているからだ、というのがコリンズの解釈である。こうして、学歴重視の技術機能主義的説明が否定され葛藤理論的解釈が結論される。

しかし制度論的アプローチからみれば、コリンズのいう公的信用組織と市場組織はそれぞれ制度的環境の圧力が強い組織と技術的環境の圧力が強い組織に対応している。むろんどのような組織も技術的環境と制度的環境の両方に取り囲まれているが、業種（電力やガスなどの公益事業や銀行は製造業からくらべて制度的環境の圧力が強い）や規模（規模がおおきくなれば制度的環境の圧力は増える）によって制度的環境への対応＝同化圧力は異なっている。したがってコリンズの知見は、技術的環境への適応よりも制度的環境つまりルールやカテゴリー遵守の圧力におかれている組織が学歴を重視するという制度論的解釈の妥当性の実証としてみることもできる。コリンズは技術機能主義の反証のために実証研究をおこなったが、あらたな実証研究のなかで技術機能主義、葛藤理論、制度理論の少なくとも三つの学歴社会についての説明理論を比較検証する必要があろう。また、コリンズは同じ調査でMBAを重視している組織類型にも言及している(63)が、わが国の場合は組織ごとの有名大学卒採用比率を被説明変数に、業種や規模などの組織特性を説明変数とする経験的研究も示唆される。

五　おわりに

教育界では学歴社会こそが「善なる」あるいは「真の」教育や学校を逸脱させる元兇とされてきた。そこで学校から他の資格付与機関に選抜機能を奉還することによって、学校を人間形成の場として「本来的機能」に純化させることが提唱されたりする(64)。このような見解は学校や教育を歪め逸脱させる学歴社会が教育システムの外部にあることを前提にしている。「教育的」言説である。ここで教育的言説というのは、「教育病理」を構成しその原因を外部に帰属させることによって、「真の」「善なる」教育や学校の存在を救済する仕掛けをもったメッセージをいう。

制度論的アプローチは事態がこうした教育的言説としての学歴社会論よりはるかに深刻であることを示唆する。

学歴社会の元兇は外部にあるのではなく、近代の学校教育と組織体そのものに埋め込まれていることを示唆するからだ。とすれば、教育言説としての学歴社会論と学歴社会の原因を外部に帰属させるオールド・アプローチは客観的共謀関係をなしている。かくていまや、オールド・アプローチにたいしてはバーガーとルックマンの言をかりてつぎのようにいうことになろう。「論理は制度とその外的機能のなかにあるのではなく、それらについて反省するときのそのとり扱われ方のなかにこそあるのである。ことばをかえれば、反省的な意識は制度的秩序に論理性を付与する、ということだ」(65)（傍点引用者）、と。制度論的アプローチは、説明を制度に回収することによって制度をデウス・エクス・マキナともするが、そのことによって社会科学理論が制度の再生産イデオロギーになることを切断するのである。

（1）　マイヤーを中心とした制度学派の誕生は、一九七七年のかれの二つの論文（Meyer, J., "The Effects of Education as an Institution," *American Journal of Sociology*, 83, 1977: 55-77, Meyer, J. & Rowan, B., "Institutionalized Organizations: Formal Structure as Myth and Ceremony," *American Journal of Sociology*, 83, 1977, pp. 340-363）の公刊にもとめられるが、組織研究における文脈効果を摘出した一九七〇年の論文（Meyer, J., "The Charter: Conditions of Diffuse Socialization in Schools," in Scott, W., ed., *Social Processes and Social Structure*, Holt Rinehart & Winston, 1970, pp. 564-578）までさかのぼることもできる。ヴェブレン（Veblen, T.）やコモンズ（Commons, J.）あるいはセルズニック（Selznick, P.）などのこれまでの制度論者と区別して新制度学派（new institutionalism）ともいわれる。なお技術機能主義に戦後のリベラリズム（福祉国家論）、葛藤理論にニューレフト運動、解釈的アプローチに対抗文化の背後感情を読む（Karabel, J. & Halsey, A., "The New Sociology of Education," *Theory and Society*, 3, pp. 529-552）ならば、合理性／主体／利害の脱中心化（defocalize）を形而上的パトスとする（DiMaggio, P., "Interest and Agency in Institutional Theory," in Zucker, L., ed., *Institutional Patterns and Organization: Culture and Environment*, Ballinger, 1988）（新）制度学派にポスト・ニューレフト運動／対抗文化の背後感情を読み取ることもできよう。

（2）藤村正司「教育社会学における制度論的アプローチ」『広島大学大学院教育学研究科博士課程論文集』九、一九八三年、四二—四八頁、金子雅彦「知識社会学的組織論の原点」『社会学評論』四三、一九九三年、三二—四六頁、盛山和夫『制度論の構図』創文社、一九九五年。

（3）Kerckoff, A., "The Status Attainment Process: Socialization of Allocation?" *Social Forces*, 55, 1976, pp. 369-381.

（4）Mueler, H., *Bureaucracy, Education and Monopoly*, University of Chicago Press, 1984.

（5）Davis, K. & Moore, W., "Some Principles of Stratification," *American Sociological Review*, 10, 1945, pp. 242-249.

（6）Bowles, S., "Unequal Education and the Reproduction of the Social Division of Labor," *Review of Radical Political Economics*, 3, 1971, pp. 26-28, Squires, G., *Education and Jobs*, Transaction, 1979, p. 140.

（7）Becker, G., 1964, 佐野陽子訳『人的資本』東洋経済新報社、一九七六年、Mincer, J., *Schoolng Experience and Earnings*, National Bureau of Economic Research, 1974.

（8）Collins, R., 1979, 新堀通也監訳『資格社会』有信堂、一九八四年、三—三〇頁。

（9）Spence, M., *Market Signaling*, Harvard University Press, 1974.

（10）Arrow, K., "Higher Education as a Filter," *Journal of Public Economics*, 2, 1973, pp. 193-216.

（11）Thurow, L., 1975, 小池和男訳『不平等を生み出すもの』同文舘、一九八四年。スクリーニング理論と訓練費用理論はいずれも、学校教育を配分装置とみなす点では相同であるが、前者は能力実在論、後者は能力の社会的構成論（Rosenbaum, J., "Institutional Career Structure and the Social Construction of Ability," in Richard, J., ed., *Handbook of Theory and Research for the Sociology of Education*, Greenwood, 1986, pp. 139-171）をとっている点で異なっている。サロー（Thurow, L., 1975, 前掲邦訳書）の「仕事競争」（job competition）モデルは、個人としての能力や学歴がいくら高くても、仕事の空きがなければ需要されないということである。逆に個人としての能力や学歴がいくら低くても、仕事の空きがおおければ、職務につきやすいことを意味している。労働の供給曲線と需要曲線が一致し、需要曲線（供給曲線）が「仕事の空き数」と「労働者の訓練人数」を決定することを示しているからだ。

（12）Collins, R., 1979, 前掲邦訳書。

（13）Bowles, S. & Gintis, H., 1976, 宇沢弘文訳『アメリカ資本主義と学校教育』岩波書店、一九八六年。

（14）Collins, R., 1971, 潮木守一訳「教育における機能理論と葛藤理論」潮木守一・天野郁夫・藤田英典編訳『教育と社会変動』上、東京大学出版会、一九八〇年、一〇九頁。

（15）Collins, R., *Conflict Sociology*, Academic Press, 1975, p. 87.

（16）Bowles, S. & Gintis, H., 1973, 青木昌彦訳「アメリカ階級構造におけるＩＱ」青木昌彦編『ラディカル・エコノミックス』中央公論社、一九七三年、二二一―二八八頁、Bowles, S., 1977, 早川操訳「教育の不平等と社会的分業の再生産」潮木守一・天野郁夫・藤田英典編訳『教育と社会変動』上、東京大学出版会、一九八〇年、一六一―一八三頁。

（17）Kerckhoff, A., *op. cit.*, p. 379.

（18）「……現行の制度の枠内では……子どもがことなるタイプの学校教育にどう適応していくかは、彼がそれまで家族の中でどのようなパーソナリティ特性、価値、期待をつくりあげてきたかによってほぼ決ってしまう」（Bowles, S. 1977, 前掲邦訳書、一七八頁）。したがって、「社会階級的背景と経済的成功との間の関係さえ、大部分、家族的地位の差に伴う人格的特徴の差異を通じて作用している」（Bowles, S. & Gintis, H., 1973, 前掲邦訳書、二五八頁）。

（19）「教育は次の二条件が同時に満たされる場合に、最も重要なものとなる。すなわち、（ａ）その種の教育が、特定の地位集団における成員資格を最も的確に反映する場合、（ｂ）その地位集団が、特定の組織における雇用を統制する場合である。かくして、学校を基盤として発言する地位集団の文化と、雇用を行う地位集団との適合度が最大のとき、教育は最も重要なはたらきをする。他方、学校の文化と雇用主の文化との隔たりが最大のときには、教育は重要性を失うことになる」（傍点引用者、Collins, R., 1979, 前掲邦訳書、四九頁）。

（20）Thurow, L., 1975, 前掲邦訳書。

（21）Taubman, P. & Wales, T., "Education as an Investment and a Screening Device," Juster, F., ed., *Education, Income and Human Behavior*, McGrow-Hill Book, 1975, pp. 95–121.

（22）葛藤理論に括られるボールズとギンティス理論（ネオ・マルクス主義）とコリンズ理論（ネオ・ウェーバー理論）にはつぎのような差異がある。ボールズとギンティス理論は教育システムは支配階級の利害に従属しているとするのに対し、コリンズは教育システム従属論をとらない。雇い主は教育システムにおいて（自律的に）生産された教育資格を再利用し横領するとみる（註（19）を参照）。もうひとつの違いは、ボールズとギンティス理論は、従属・分断理論にみられるように従属層の服従と資本家の価値の内面化だけに焦点をあわせており、支配層もまた内集団化しなければならないという視点はない。コリンズ理論は、支配集団や専門職集団が共有文化によって連帯し他者を排除する面を強調する。さらに財産のない上流中間層も独占／排除のために学歴資格を使用するという点も強調される。したがってコリンズの理論によれば、下層階級は資本主義的労働様式のなかでの排除だけではなく、上層中間階級を主な構成員とする専門職集団からも学歴をつうじて排除されていることになる（Collins, R., "Book Review: Schooling In Capitalist America by S. Bowles & H. Gintis," *Harvard Educational Review*, 46, 1976, pp. 246–251）。

（23）Burstein, P. & Pitchford, S., "Social-Scientific and Legal Challenges to Education and Test Requirements in Employment," *Social Problems*, 37, 1990, pp. 243–257.

（24）Turner, R., 1960, 潮木守一訳「教育による階層移動の形態」清水義弘監訳『経済発展と教育』東京大学出版会、一九六三年、六三–九一頁。

（25）Burck, C., "A Group Profile of the Fortune 500 Chief Executive," *Fortune*, May 1976, pp. 172–177, 308–312.

（26）Rosenbaum, J., *Career Mobility in a Corporate Hierarchy*, Academic Press, 1984.

（27）Kingston, P. & Glawson, J., "Getting on the Fast Track: Recruitment at an Elite Business School," in Kingston, P. & Lewis, L., eds., *The High-Status Track*, State University of New York Press, 1990, pp. 231–254.

（28）Meyer, J., "Types of Explanations in the Sociology of Education," in Richardson, J., ed., *Handbook of Theory and*

Research for the Sociology of Education, Greenwood, 1986, p. 344.

（29）Illich, I., 1970, 東洋ほか訳『脱学校の社会』東京創元社、一九七七年。

（30）Burrel, G. & Mogan, G., *Sociological Paradigms and Organizational Analysis*, Hinemann, 1979, Chap. 7.

（31）Boli, J., Ramirez, F. & Meyer, J., "Explaining the Origins and Expansion of Mass Education," *Comparative Education Review*, 29, 1985, pp. 145-170, Ramirez, F., "The Political Construction of Mass Schooling: European Origins and Worldwide Institutionalization," *Sociology of Education*, 60, 1987, pp. 2-17.

（32）Collins, R., 1979, 前掲邦訳書。

（33）Meyer, J., "The Charter: Conditions of Diffuse Socialization in Schools," in Scott, W., ed., *Social Processes and Social Structure*, Holt Rinehart & Winston, 1970, pp. 564-578, Meyer, J., "The Effects of the Institutionalization of Colleges in Society," in Feldman, K., ed., *Colleges and Students*, Pergamon, 1972, pp. 109-126.

（34）Hope, K., *As Others See Us*, Cambridge University Press, 1984, p. 19.

（35）Meyer, J., *op. cit.*, 1972, p. 111.

（36）Bourdieu, P., "The School As A Concevative Force," in Eggleston, J., ed., *Contemporary Research in the Sociology of Education*, Harper and Row, 1974, p. 33.

（37）Scott, R. & Meyer, J., "The Organization of Societal Sectors," in Powell, W. & DiMaggio, P., eds., *The New Institutionalism in Organizational Analysis*, University of Chicago Press, 1991, pp. 122-124.

（38）Berger, P., Berger, B. & Kellner, H., 1973, 高山真知子ほか訳『故郷喪失者たち』新曜社、一九七七年、二九頁。

（39）Meyer, J. & Rowan, B., *op. cit.*, 1977, p. 346.

（40）*Ibid.*, p. 350.

（41）佐和隆光『経済学とは何だろう』岩波新書、一九八二年、六五―六七頁。

（42）Berg, I., *Education & Jobs: The Great Training Robbery*, Beacon Press, 1970.

(43) Meyer, J., *op. cit.*, 1977, p. 65.

(44) Jepperson, R., "Institutions, Institutional Effects, and Institutionalism," in Powell, W. & DiMaggio, P., eds., *op. cit.*, p. 146.

(45) 本書第二部第四章「就職と選抜」一四八―一五一頁。

(46) Meyer, J. & Rowan, B., "The Structure of Educational Organization," in Meyer, J. *et al.*, eds., *Environmental and Organization*, Jossey-Bass, 1978, p. 79.

(47) 本書第二部第四章「就職と選抜」註(22)(一五三頁)。

(48) 天野郁夫『学歴の社会史』新潮社、一九九二年。

(49) Yonekawa, S., "University Graduates in Japanese Enterprises Before the Second World War," *Business History*, 26, 1984, p. 194.

(50) 天野、前掲書、二六三頁。

(51)『現代就職案内』「成功」付録、一九〇五年、天野、前掲書、二六五―二六六頁。

(52)「会社員の述懐」『実業之日本』第八巻三号、一九〇五年。

(53) 天野、前掲書、二六三頁。

(54) 同書、二六三頁。

(55) Baron, J., Dobbin, F. & Jennings, D., "War and Peace: The Evolution of Modern Personal Administrations in U. S. Industry," *American Journal of Sociology*, 92, 1986, pp. 250-283, Tolbert, P. & Zucker, L., "Institutional Sources of Change in the Formal Structure of Organizations: The Diffusion of Civil Service Reforms 1880-1935," *Administrative Science Quarterly*, 23, 1983, pp. 22-39.

(56) 天野、前掲書、二六二頁、Yonekawa, S., *op. cit.*, p. 195.

(57)『実業之日本』第一二巻一五号、一九〇九年、五七―五八頁。

なおこうして導入された「学校出」と旧来の「丁稚上がり」にはしばしば確執（文化闘争）が生じた。学校出は「技芸」では丁稚上がりに劣るが「品性」では優れているとされた（岩下清周「学校出と丁稚上り」『実業之日本』第七巻六号、一九〇四年、三八二―三八五頁）が、近代の教育システムはモダニティの神話（合理主義／進歩主義）に支援されているから、局地戦では丁稚上がりの勝利（たとえば明治末期の白木屋）があっても、あるいは「学問は高等小学校くらいで充分」という「反」学校出へのささやかな対抗文化（？）が生じても、はじめから学校出に分があった（丁稚上がり！）。白木屋では学校出によるドラスティックな経営実権掌握計画（総務部長に学士、営業部長他に商業学校卒業以上の者を就任させる計画）が挫折した（『白木屋三百年史』一九五七年、三〇一―三〇三頁）が、その数年後に秘書役は学校出と小僧上りについてのエッセイで、それぞれの長所と短所との両論並立の気遣いの筆運びをしながらも最後につぎのようにいう。これからは小僧上がりも「自分は学問はないから」といって諦めるのは「甚だ宜くない」。実業講習録などで勉強することが必要である。そうすれば「鬼に金棒、必ず立身出世することが出来る」（鷹野復一「学校出の店員と小僧上りの店員との長所及短所」『実業之日本』第一六巻第七号、一九一三年、七二―七三頁）、と小僧上がりの学校出化が推奨されている。

学校化（学校出化）がすすむと、企業の中等学校出身者も「子飼」とされ、専門学校出以上が「学校出」とされる。昭和九―一〇年のサラリーマン、商店員を対象にした「学校出と子飼」調査によれば、多くの人は「子飼は将来性がなく、ある地位以上に進み得ない」「子飼は収入が少く、不利である」と答えている（星野周一郎「給料生活者の対立と発展――学校出と子飼、技術家と事務家」『大阪商科大学経済研究年報』一〇、一九三六年、一六七―一九〇頁）。

(58) 竹内　洋「学歴社会」柴野昌山編『社会と教育』協同出版、一九九三年、二六五―二六六頁。

(59) Selznick, P., 1957, 北野利信訳『組織とリーダーシップ』ダイヤモンド社、一九六三年、二二頁。

(60) 『実業之日本』第一二巻一三号、一九〇九年、一二頁。

(61) Spaulding, R., *Imperial Japan's Higher Civil Service Examinations*, Princeton University Press, 1967, p. 60. また近代化努力の開始が遅ければ遅いほど学歴主義が急速に進展するというドーアの「後発効果」（Dore, R., 1976, 松居弘道

訳『学歴社会　新しい文明病』岩波書店、一九七八年、一〇三―一一八頁）やわが国における法科支配も正統的なルールの伝播（Strang, D. & Meyer, J., "Institutional Conditions For Diffusion," *Theory and Society*, 22, 1993, pp. 487-511, Powell, W. & DiMaggio, P., eds., *op. cit.*）や取り込みの視点から再考する必要があろう。

（62）Collins, R., "Where Are Educational Requirements For Employment Highest?" *Sociology of Education*, 47, 1974, pp. 419-442.

（63）*Ibid.*, pp. 435-436.

（64）橋爪貞雄編著『学歴偏重とその功罪』第一法規、一九七六年、二八六頁。

（65）Berger, P. & Luckmann, T., 1967, 山口節郎訳『日常世界の構成』新曜社、一九七七年、一一頁。

解説　選良から治者へ――保守的転回の転轍機

井上　義和

『日本のメリトクラシー――構造と心性』（以下、本書）はさまざまな意味で画期をなす著作である。ここでは、刊行から二〇年経った現在だからこそみえてくる本書の意義について、①選抜・配分に関する研究史上の意義と、②著者である竹内洋個人の学問史上の意義に分けて述べてみたい。

あらかじめ断っておくが、本稿の力点は②のほうに置かれている。①に関する評価は、専門家のあいだである程度の共通認識が出来上がっているからだ。刊行当時から各種専門誌に掲載された書評から同時代人の受けとめ方がわかるし、問題設定や方法論的な戦略に関する突っ込んだ議論なら、苅谷剛彦による書評論文「日本のメリトクラシーはどこまで日本的か？」（『社会学評論』四七巻四号、一九九七年）とそれへの著者の応答（「リプライ　苅谷論文を読んで」同号）が刺激的である。近年では、中村高康『大衆化とメリトクラシー』（東京大学出版会、二〇一一年）の序章が「近代化とメリトクラシーのテーゼ」をめぐる研究史の整理として有益である。そのうえで本稿では、学歴社会論（選抜からみた近代社会論）の最後を飾る集大成という評価を取り上げ、その理由を一九九〇年代半ば以降の社会的文脈の変化と、本書が切り拓いた議論の水準に分けて解説する。

①に比べると、著者個人にとっての意義（②）はこれまでほとんど顧みられてこなかったように思う。そもそも現役の研究者に対しては遠慮があるし、著者が自ら過去の業績を新しい文脈で再評価するというのもやりにくい。

その点、本稿は解説論文の特権としてそうした「遠慮」は免除されるかわりに、ある程度は蛮勇をふるって論ずる責任が課されている。ここでは、竹内洋という学者の幅と深さがいずれ後世の研究対象になることを見越して、将来検証されるべき仮説のひとつとして提示しておきたい。

著者の学問史上の意義について、本稿の主張を予告するとこうなる。本書はメリトクラシーの論理的帰結と向き合った断念の書である。指導者たるにふさわしい「治者」と、メリトクラシーが生み出す能力優秀な「選良」は、どちらもエリートであるが、両者を一致させる仕組みはメリトクラシーには原理的に備わっていない。だから、これ以降竹内は「治者」を可能にする社会的条件を求めて歴史を遡行していくことになる——と。

*　*

まずは選抜・配分に関する研究史における本書の意義について。

『日本労働研究雑誌』二〇一六年四月号は「労働研究のターニング・ポイントとなった本・論文」と題する特集を組み、そのなかで堀有喜衣が本書の歴史的な位置づけをわかりやすくまとめている。堀は「本書の出版は九五年だが、研究の大半は七〇—八〇年代の時期に行われており、本書はこの時期の『学歴社会論』の最後を飾った著作」と位置づけ、若い労働研究者に向けて「試行錯誤の中で日本独自の分野として切り開かれた八〇年代までの『学歴社会論』の集大成として読んでもらいたい」と勧めている（傍点引用者）。いわば「学歴社会論」リレーの最終走者という評価である。

なお、本書は受験競争だけでなく会社組織での昇進競争までを同一の視点から扱っているから、狭義の学歴社会論というよりは選抜社会論、選抜からみた近代社会論ととらえたほうがよい（この視点はそれ以前から一貫している。『競争の社会学――学歴と昇進』世界思想社、一九八一年、『選抜社会――試験・昇進をめぐる〈加熱〉と〈冷却〉』メディアファクトリー、一九八八年など）。本書は一九九六年に第三九回日経・経済図書文化賞を受賞しているが、教育分野だけでなく経済・経営分野の専門家の注目を集めたのは、こうした領域横断的な問題設定によるところが大きい。

なぜこれが最後で、集大成なのか。第一の理由としては、社会的文脈の変化が挙げられる。本書にとっては外在的な事情である。すなわち教育上・職業上の選抜が社会成員を最大限巻き込んで焚きつける「マス競争状況」（本書四頁）のリアリティが、九〇年代半ば以降に急速に失われたため、本書以後の選抜・配分研究の関心が、社会成員を分断する格差や貧困に向けられていった。堀の説明はこちらに近い。また本書が刊行された一九九五年は、しばしば日本社会にとっての「歴史的転換点」として回顧される年でもあり（中西新太郎編『１９９５年――未了の問題圏』大月書店、二〇〇八年）、二〇〇〇年代以降の言説空間においては何かの終わりや始まりを語るための境界線として設定されやすい。

そうした文脈では、本書も「終わり」の象徴として呼び出されることになる。社会的排除を問題視する立場からは、本書は人びとが学校と会社に包摂された（幸福な！）時代の産物にみえ、また能力観の変容を問題視する立場からは、本書が前提にする近代社会はゲームの規則がシンプルな（幸福な！）社会にみえてしまうからである（本田由紀『多元化する「能力」と日本社会』ＮＴＴ出版、二〇〇五年など）。次に控えていた走者たちが慌てて新しいバトンを持って走りだした結果、著者が最終走者になってしまった。

第二の理由としては、本書が切り拓いた議論の水準が挙げられる。「集大成」の本質的な意味はここにある。本書は日本の「マス競争状況」を可能にした社会的条件について、教育と職業を貫く選抜システムに照準しながら、論理的に解明する。メリトクラシーに関する社会学的研究においては、通常、メリット（能力）の中身やその階層差に関心が向けられるが、本書はそれらから相対的に自律した選抜システムという水準を一貫して問題にする。つまり能力の中身にかかわらず、そして階層差の有無にかかわらず成り立つ議論を展開している。そのうえで、なぜ能力基準が変化するのか、なぜ階層差が隠蔽されるのかが、選抜システムの自己保存運動として説明される。そのような説明は、選抜システムの水準と能力や階層差の水準とがはっきりと分離されたことで可能になった。

さらに、これによって、選抜システムの機能が、社会的文脈に応じてどのように変化するのかという歴史的な分析もできる。メリトクラシーの「変容」を問題にする際にも、何がどう変化しつつあるかを測るためのメートル原器となりうる。前述の外在的な諸事情のなかにあっても有効性を失わない水準なのである。本書が――「終わり」の象徴ではなく本来の意味での――古典として繰り返し参照されるべき理由がここにある。ただ、こうした抽象水準を行き来する理論的思考は、格差や貧困などの眼前のリアルな不幸にまっすぐに向き合おうとする態度とはなかなか両立が難しい。その意味では、前掲の中村高康（『大衆化とメリトクラシー』）は本書の議論の水準を正しく引き継ぐ数少ない次世代走者のひとりといえる。

本書が著者自身の学問上の画期（②）をなす著作であるというのは、まずはこうした選抜・配分研究史上の画期（①）と重ね合わせて了解することができる。もうこのテーマでやりたかったことは十分にできた、そんな納得の気持ちもあったはずだ。じっさい、本書を最後に受験や昇進などの選抜研究からは距離をおき、これ以降『立身出世主義――近代日本のロマンと欲望』（日本放送出版協会、一九九七年）、『学歴貴族の栄光と挫折』（中央公論新社、一九九九年）と主なフィールドを歴史に定めて、立身出世や旧制高校などの「教育の近代化遺産」を発掘する作業に没頭していくようにみえる。もっとも、『日本人の出世観』（学文社、一九七八年）で単著デビューを果たし、広く一般読者を獲得した出世作が『立志・苦学・出世――受験生の社会史』（講談社現代新書、一九九一年）であるように、もともと歴史は著者の得意とするフィールドなのである。

しかし、だからといって、選抜社会論はもう十分やったから歴史研究に戻った、と捉えるのは表面的な見方である。重要なのは、どのような論理的必然性をもって、九〇年代後半からふたたび歴史に向き合ったのか、である。それは、二〇〇〇年代の格差社会論の流行とともに、メリトクラシーの現代的変容をテーマに選ぶこともできたにもかかわらず、著者がそれをしなかった理由でもあるはずだ。

＊　　＊

ではいよいよ著者・竹内洋の学問史における本書の意義についてである。

本書は刊行の前年、京都大学に学位論文として提出され、一九九五年三月に博士（教育学）の学位が授与されている（京都大学学術情報リポジトリにて公開）。学位論文をもとにした著書の出版にあたっては、その旨を明記するのが業界のならわしであるところ、本書の「あとがき」にはそれが書かれていない。それは著者一流の美学であろうが、うがった見方をすれば、本書を自らの学問の集大成として位置づけるのを――意識的にか無意識的にか――強く拒んでいるのではないか。いまその理由を本人にたずねても、とくに深い意味はないととぼけられそうだが、もちろん額面通り受け取ることはできない。

一九四二年生まれの竹内洋は本書を刊行したとき五三歳。受験・選抜・立身出世などのテーマで多くの業績を残し、すでにその道の第一人者と認められていたから、本書をいちおうの集大成として、その後を余生として「守り」に徹したとしても、誰も咎めはしないだろう。しかし竹内の研究人生はここから「攻め」に転ずるのである。

『学歴貴族の栄光と挫折』から『教養主義の没落』(中公新書、二〇〇三年)、その後の知識人論や革新幻想論に連なる、いわば保守的テーマの系譜である。それは立身出世論の続編としてではなく選抜社会論のなかから出てきた、というのが本稿の見立てである。竹内の研究人生にとって保守的転回の転轍機の役割を果したのが『日本のメリトクラシー』だった。

本書の結論にあたる第七章は、それまでの経験的分析をふまえた日本型メリトクラシーの理論的総括となっている。とりわけ先に述べた「本書が切り拓いた議論の水準」が最も研ぎ澄まされたかたちで再演されるのが二節(「日本型疑惑と戦略」)であり、欧米と比べて特異な「マス競争状況」をもたらした、精緻で巧妙な選抜システムの秘密が解き明かされる。本来なら、ここで議論が終わってもおかしくない。

しかし、このあと、それまで理論的洗練のために禁欲してきた問題意識がせり出してくる。三節(「生成される人間像」)で日本型選抜システムが論理的に帰結する心性――長期的野心の蒸発と解体、精神の官僚制化――について論じ、続く四節(「メリト・イデオロギーの揺らぎ」)で社会的文脈の変化と関連づけながら選抜システムの空洞化――豊かさのアノミーと「ハプニング」的成功観の台頭――を論じて終わるのだ。学位論文の結論の終わりでは、おのれの至らなさを省みて残された課題を述べるのが、業界のならわしである。ところが本書は次のような警世の句で結ばれている。

豊かな社会のアノミーと台頭するハプニング的成功観は、メリト・イデオロギーの狼狽をもたらすものだ。社会学的疑惑探し(葛藤理論や増幅効果論)からの攻撃よりも手強い。受験レースや昇進レースはほぼすべての人を捕らえマス競争社会をもたらしたが、その内実は意味と情熱を欠き、空洞化し、業績主義イデオロギーの信仰も揺らいでいる。野心と熱情なきディスタンクシオン・ゲームはいつまでもつづくだろうか……。

どうみても集大成の結語ではない。自身の研究の限界を省みている暇などない。日本型メリトクラシーの限界を顧みるならば、これで研究を終われるわけがない。メリトクラシーの研究に満足したから次のテーマに移ったのではない。メリトクラシーの論理的帰結と真摯に向き合うなかで必然的にやらねばならないテーマが降りてくる。竹内の場合、それが「治者」の問題であった（治者は竹内の言葉ではないが、九〇年代後半以降の保守的転回を説明するキーワードとして以下で用いる）。

＊

『日本のメリトクラシー』のあと数年間の竹内の問題意識の所在を知るには、書き下ろしの単著よりも、雑誌や新聞への寄稿文をまとめた論集『大衆モダニズムの夢の跡――彷徨する「教養」と大学』（新曜社、二〇〇一年）が好都合である。教養・エリート・旧制高校などの歴史的なテーマがいかに現代的《アクチュアル》な課題と結びついているかを、一般読者にもわかりやすく提示しているからだ。

そのなかで「ゼネラリスト・エリート」と「スペシャリスト・エリート」の区別の重要性が説かれている。前者（ゼネラリスト）は行政官や政治家・経営者などの社会的指導層を、後者（スペシャリスト）は科学者や芸術家、スポーツ選手などの専門特化した才能を指す。どちらもエリートとして括られるが、それを育成する教育の在り方はまったく異なる。近年の教育改革では、後者を念頭に置いた創造的才能教育の推進は提案されるのに対して、前者の指導者教育はほとんど議論されることがない。なぜか。日本のメリトクラシーは受験競争を大衆化したかわりに、受験で証明される能力を割り引いて評価する（増幅効果への疑惑！）。そのため受験エリートは自尊と自卑に引き裂かれ、自分がいかに普通人であるかという証明に強迫的になる。こうした日本的な文脈では、指導者教育の議論をタブーにしたまま創造的才能教育ばかり持ち上げるのは、世間の受験エリート悪玉観と結託した教育ポピュリズムにほかならない。竹内が問題視するのはまさにこの点であって、エリート教育の不在ではない。

さて、この二種類のエリートの区別をふまえて、選良と治者という、もうひとつの区別を導入したい。選良と治者はどちらもエリートで括られるが、両者の意味は同じではない。選良とは選ばれた優秀な人である。試験や選挙などの公正・公平な選抜システムによって「ふさわしい能力と業績」が評価され、その社会的地位が正当化される。それに対して治者とは、辞書的には「統治者、主権者、権力者」のことであるが、政治学以外の文脈でその語が選ばれるときには「ふさわしい人格と教養」という儒教的なニュアンスが加わる。そこに能力とか業績といった要素はない。

ゼネラリスト／スペシャリストが職務内容に対応しているのに対して、選良／治者は選抜システムの内部と外部の区別に対応している。すなわち、選良は研鑽の動機づけも業績の評価もほぼ選抜システムの内部でまかなわれる。治者の場合は、その地位に到達する過程の一部は選良と重なっていても、治者たるに「ふさわしい人格と教養」の形成は選抜システムそのものの守備範囲を超えている。ゼネラリストに分類される官僚も、選抜システムの内部にとどまるかぎり治者とはいえない。その場合の論理的帰結は、「長期的野心の蒸発と解体」である。逆に、スペシャリストに分類される科学者も、選抜システムを相対化する治者となりうる。

マス競争社会をもたらした巧妙な選抜システムを備えた日本のメリトクラシーにおいて、それでもなお「治者」を可能にする社会的条件とは何か。それが問題である。

＊　＊

治者は文芸評論家の江藤淳が『成熟と喪失――〝母〟の崩壊』（河出書房新社、一九六七年）で用いたキーワードとしても知られている。そこでの江藤の主題のひとつは、治者を支える権威がなくなった時代において治者という「不幸な役割」を引き受けることの困難、であった。上野千鶴子はそれを「だれもあんたに、『父』になってくれなんて、頼んだ覚えはないわよ」とその「ひとりよがりの喜劇」を痛罵したが（講談社文芸文庫版解説）、それは被治者に迎合するポピュリズムというものだ。

江藤における治者の原イメージは「不寝番」である。寝室にムカデが出るから家族が安心して眠れるように、不寝番の見張りを家長の自分が引き受ける、という庄野潤三『夕べの雲』の挿話に依拠している。誰も交替してくれない孤独な役割である。好き好んで、あるいは頼まれて（ましてや選ばれて）引き受けるのではない。最小限の秩序と安息とを自分の周囲に回復させるために孤独な不寝番たろうとする者――それこそが江藤のいう治者にほかならない。

> なにものかの崩壊や不在への「恐怖」のために、人は「治者」の責任を進んでになうことがある。しかし「治者」の、つまり「不寝番」の役割に耐えつづけるためには、彼はおそらく自分を超えたなにものかに支えられていなければならない（『成熟と喪失』ＸＸＸＶ章、傍点原文）。

不寝番を引き受ける当初の動機は、危機が迫っているとか、みんなの役に立ちたい、といった素朴な正義感かもしれない。しかしそれだけでは、不寝番の孤独に耐え続けることはできない。それを支える「自分を超えたなにものか」が必要である。それは能力への自負心でもなければ、業績への社会的承認でもない。そんな儚いものは頼りにならない、と江藤ならいうだろう。「自分を超えたなにものか」は「メリトクラシーを超えたなにものか」であり、あるいは「〈いま・ここ〉の評価を超えて、時間の経過に耐えうるなにものか」でなければならない。

メリトクラシーの文法では、治者＝不寝番を支える条件を記述することは、原理的にできない。では、メリトクラシーが浸透する近代社会において、治者が存在しなかったかといえば、そうではない。たとえば、前近代の武士階級や町村自治の指導層は選良ならぬ治者の再生産を、世襲身分を前提におこなっていた。その治者の身分文化は、世襲制度が解体された後も、家庭教育や親族ネットワークのなかで私的に継承されてきた。あるいは、都市と農村に象徴される経済的・文化的な落差は、近代化過程において拡大してから一九六〇年代を境に縮小に転ずる。この落差が大きいとき、メリトクラシーの階梯を上昇してきた選良は、おのずと「自分（の能力と業績）を超えたなにものか」への負い目を抱える。この落差への負い目が、高等教育を受ける学生の多くを左傾化させ、選良から治者へと脱皮する契機となった。教養主義も、落差ゆえの輝きで人びとを惹きつけた一方で、こうした治者の再生産を支えるメリトクラシーの外部条件を補完するものとして機能したといえる。

これらは、葛藤理論からすれば、「メリトクラティックな選抜過程が階級文化を密輸している」とみなされ暴露と批判の対象になる。しかしそれは裏を返せば「治者の再生産に際して、メリトクラシーは階級文化にただ乗り（free riding）してきた」ということでもある。都市と農村がかぎりなく平準化し、私的に継承されてきた階級文化もやせ細り、それを補完してきた教養主義も没落してしまえば、これ以上ただ乗りで持ちこたえるのは難しい。竹内の保守的転回はここから出発する。

江藤淳は一九九三年に講談社文芸文庫版によせた「著者から読者へ」という文章で、「〝母〟の崩壊と〝父〟の不在という、一九六〇年半《ママ》ばには文学作品の作品空間にだけ描かれていた虚構上の現象は、以後ほぼ三十年のあいだに日本ではごくありふれた一般的社会現象となり、定着した」と振り返っている。その観察は、治者＝不寝番についても、あてはまるはずだ。

竹内洋は日本のメリトクラシーを探究するなかで、江藤の問いのバトンを受け取ってしまったのである（ちなみに竹内の愛読書は江藤ではなく福田恆存である）。教育社会学者はおろか、教育学者・社会学者を含めても、江藤のバトンを受け取るものは稀である（その歴史的な背景については『革新幻想の戦後史』中央公論新社、二〇一一年をみよ）。そしてこれは孤独な不寝番のバトンでもある。好き好んで、あるいは頼まれて受け取るのではない。竹内を支える「自分を超えたなにものか」が何なのか、それはわからないが、『日本のメリトクラシー』のあと二〇年以上も途中で放り出すことなく、その役割に耐え続けている。今度は最終走者にしてはならない。そろそろ竹内のバトンを受け取る世代が出てきてもよい頃である。

（いのうえ・よしかず　帝京大学准教授・教育社会学）

あとがき

本書はいくつかの機会に発表した論文を大幅に加筆して構成されている。本書と初出論文との関係はつぎのようである。

第一章　「教育と選抜」柴野・菊池・竹内編『教育社会学』有斐閣、一九九二年。
第二章　『社会的選抜過程における冷却（cooling-out）の構造と機能に関する実証的研究』昭和六二・三年度文部省科学研究費研究成果報告書、一九八九年、I―II章。
第三章　"Myth and Reality in the Japanese Educational Selection System," *Comparative Education*, Vol. 27, No. 1, 1991.
第四章　「高等教育と労働市場――学歴・ねじれ効果・市場能力」『教育社会学研究』第四五集（一九八九年）。
第五章　『社会的選抜過程における冷却（cooling-out）の構造と機能に関する実証的研究』前掲報告書、III章。「日本型人事の戦略」内橋克人他編『会社人間の終焉』岩波書店、一九九四年。
第六章　「職業高校の学校内過程――X職業高校調査から」『京都大学教育学部紀要』三三号（一九八七年）。
第七章　「日本のメリトクラシー――疑惑・戦略・狼狽」『岩波講座　社会科学の方法8　システムと生活世界』岩波書店、一九九三年（『パブリック・スクール――英国式受験とエリート』講談社現代新書、一九九三年、第六章を部分的に組み入れている）。

本書で言及した調査に協力していただいた学校や企業の担当者の方々には、調査の実施からデータの提供など身にあまるご助力を得た。質問紙調査や聞き取り調査では多くの人々のご協力をいただいた。調査校や調査企業の匿名性を維持するためにご氏名を書くことができないが、この場をかりてあらためて感謝の言葉を述べさせていただくとともに、本書をこれらの人々への感謝のささやかなしるしとさせていただきたいとおもう。経験的研究は料理と同じで料理人の包丁さばきだけではいかんともしがたいところがある。料理は材料のよしあしにかなり依存する。材料の鑑識眼もいるから、材料待ちだけでもいけないのだが、材料が貧困であればお手上げである。その意味で本務のお仕事が多忙なときにわれわれの無理な注文を聞いていただき、豊富な材料を快く提供してくれた人々のご好意を忘れることができない。もっとも料理人たる筆者の鑑識眼や包丁さばきのほうがそれに見合っていたのかどうか？　読者のご判断とご批評にまちたい。

本書で言及している調査のうち第三章で引用した中学・高校生調査や第六章の職業高校調査などは京都大学教育社会学研究室の助手や大学院生諸君と共同でおこなったものである。熱い夏の日の授業参観や質問紙作成のための合宿などいまとなっては懐かしい。思い出とともにお礼を述べておきたい。本書をまとめるにあたっての資料の整理や作成には京都大学教育社会学研究室の藤村美穂・朝隈知子さんに、校正の段階では山口健二助手にお世話になった。

最後になってしまったが、企画から本の完成にいたるまで御相談をいただき、ご足労をいただいた東京大学出版会の佐藤修さんに厚くお礼申し上げたい。

一九九五年六月

竹内　洋

オンリー・イエスタディ——増補版あとがきにかえて

本書の元版である原著が刊行されたのは一九九五年である。歴史的視点をいくらか加えているものの一九八〇年代後半から九〇年代前半の日本社会を準拠に「マス競争状況」という大衆的メリトクラシーの構造と心性について社会学的分析をしたものである。しかし、この増補版ではじめて接する若い世代にとっては、第一部の「分析視角」はともかく、第二部の「経験的分析」はいまから四半世紀前の受験競争や昇進競争についてのものだから、リアリティに欠けるところがあるかもしれない。そこで本書が対象とした時代をいくらかさかのぼりながら本書の対象である二〇世紀末のマス競争状況をもたらした時代風景についてふれておきたい。本書の経験的分析が準拠にした時代を実際に受験競争などでリアルタイムに経験したことがある読者にも、その前史を知っておくことは、本書の理解をよくすることに役立つかと思う。

本書でいうマス競争状況のはじまりを象徴するのが、学歴社会という用語の誕生である。『広辞苑』に「学歴社会」という語が掲載され、「職業や社会的地位・収入、さらには人物の評価までが学歴によって決められる社会」という語釈が掲載されるのは、一九八三年（第三版）である。しかし、「学歴社会」という用語はそれより前から使われていた。すでに一九六六年には学歴社会を題名にした書物（『学歴社会と教育』岡田真著、大明堂）が出版されている。一九七四年五月三一日の『朝日新聞』の「みんなでかんがえよう」には、「人間の値打ちが、人格とか能力・技術など、その人間の内側にあるものとは直接には無関係な、学歴という一種の肩書で決定される〝学歴社会〟」とある。学歴社会という用語は、六〇年代後半に登場し、七〇年代に一般に使われるにいたったと推測される。

「学閥」や「学歴」という言葉は明治時代から使われてきたが、「学歴社会」という言葉は管見の限り戦前社会にはみられない。たとえ見つけたとしても、一般的に使われていた言葉ではない。というのも、学歴が大事だという意識は近代産業や官公庁・学校に勤めるホワイトカラーなどを中心とした一部の人々のものだった。あるいはせいぜい子どもの学歴獲得に熱心なホワイトカラー、そして近代産業に勤める一部の熟練労働者などの意識だった。多くの庶民は、農業や漁業、商業、職人など学歴と無縁に生きていくことができる在来産業という生業《なりわい》の世界に生きていたから、学歴のリアリティは乏しかった。そういう世界では「学問をすると生意気になる」とか「学問は商売の邪魔になる」と言われていたほどである。

一九四〇（昭和一五）年でみると、第一次産業は就業人口の四四％にのぼり、ホワイトカラー（事務・専門・技術）は、一〇％にすぎない。第二次産業や第三次産業に分類されても、近代産業ではなく、建具屋やブリキ屋、料理飲食店などの在来産業が少なくなかった。しかし、戦後日本の経済の高度成長とその影響はすさまじかった。一九五四年からオイルショックの七三年までの年平均実質経済成長率（前年比）は一〇％だった。これは戦前日本の成長率の四倍、同時期の欧米の成長率の二倍であるから、戦後のこの二〇年間がいかに大変動の時代だったかがあらためて確認できるはずである。こうした大変動によって、産業・職業構造が大転換し、在来産業が縮小し、近代産業の割合が増加した。近代産業は、増補版の本書所収の補章（「学歴社会をめぐる伝統的アプローチと制度論的アプローチ」）でふれた技術機能主義（人的資本論）にせよ、制度論的正統化（正統なルールの採取）にせよ、学歴を重視する。かくて多くの人々が学歴を重要とみなす学歴社会化が進んでいく。「学歴社会」という用語が一九七〇年代に一般化した所以である。

そのような時代の曲がり角を知るうえで興味深い作文がある。私の母校新潟県佐渡島（現・佐渡市）の両津高等学校校友会雑誌『石楠』（第一四号、一九六一年）に、私より三学年下で当時高校二年生の女子生徒の作文（「富んでいても貧しくとも」）が掲載されている。彼女が高校進学を決意する一九五九年から六〇年前後のことが書かれている。一九五九年は経済の高度成長という大変動時代がはじまった五年後だが、地方の、とくに彼女や私が育った佐渡島のようなところはまだまだ貧しさを残していた。

女子生徒は、高校進学を望んでいたが、当時の佐渡島は道路が整備されていなかったから、彼女の住んでいる村から高校進学をするには、町に出て下宿をするか部屋を借りて自炊生活をしなければならなかった。現金収入の少ない農家ではそのための費用を工面するのは難しい。そんなこともあってか、彼女の祖母は「女の子が高校までゆかんたつて世の中へ出て針一本持てない、着物一枚縫えないつたらそれこそ恥ずかしい事だ、和裁でも習つたらどうだつちやあ」と言う。母親も「その方がいいじや」と祖母の言に同調する。「家の者なんて今の世の中知らんくせに」（傍点引用者）と女生徒は不満に思うが、どうにもならない。やがて先生の配慮で日本育英会の特別奨学金を得、進学が可能になった。ところが、村人は道路工事仕事仲間の母に「久ちやん（作文を書いている女子生徒――引用者）国の金借りて高校へ行くんだあつうねかつちや、なにを女の子だし借金してまで学校へやらんたつて」と言う。あっちでもこっちでも話の種になる。女生徒は、そんな村人について誰一人として「よかったのう」というものはいない、「なんてなさけない大人達なんだろう」と書いている。たしかに彼女が「なさけない大人達」と書くのは無理もないが、村に生きてきた共同体的身体にとっては、学歴志向身体は異物で危険である。村人の非難は共同体的身体の側からの防衛の表出だと解される。「女の子だし」という言葉もあるからジェンダー規制も働いている。学歴社会化の波が村の生活共同体に引き起こした軋みから生まれた非難や陰口である。作文はそのあと、母親と女子生徒との会話を綴っている。

「お前そんな事言われても高校へ行つてえかつちゃ」とこんどは私をみつめている。「母さはおら達にも百姓《ママ》させたいと思う?」と聞く、好んでさせたいとは思わないが、百姓《ママ》はきらいではないと答える。たしかにそうだろう。好んでなかつたら毎日のあんなせわしい生活に耐えられないはずだ。私も百姓きらいではない、しかし自分の一生を農村で送りたくはない。こんな狭い人間関係がいやなのだ。もつと広く学びそして遊び働きたいのだ。「うんおら誰に何を言われてもいいんだ。高校へ行きたいんだもん。母さん達の時とは世の中が違つて勉強しんけにゃ食つて行けんだや」。

女子生徒はこのあと高等学校で学ぶことの喜びを語っているのだが、女子学生の向学心と同時に「母さん達の時とは世の中が違つて勉強しんけにゃ食つて行けんだや」という言葉に、学歴がしだいに生きてゆくために重要な手段に思われてきたことがあらわれている。この女子生徒の場合は周囲の進学反対を押し切っての進学だったが、同じ佐渡島であるが私が住んでいた町（両津町）のほうは、自宅から高校に通えることもあって、せめて「高校までは行きたい」や「（子どもを）高校まではやりたい」というのが多数派になりはじめていた。彼女が高校進学した一九六〇年の全国の高校進学率は五七・七％（男五九・六％、女五五・九％）、大学（短大含）進学率一〇・三％（男一四・九％、女五・五％）だった。

この女子高校生の作文が掲載された翌年の一九六三年に東京地区と大阪地区の中学二年生に「将来なりたい職業」を聞いた読売新聞調査（同年六月二七日夕刊）がある。対象生徒は一九四八年前後生まれの団塊の世代（一九四七—四九年生まれ）である。東京と大阪の調査といっても、山の手や団地だけでなく、農村、下町、商業地区も含まれている。男子の一位でもっとも多いのがサラリーマン、女子の一位ではBG（OL）である（BG〔ビジネス・ガール〕は、大企業に勤める女子事務員の呼称として一九四九年に女性雑誌に登場しひろまった用語であるが、のちにアメリカの俗語で売春婦を意味するという指摘があり、以後オフィスレディの頭文字OLが使用されるようになった）。一位に技術者や医師、主婦が挙げられた地域でもサラリーマンとBGが二位になっている。サラリーマンが多い山の手や団地の子どもの「なりたい職業」でサラリーマンやBGが一位に挙げられても不思議はないが、在来産業の多い農村、下町、商業地区でも近代産業従事者であるサラリーマンやBGを選ぶ生徒が多くなっている。

いまふれた調査対象者の世代やさきの作文の女子生徒、そして私のような世代、つまり団塊の世代とその近傍の世代は、職業移動・地理移動・学歴移動が連動して大量におこりはじめたモビリティ革命世代である。そこでこの世代を一九四六—五〇年生まれの「子の世代」（第二世代）として、その「親世代」（第一世代）を仮に一九一〇—二〇年生まれとして、それぞれの三五—三九歳時点での「職業構成」「東京圏集中率」「中等／高等教育進学率」を比較したものが表である。

職業構成（男）をみると親世代（三五—三九歳）においては、農林漁業が二八％と多いが、子世代（三五—四〇歳）になると、四％に縮小している。代わってホワイトカラー（二二—二九％）や販売職（一二—一八％）、ブルーカラー（二九—三六％）が拡大している。子世代が小学生あるいは中学生だったころからはじまった経済の高度成長によって子世代のかなりがホワイトカラーや販売職として吸収された。子世代の高卒者でブルーカラーになっ

表　職業構成等の世代間推移（単位：%）

		第一世代（1916-20年生）		第二世代（1946-50年生）		第三世代（1971-75年生）	
		男子 35-39歳	男女就業人口全体	男子 35-39歳	男女就業人口全体		
職業構成	ホワイトカラー	22.4	15.7	28.7	32.3		
	販売職	11.5	10.7	17.8	14.3		
	ブルーカラー	28.8	24.1	35.9	31.4		
	農林漁業	27.5	40.4	3.6	9.2		
東京圏集中率（東京・神奈川・埼玉）		16（男女35-39歳）	14.8（人口全体）	21.9（男女35-40歳）	20.8（人口全体）	25.9（男女20-24歳）	21.3（人口全体）
進学率（男女）	中等教育	30.3		74.7		94.1＊	
	高等教育	6.2		22.2		38.2＊＊	

出所：「国勢調査」昭和30年，同60年，「青少年白書」などによって集計作成.
注：＊1988年高校進学率.　＊＊1991年大学・短大・高専進学率.

た者も少なくはない。一九六五年の高卒者（男子）就職でみると、ホワイトカラー二五%、販売一四%、ブルーカラー三九%である。しかし、ブルーカラーとホワイトカラーとの賃金格差が縮小し、職場のオートメーション化などによって仕事内容もホワイトカラーと接近した。高度成長下の大企業ブルーカラーは、生活文化的にもホワイトカラー化した。すでに一九六〇年代後半にはブルーカラーの家庭でもお茶ではなくコーヒーが飲まれ、ステレオや洋酒セットの入ったサイドボードのある生活をはじめていた。ホワイトカラーや販売職に就いた者はいうまでもなく、大企業ブルーカラー職に就いた者でも第一世代つまりかれらの親世代の農林漁業や在来産業における労働内容と生活様式から比べてはるかにホワイトカラー的生活に近づいている。

第二世代が親になりはじめた一九七〇年代には一億総中流化がいわれる。総中流意識の重要な培養器となったのが、在来産業従事者を含む多数の生活様式のホワイトカラー化＝モダン・ライフ化であった。戦前はホワイトカラー的生活様式を享受する者の就労人口に占める割合は一〇%強を越えなかった。しかし、いまやモダン・ライフ＝ホワイトカラー的生活様式は近代産業従事者であるか在来産業従事者であるか、また職業・学歴によって程度の違いはあっても大衆の生活様式に浸透したのである。モダン・ライフはいわゆる近代家族で営まれ、教育家族＝受験家族の特質を内包している。団塊ジュニア（一九七一―七五年生まれの第三世代）は、濃淡はあるにしても、こうした教育家族＝受験家族という定位家族によって生育した世代である。

ここで、第一世代と第二世代の進学率（男女）をみると、第一世代の旧制中学校などの中等教育進学率が三〇％、高等教育進学率が六％であったときに第二世代ではそれぞれ七五％（中等教育＝高校）、二二％（高等教育）と格段の上昇をしている。このころ高等学校に進学した生徒の親の七割は義務教育程度の教育しかうけていなかった。大学進学した者の親のほとんどは大卒ではない。団塊の世代よりすこしだけ年長になるが、一九六五年度の関西大学学生調査（第一部）で学生の保護者の学歴をみると四一％の保護者は小学校ないしは高等小学校卒である。これに旧制中学校などの中等教育をあわせると、七六％の親が中等教育以下の学歴である。第三世代である団塊ジュニアの進学率は、中等教育九四％、高等教育三八％とさらにあがる。

進学率の上昇は、受験競争をヒートアップさせ大衆受験社会が誕生する。ここでいう第三世代の団塊ジュニアが誕生するころにはこうした大衆受験社会がすでにはじまっていた。七〇年代に「輪切り」といわれる高等学校の総序列化が進んだ。商業高校や工業高校、農業高校などの職業高校が普通高校の序列の下に組み込まれはじめるのもこのころからである。七五年には「高校入試に跋扈する偏差値」のような偏差値バッシング記事が登場するようになる。同じことは大学入試にも生じた。週刊誌が大学合格者高校別一覧などの受験関係記事を頻繁に登場させるようになるのもこのころからである。受験は国民的行事となり、外国人学者に日本の入学試験は「国民的オブセッション」(Thomas P. Rohlen, *Japan's High Schools*, University of California Press, 1983) といわれるようになっていた。一九七五年の高校進学率は九一・九％（男九一・〇％、女九三・〇％）、大学（短大含）進学率は三七・八％（男四三・〇％、女三二・四％）である。

そして、〝いい学校、いい会社、いい人生〟が人生航路モデルとしてひろがる。さかのぼれば、これは戦前から高等教育卒業者の人生航路モデルだった。たとえば一九二八（昭和三）年に早稲田大学教授はつぎのように書いている。

今日の多くの青年は、此の様な人生の道を歩むのが、最も正常なことゝ考へて居るらしい。中学、専門学校、就職、サラリーマン。（中略）現代の青年が滔々として、このサラリーマンに成りたがるのは、何故であらうかと云ふと、これは我国固有の事情によるものだ。つまり我国では出世といふことは、官吏となることであつた。会社組織はやゝその外観が役所に類似する、そこで青年は役所か会社か、いずれかに職を求めようとする。然し役所には地位の制限がある、そこで青年は多く会社に勤めようとするのだ。

この勢はまことに激げしい。サラリーマン養成所としての大学、及び専門学校には、無数の学生が集まる、さうして毎年多数の卒業生が輩出する。今日では供給が過剰で、就職をするのには、一通りや二通りの苦労ではない。この就職難の根本原因は、全く我国の人々が、出世の観念に於て、根本的に錯誤を有するに起因する（出井盛之「大学専門学校卒業者の三大敵」『実業之日本』三一巻二一号、一九二八年）。

こう書かれたときは、同年齢の数パーセントの高等教育卒業者たちの人生モデルにすぎなかった。しかし、高等教育の大衆化と産業構造の変化によって、これが多くの人のモデルとなったのである。この人生航路モデルは四年制大学進学を目指す者や卒業者のしかも男子を中心としたものではあったが、その航路を歩めなかった者は、結婚によって誕生した生殖家族にこの人生航路モデルを取り入れた教育家族とし、このモデルを次世代に引き継いだ。しかもこの人生モデルはしだいに手の届く実現可能性の高いものになった（人はもう少しで実現可能なことを望む！）。

というのは、戦前はいうまでもなく、戦後でも高度成長時代以前では、大企業に入社できるのは主に東大をはじめとする帝国大学や一橋大、東工大、早大、慶大、銘柄官立高等専門学校に限られていた。非銘柄高等専門学校や早大、慶大以外の私大卒業生が大企業に入社するのは難しかった。ところが、戦後の高度成長によって中小企業が大企業になり、大企業が一層巨大化し、大量採用が生じた。その結果、私大卒業生も大企業に大量に採用されるようになったからである（拙論「日本の成功の夢」『研究双書第48冊　意識変容の社会学的研究』関西大学経済・政治研究所、一九八二年）。一九九二年大卒・大学院修了男子の上場企業就職率は四二・六％にもなる。本書は、このような受験競争と人生モデルのひろがりがそのピークを示した時代を準拠としている。

原著をまとめたころには、いまでも多分にそうであるが、選抜問題の研究は、学歴獲得競争は教育社会学者の、企業などの組織体における昇進競争は労働経済学者の内部労働市場論の領分として棲み分けされていた。教育社会学者の領分はせいぜい就職までだった。しかし、企業入社まではなく、就職後の昇進競争にまで対象を伸ばし、同じ物差し（社会学理論や分析概念）で分析してこそマス競争状況の全容とそれにもとづく日本型メリトクラシーの構造を把握できると考え、本書のような構成となった。研究対象のウイングを広げた関係で専門外の労働経済学の書物や論文を読み、勉強することになったが、視野がひろがり、選抜に関する社会学の分析枠組を練磨するのに役立った。マス競争状況についての分析を学歴獲得競争にとどまらせず企業の昇進システムにまでのばすことで、見えてきたことは多い。傾斜的選別やリターンマッチを制度化するリシャッフリング（ご破算型）選抜規範など学歴獲得競争と企業の昇進競争の構造が驚くほど似ていることを知り、日本型選抜システムの狡知を感じるほどだった。原著は幸い多くの書評に恵まれ、教育社会学という学問をこえて労働経済学者などにも興味をもって読んでいただいたことは望外の喜びだった。

原著とその増補版である本書は、近代日本のメリトクラシーというプロジェクトの完成期を描いていることになるが、まさしく完成は終わりのはじまりである。九〇年代から少子化という人口変動やバブル経済の崩壊と経済の長期不況がはじまる。少子化は受験志願者数の減少であり、偏差値受験体制という大衆受験圧力釜社会の変動をもたらしはじめた。長期不況のはじまりは、就職氷河期という言葉を生んだ。大手企業の倒産や合併、リストラも目立つようになり、成果主義人事もすすむ。正規雇用と非正規雇用の分断的選抜がおこりはじめ、格差がキーワードになる。キャリアーの不透明性が増した。

しかし、原著と本書増補版が扱っている近代のメリトクラシーの完成が過去の選抜文化の成熟形であるように、その崩壊も近代の完成したメリトクラシーが孕んでいた矛盾の顕在化である面も大きい。近年の反知性主義やポピュリズム、反エリート主義なども、本書「結論」でふれたメリトクラシーが隠し持っていた下剋上の欲望が、メリトをめぐる定義闘争（身分→学歴→真の能力）への駆動段階からメリトクラシーとメリトクラートそのものを下剋上の対象にしはじめた最終戦に転換しはじめたものとみることもできるからである。

原著刊行後二〇年たった今、増補版の本書がどういうインプリケーションをもつかは解説の労をとっていただいた井上論文を参考にしていただきたいが、原著刊行以後の学歴や受験をめぐる変化についての著者の見解は、講談社学術文庫版『立志・苦学・出世――受験生の社会史』の「アフター大衆受験圧力釜社会論――学術文庫版あとがきにかえて」を参照願えたら幸甚である。なお増補版の本書には原著刊行と同時期に書かれた論文「学歴社会論再考――伝統的アプローチと制度論的アプローチ」（『現代社会学研究』一九九四年）を修正・加筆して補章として加えた。近代社会はなにゆえ学歴社会化するかの論稿であるが、学歴社会の揺らぎや崩れ方も、さきの下剋上の欲望の最終戦のあらわれとしてみ、同時に学歴社会化の論理を裏返す（制度の液状化！）ことで見通すことができるはずと思う。その意味で補章についても現在的に読み直し可能と思うのである。最後に今回、増補版の慫慂をいただいた東京大学出版会と編集作業にご尽力いただいた宗司光治さん、含蓄に富んだ解説を寄稿してもらった井上義和さんに深く感謝いたします。

二〇一六年一一月一日

竹内　洋

人名索引

＊補章を除く

ア

カ

サ

タ

ナ

ハ

事項索引

＊補章を除く

タ

ナ

著者略歴
1942 年　東京都に生れる
1965 年　京都大学教育学部卒業
1973 年　京都大学大学院教育学研究科博士課程単位取得退学
京都大学大学院教育学研究科教授，関西大学文学部・人間健康学部教授を経て
現　在　京都大学名誉教授・関西大学名誉教授
（教育社会学・歴史社会学）

主要著書
『社会学の名著 30』（2008 年，筑摩書房）
『学歴貴族の栄光と挫折』（2011 年，講談社）
『メディアと知識人――清水幾太郎の覇権と忘却』（2012 年，中央公論新社）
『大衆の幻像』（2014 年，中央公論新社）
『革新幻想の戦後史』（上下）（2015 年，中央公論新社）

日本のメリトクラシー［増補版］
構造と心性

1995 年 7 月 5 日　初　版第 1 刷
2016 年 12 月 20 日　増補版第 1 刷
2024 年 8 月 20 日　増補版第 3 刷

［検印廃止］

著　者　竹内《たけうち》　洋《よう》

発行所　一般財団法人　東京大学出版会
代　表　者　吉見俊哉
153-0041 東京都目黒区駒場 4-5-29
電話 03-6407-1069　FAX 03-6407-1991
振替 00160-6-59964

印刷所　株式会社精興社
製本所　牧製本印刷株式会社

ISBN 978-4-13-051141-4　Printed in Japan